Gärten

voller Rosen

Tony Lord

Gärten voller Rosen

Gestaltung - Sortenauswahl
Kultur & Pflege

CHRISTIAN VERLAG

SEITE 1 'Magenta', eine starkwüchsige Teehybride, hier als Strauch gezogen und mit Nelken unterpflanzt.

TITELSEITE Der Rambler 'Goldfinch', an Säulen gezogen, in einem Garten in Monmouthshire.

RECHTS Die Strauchrose 'Cerise Bouquet' ist mit ihrem ausladend üppigen Wuchs und der edlen Blütenform und -farbe wie geschaffen für Übergänge zwischen kunstvoll gestalteten Gartenbereichen und naturnaher »Wildnis«.

Aus dem Englischen übersetzt von Maria Gurlitt-Sartori
Recherche: Christoph Gurlitt
Redaktion: Sabine Block
Korrektur: Annette Baldszuhn
Umschlaggestaltung: Caroline Georgiadis
Herstellung: Dieter Lidl
Satz: Fotosatz Völkl, Puchheim

Die Originalausgabe mit dem Titel *Designing with Roses* wurde erstmals 1999 im Verlag Frances Lincoln Limited, London, veröffentlicht.

Druck und Bindung: Kwong Fat Offset Printing Co.
Printed in Hong Kong

ISBN 3-88472-430-4

HINWEIS

Alle Informationen und Hinweise, die in diesem Buch enthalten sind, wurden vom Autor nach bestem Wissen erarbeitet und von ihm und dem Verlag mit größtmöglicher Sorgfalt überprüft. Unter Berücksichtigung des Produkthaftungsrechts müssen wir allerdings darauf hinweisen, dass inhaltliche Fehler oder Auslassungen nicht völlig auszuschließen sind. Für etwaige fehlerhafte Angaben können Autor, Verlag und Verlagsmitarbeiter keinerlei Verpflichtung und Haftung übernehmen.

Korrekturhinweise sind jederzeit willkommen und werden gerne berücksichtigt.

Inhalt

Ich liebe Rosen, seit ich mich mit Gärten befasse, und zwar alle Rosen – selbst die modernen Teehybriden und Floribunda-Rosen. Mich fasziniert ihre Vielseitigkeit, denn sie passen in nahezu jeden Garten. Deshalb lasse ich auch keine Kritik zu, vor allem nicht von Leuten, die sie bisher grundsätzlich falsch oder, noch schlimmer, überhaupt nicht verwendet haben. In kaum einer Gattung finden sich Blüten von solcher Schönheit und Vielfalt – vom schlichten Charme einfach blühender Arten wie *Rosa mulliganii* bis zur komplexen Formalität gefüllter Alter Rosen wie 'Charles de Mills' und der skulpturalen Gestalt edler Teehybriden. Die Blütenblätter können so dünn und durchscheinend sein wie Seidenpapier oder so verschwenderisch üppig glänzen wie schwerer Samt. Es gibt Rosen in nahezu jedem Ton – bis auf Blau –, und sie blühen in den gemäßigten Zonen zu fast jeder Jahreszeit außer im Winter. Das Spektrum der Wuchsformen reicht von winzigen Miniaturrosen bis zu großen Strauchrosen und starkwüchsigen Ramblern[1] (s. S. 184); damit gibt es für praktisch jeden Garten die passenden Rosen, zumal sich das Sortiment dank der Bemühungen der Züchter in den vergangenen Jahrzehnten noch weiter vergrößert hat. Während die Strauch- und Kletterrosen in zahlreichen Gärten durchaus gekonnt und phantasievoll eingesetzt werden, wird das Potential anderer jedoch noch kaum ausgeschöpft. Das vorliegende Buch erörtert daher die Verwendungsmöglichkeiten der verschiedenen Rosenklassen und zeigt, wie man sie am besten zur Geltung bringt.

In diesem Buch geht es also nicht um einzelne Sorten, sondern vielmehr darum, wie man Rosen im Garten einsetzt. Es würde zu weit führen, wollte man hier die gesamte Entwicklungsgeschichte und Genealogie der Gartenrosen aufrollen, doch mit jeder Phase in der Entwicklung der Rose sind auch neue Elemente in die Gartengestaltung eingegangen. Die Beschäftigung mit der früheren Verwendung von Rosen lehrt uns, wie man sie zur Verschönerung unserer heutigen Gärten einsetzen kann, aber auch, welche Möglichkeiten die neueren Rosenklassen bieten, die bislang noch auf ihre weite Verbreitung und kreative Verwendung warten. Nie zuvor verfügten die Gartenliebhaber über eine derart große Auswahl an Rosen für die unterschiedlichsten Zwecke; und nie zuvor haben sie es so bewusst versäumt, die Palette der Möglichkeiten auszuschöpfen, die ihnen die edelste aller Gartenpflanzen bietet.

Gärten, die allein von der Schönheit der Blüten leben, sprechen mich kaum an – es ist die Schönheit des Ganzen, die mich fasziniert. Die meisten Rosengärten würden zweifellos gewinnen, ersetzte man zwei Drittel der Rosen durch geeignete Begleitpflanzen, die von der an sich reizlosen Wuchsform und Belaubung der Rosen ablenken. Dabei sind selbst Rosen wie die oft unerbittlich steifen und unschön belaubten Teehybriden und Floribunda-Rosen nicht durchweg hässlich; viele besitzen dennoch Wuchs- und Laubeigenschaften, die den Garten durchaus aufzuwerten vermögen. In den vorwiegend auf die Blüten fixierten Pflanzenbeschreibungen werden solche Vorzüge allerdings kaum erwähnt.

Auch die Fotografen sehen oft nur die Mängel der Rose, deren steifer Habitus und starres, glänzendes Laub ihnen leicht die Bilder verderben, ebenso wie welke Blüten, gelbe Blätter oder Spuren von Sternrußtau. Sorten, die so krankheitsanfällig sind, dass sie regelmäßig gespritzt werden müssen, kommen indes kaum in Frage, schon gar nicht für den organischen Gärtner, wenngleich das Krankheitsrisiko durch entsprechende Pflege- und Schnittmaßnahmen deutlich gesenkt werden kann. Wahre Rosenliebhaber besitzen die Fähigkeit, sämtliche Fehler ignorieren zu können und sich ausschließlich auf jene Blüten zu konzentrieren, die makellos schön sind (die wenigsten übrigens). Als Fotograf und Gärtner kann ich mir diesen Luxus nicht leisten. Der Grund dafür, dass eine Rosengruppe auf einem Foto nicht besonders gut wirkt, kann bereits ein Anhaltspunkt dafür sein, was an der Zusammenstellung nicht stimmt und wie sie sich verbessern ließe.

Der Wert der Rosen sollte an der Schönheit der Pflanze als Ganzes und ihrem Beitrag zur Gesamtwirkung des Gartens gemessen werden. Die Proportionen sind ein wichtiger Punkt – sowohl die einer Gruppe als auch ihrer einzelnen Blüten; einzelne Busch- oder Beetrosen sind meist enttäuschend. Die Rosenblüten sind oft die größten Einzelblüten im ganzen Garten und können geradezu überdimensioniert wirken, besonders solche in grellen Farben oder an einem kleinen Solitärstrauch. Deshalb bietet Gloria Dei in kleinen Vorgärten am Stadtrand ein so kurioses Bild. Umgekehrt können Miniaturrosen ihre subtile Schönheit kaum entfalten, wenn ihre Maße nicht zur übrigen Bepflanzung passen. Man sollte dies bei der Planung bedenken, will man sich nicht später an den Film *Liebling, ich habe die Kinder geschrumpft* erinnert fühlen.

Zugegeben, nicht jeder mag Alte Rosen. Nur allzu oft kommen auf eine einzige, makellos schöne Blüte drei bis vier hässliche, verwelkt oder zu schimmelüberzogenen Klumpen zusammengeballt. Das Laub ist etwas derb, der Wuchs unschön oder bestenfalls konturlos, und ohne sachgemäßen Schnitt erscheinen lediglich vereinzelte Blüten von nur kurzer Lebensdauer. Passionierte Rosenfreunde – und Romantikerinnen wie Vita Sackville-West – sind blind für diese Fehler und sehen allein die vollendet schönen Blüten. Durch entsprechende Kulturbedingungen, Schnitt und Formierung lassen sich die Nachteile der Alten Rosen jedoch weitgehend beheben.

Auch Beetrosen sind nicht allseits beliebt. In den letzten Jahren haben sie viel an Popularität verloren: In Großbritannien ist der Import von Unterlagen seit den 60er Jahren um zwei Drittel zurückgegangen, und die Zahl der neuen Teehybriden, die der Royal National Rose Society zur Bewertung vorgestellt werden, ist stark gesunken. Die wenig kreative Verwendung von Beetrosen – in der Regel wird jedes Beet mit einer einzigen Sorte bepflanzt, ohne irgendwelche Begleitpflanzen – stößt zu Recht auf Kritik; Stephen Lacey hat das Ergebnis als »im Sommer Las Vegas und im Winter die Somme« bezeichnet. Die Royal National Rose Society entgegnet solchen kritischen Stimmen, die schwindende Beliebtheit der Beetrosen sei hauptsächlich auf den Mythos von den angeblich so komplizierten Schnitt- und Pflegemaßnahmen zurückzuführen, ein Aufwand, der heute nicht mehr erforderlich sei: Diese Rosen bräuchten lediglich jährlichen Schnitt mit der Heckenschere, gründliche Bodenvorbereitung und sachgemäße Pflege, wie sie jeder anderen Gartenpflanze auch zuteil wird.

Mit solcher Schönrederei haben sich ernsthafte Kritiker allerdings nicht zufrieden gegeben, allen voran Christopher Lloyd, der eingangs der 90er Jahre einen Großteil der Rosen (nicht alle) aus seinem von Edwin Lutyens entworfenen Rosengarten in Great Dixter verbannt und durch tropisch wirkende Exoten ersetzt hat. Die neue Bepflanzung ist zweifellos ein Erfolg; sie wirkt vom Hochsommer bis in den Herbst sehr viel farbenfroher und reizvoller und ist eine phantasievolle Alternative zum althergebrachten und weit verbreiteten Gestaltungsstil, der sich in dieser Form schon seit Jahrzehnten überlebt hat. Die Rosenfreunde mögen sich bekreuzigen und den abtrünnigen Lloyd verfluchen; bislang jedenfalls haben sie weder stichhaltige Gegenargumente zu seiner Kritik liefern können noch allzu viele wirklich schön zu nennende Beispiele für die Verwendung der neueren Rosen – nur sie könnten schließlich überzeugend rechtfertigen, dass die Rose im Sommergarten noch immer Vorrang genießt.

Christopher Lloyd hat seine Bedenken gegenüber Rosen wohl nirgends klarer geäußert als in seinem Buch *The Adventurous Gardener* (1983). Fairerweise geht er auf einige, wenn auch nicht alle, Entgegnungen der Rosenfreunde auf seine Kritik ein; eine ausgewogene Reaktion der Gegenpartei ist mir bislang allerdings auch nicht bekannt. Lloyd wird mir hoffentlich verzeihen, wenn ich zu Beginn dieses Buches versuche, die Argumente beider Seiten gegeneinander abzuwägen, damit jeder Leser selbst entscheiden kann, ob er weiterlesen will oder ob er seine Rosen ausgräbt und stattdessen Blumenrohr *(Canna)* und Dahlien pflanzt.

Lloyd führt zunächst an, dass viel zu viele Rosen gepflanzt werden. Das stimmt: Jede falsch oder ineffektiv eingesetzte Pflanze ist eine zu viel. Allerdings ist es kein Wunder, dass eine so häufig anzutreffende Gattung auch sehr oft falsch verwendet wird. Rosen werden fraglos bedenkenloser gepflanzt als etwa die Säckelblume *(Ceanothus)* mit ihrem edlen Blau. Ich bin jedoch nicht sicher, ob Rosen noch immer »viel zu sehr das Bild unserer Gärten prägen«, wie Lloyd behauptet, denn ich könnte mir noch weitaus mehr Rosen vorstellen, wären sie nur mit etwas mehr Feingefühl integriert. Die vielfältigen Möglichkeiten, sie wirkungsvoll in Szene zu setzen, sind nämlich noch längst nicht ausgeschöpft.

Ich bin indes ganz seiner Meinung, dass Rosen nur allzu oft das Bild »eines Sammelsuriums grellster und beißendster Farben« bieten. Das aber liegt nicht an den Rosen, noch mindert es ihren Wert. Es zeigt nur, dass wir der Farbzusammenstellung zu wenig Beachtung schenken und oft Einzelexemplare pflanzen, wo Gruppen harmonischer wirken würden. Wahr ist auch, dass Rosenbüsche außerhalb der Blüte »einzigartig unschön« wirken und Begleitpflanzen brauchen, um sich harmonisch in den Garten einzufügen. Das gilt aber ebenso für andere wegen ihrer schönen Blüten beliebte Pflanzen: Narzissen etwa oder Bartfaden *(Penstemon)*, Chrysanthemen und Kirschen *(Prunus)*, aber auch Fuchsien und Christopher Lloyds geliebte Dahlien.

Die Vorstellung, Rosen seien pflegeleicht, bezeichnet Lloyd als »absoluten Trugschluss«, und er bestreitet auch, dass sie so viel Möglichkeiten für Abwechslung bieten wie die Beetbepflanzung mit Einjährigen. Gewiss, für eine optimale Wirkung muss man die welken Blüten der Rosen entfernen und gewisse Schnittmaßnahmen vornehmen – dies bedeutet aber kaum mehr Mühe, als sie die meisten Staudenpflanzungen erfordern, und weit weniger als eine mit den Jahreszeiten wechselnde Bepflanzung. Wenn man Rosen-Monokulturen und krankheitsanfällige Sorten vermeidet, hält sich der Bedarf an Spritzmitteln in Grenzen. Wer offen für Neues ist, setzt seine Rosen so weit auseinander, dass genug Platz für eine Unterpflanzung bleibt, die alljährlich variiert werden kann.

Christopher Lloyd rät allen, die Beetrosen als Schnittblumen schätzen, zu anderen Rosen mit weniger steif wirkenden Trieben. Hier verallgemeinert er, denn es gibt zahlreiche Beetrosen, die sehr anmutig wirken und sich auch in der Vase gut machen, darunter zugegebenermaßen einige der älteren Sorten wie 'Ophelia' und ihre Abkömmlinge 'Mme Butterfly' und 'Lady Sylvia' sowie Schneewittchen® und 'Michèle Meilland'. Sogar ziemlich steif wirkende Sorten wie Margaret Merril passen gut in Blumenarrangements, wenn man ihre staksigen Triebe kaschiert. Die Levkojen oder Nelken, die Christopher Lloyd stattdessen empfiehlt, sind kein echter Ersatz, denn sie zeigen weder so feine Farbschattierungen noch eine vergleichbar edle Textur[2] (s. S. 184), Wuchsform und Linienführung; vor allem aber fehlt ihnen der altmodische, romantische Charakter der Alten Rosen. Die Vorzüge einzelner Blüten zählen allerdings nur wenig in den Gedanken und Schriften eines Gärtners, der wie Christopher Lloyd unermüdlich und erfolgreich um kühne Kontraste von Laub und Blüte oder von zwei Pflanzgruppen ringt. Doch nicht alle Gartenfreunde teilen seine Vorlieben; für viele ist die Blüte an sich die größte Freude.

Manche Gartenliebhaber haben zwar eine Abneigung gegen Busch- oder Beetrosen, sind aber geradezu verrückt nach alten Strauchrosen. Christopher Lloyd beschreibt Letztere als anspruchsvoll, pflegeintensiv und ohne geeignete Begleitpflanzen als eher reizlos. Ich stimme ihm zu: Alte Rosen besitzen zwar eine Feinheit und Romantik, die den neueren Sorten meist fehlt; diese Vorzüge müssen aber oft mit dem kläglichen Anblick einer von oben bis unten mit welken und absterbenden Blüten übersäten Rose bezahlt werden. So sehr ich die klassischen Strauchrosen auch schätze – ich kann das nicht mit ansehen, es sei denn, die welken Blüten würden regelmäßig entfernt, was oft recht mühsam ist. Rhododendren, Buddlejen, Flieder und viele Kamelien wirken allerdings oft ähnlich unansehnlich, wenn ihre Blütezeit vorüber ist.

Christopher Lloyd kommt zu dem Schluss, dass man »die Rose als Begleiter für andere Pflanzen und nicht isoliert betrachten sollte«. Ich kann ihm darin nicht widersprechen, denn mit Ausnahme von zwei Gärten in Frankreich, Bagatelle im Bois de Boulogne in Paris und der Roseraie Départementale du Val-de-Marne in L'Haÿ-les-Roses, sind reine Rosengärten längst nicht so attraktiv wie Gärten, deren Charme auf der harmonischen Kombination unterschiedlicher Pflanzen beruht.

Trotz aller Kritik Lloyds bin ich nach wie vor der Überzeugung, dass die Rose die Königin der Blumen ist, die wertvollste unter allen Gattungen winterharter Gartenpflanzen. Es gibt keine andere, die so lange eine so üppige Blütenpracht hervorbringt und auf so vielseitige Weise zur Schönheit des Gartens beiträgt.

Ich selbst sammle seit den 50er Jahren praktische Erfahrungen mit Rosen, in meinem eigenen Garten und denen meiner Kunden, darunter auch die Gärten des National Trust von England, Wales und Nordirland. Als ich fünf Jahre alt war, kauften meine Eltern im Norden von Leeds ein Haus aus der Zeit Edwards VII. (König von 1901 bis 1910) mit einem langen, schmalen und völlig verwahrlosten Garten. Ein paar Rosen hatten zwischen unkrautüberwucherten Rabatten und wildem Brombeergestrüpp überlebt: die rosa blühende Bourbon-Rose 'Mrs Paul', die üppige 'Climbing Mme Caroline Testout' sowie eine alte samtige Remontant-Rose, möglicherweise 'Louis van Houtte' – sie duftete jedenfalls ungewöhnlich intensiv und voll. Andere, wie 'De la Grifferaie' mit Blüten in einer unbestimmbaren Mischung aus Karmesinrot, Rosa und nahezu Weiß, dienten als Unterlage für einige längst vergessene Schätze. Auch die etwas derb wirkende Rugosa-Rose 'Hollandica' gehörte dazu, geschätzt wegen ihrer wie rosa Satin schimmernden verknitterten Blüten. Aus ihren halb geöffneten Blüten hallte das Summen der Hummeln wider – ein Klang, der für mich stets mit dem schweren Duft heißer Sommertage verbunden bleiben wird.

Wir richteten die Rabatten und pflanzten Teehybriden. Mein kindliches Gemüt wurde unmittelbar angesprochen vom Zauber dieser Rosen: Ich freute mich an ihrer Gestalt, ihren klaren Linien und den oft leuchtenden Farben, und wie sie sich aus einer winzigen Knospe entfalteten, erschien mir wie ein Wunder. Die 50er Jahre waren für alle Rosenliebhaber eine aufregende Zeit: Die Bemühungen der vorangegangenen fünfzig Jahre, aus der Fuchsrose *(Rosa foetida)* intensive Gelbtöne und ihrem Sport, der Kapuzinerrose (*R. f.* 'Bicolor'), Kastanienrottöne und zweifarbige Kombinationen zu züchten, erreichten ihren Höhepunkt. Mag der Snob auch die Nase rümpfen, weil es diesen Kreationen an Feinheit fehlt, doch sie tragen zweifellos zur Bereicherung des Gartens bei (außerdem lernt man mit der Zeit, sie nur dort einzusetzen, wo sie wirklich hinpassen).

In unserem Garten pflanzten wir 'Opéra', mit ihrem fröhlichen, pfirsichfarben überlaufenen Karmesinrot eher an Offenbach als an Mozart erinnernd, aber auch die blassere und reizvollere 'Shot Silk', die etwas knallig zweifarbige 'Mme Dieudonné', 'Serenade', mit oberseits lachs-, unterseits rosafarbenen Petalen (Blütenblätter) das Gegenstück zu *Rosa foetida* 'Bicolor' mit ihrer dunklen Ober- und hellen Unterseite – ein interessanter Effekt, der steife Habitus wirkt allerdings etwas unschön. Des Weiteren die Wagner-Sopranistin 'Helen Traubel' mit Blüten von dürftiger Form, aber einem damals so ungewöhnlichen Aprikosenton, dass sie allein deshalb begehrt war; 'Josephine Bruce', deren große, samtige, hochrote Blüten nach wie vor bemerkenswert sind; auch Gloria Dei (1945) durfte nicht fehlen, obgleich so groß und starkwüchsig, dass sie im Verhältnis zu den anderen Rosen, ja dem ganzen Garten, einfach unproportioniert wirkte. Keine aber gefiel mir auch nur halb so gut wie die strahlend schöne und elegante 'Michèle Meilland' (1945): An ausladenden Trieben mit seidig schimmerndem Laub entfalten sich längliche zartrosa Knospen, deren Petalen nie zu stark zurückgebogen sind. Selbst voll entfaltet ist sie ein Musterbeispiel an Eleganz, zart gefärbt und voller Charme. Obgleich inzwischen etwas anfälliger für Sternrußtau, ist Michèle für mich noch immer eine der klassischen Rosen der Mitte des 20. Jahrhunderts.

In den 60er Jahren – als Teenager – kam ich auf die verrückte Idee, unseren Garten völlig neu zu gestalten. Ich nahm die Rosen heraus und legte eine neue Rabatte für meine geliebten Teehybriden und die eine oder andere neue Floribunda-Rose an, dazu einige Begleitpflanzen, die die kahlen »Beine« der Rosen verbergen und zugleich für Kontraste sorgen sollten. In jenen Jahren erschienen zahlreiche erstklassige neue Sorten in intensiv leuchtenden, manchmal auch recht grellen Farben; ihre Blüten waren typischerweise drall und voll mit hoher Mitte, die Petalen allerdings zu stark zurückgebogen, um klassisch elegant zu wirken. Um jede neue Rose, die auf den Markt kam, selbst in Augenschein zu nehmen, besuchte ich Blumenschauen wie die Roundhay Flower Show und die Great Yorkshire Show, wo McGredy, Mattock, Wheatcroft und andere führende Rosenschulen ausstellten. Ob man das leuchtende Zinnoberrot von Super Star® (1960) nun mag oder nicht, jedenfalls war damit ein Wendepunkt erreicht, obgleich die Farbe schwer zu kombinieren ist. 'Masquerade' gefiel mir nicht; mit ihren Gelb-, Orange- und Rottönen, ihren zerzausten Blüten und dem unschönen Wuchs passte sie einfach nicht in unseren Garten. Graham Stuart Thomas schätzt sie wegen ihres zweiten Flors; ihre Farben wirken im Herbst natürlicher und harmonieren gut mit den warmen Tönen der Spätsommerflora. Rumba® ist ganz ähnlich gefärbt, obgleich sie in Flor und Wuchs ordentlicher wirkt und weniger zu fleckig verfärbten Blüten neigt; aber auch sie passte sich nicht gut ein und wurde wieder entfernt.

Für Freunde von sattem Korallenrot gab es reichlich Auswahl; Mischief, Fragrant Cloud und 'Irish Mist' waren mir genug. Es musste also nicht ausgerechnet 'City of Leeds' sein, der man in der Stadt auf Schritt und Tritt begegnete; mir erschien ihr Wuchs zu staksig und die Blüte mangelhaft. Die lachsrosa Blessings® gefiel mir nicht nur ihrer schönen Blüten, sondern auch des leuchtend roten jungen Laubs wegen; bei frühzeitigem Schnitt ließen sich bezaubernde Effekte erzielen, etwa mit roten Primula-Polyantha-Hybriden der Cowichan-Gruppe als Ergänzung oder farblich kontrastierenden Narzissen und Tulpen. Schneewittchen® (1958) war alles andere als eine typische Floribunda-Rose jener Zeit. Ihre schlanken Blütentriebe, die länglich zugespitzten Fiederblättchen und die Fähigkeit, noch am dünnsten Trieb Blüten hervorzubringen, erinnern eher an China-Rosen. Ich pflanzte ein Exemplar der Buschform, das sich, nur vorsichtig geschnitten, zu einem großen und ungewöhnlich blühfreudigen Strauch entwickelte.

Eine weitere Schneewittchen® zog ich als Hochstamm und unterpflanzte sie mit der Höhe nach gestaffelten Stauden, so dass in der schmalen Rabatte ein richtiger Blütenwall entstand. Ich muss zugeben, dass ich die Hochstammformen der meisten Teehybriden und Floribunda-Rosen nicht mag. Zwischen anderen Rosen mit gleichermaßen derbem Laub und wenig ansprechender Wuchsform aufragend, lockern sie die Eintönigkeit ihrer kleinwüchsigeren Gefährten keineswegs auf, sondern betonen nur noch die hässliche Basis der Pflanzen. Diese Variante war jedoch sehr reizvoll (weitere Möglichkeiten sind in den Folgekapiteln aufgeführt). Trotz ihrer leichten Anfälligkeit für Sternrußtau und Mehltau ist Schneewittchen® nach wie vor eine der wertvollsten und schönsten Rosen überhaupt.

Als Jugendlicher gab ich einen Großteil meines Taschengelds, das ich durch Gärtner-Aushilfsarbeiten aufbesserte, für Pflanzen aus. Für Bücher blieb da wenig übrig, aber ich durchstöberte regelmäßig die Stadtbibliothek nach den neuesten Gartentiteln. Neue Bücher von Margery Fish oder Alan Bloom waren stets inspirierend, ebenso aber auch Publikationen über Alte Rosen. Ob Constance Spry, Vita Sackville-West in ihren gesammelten *Observer*-Kolumnen oder Graham Stuart Thomas in seinem Buch *Old Shrub Roses* (1955), sie alle würdigten die Vorzüge der Alten Rosen gegenüber neueren Züchtungen – ihre Blütenform, den Duft und die Textur, vor allem aber das romantische Flair einer längst vergangenen Zeit. Nancy Steen schildert in *The Charm of Old Roses* (1966), wie Sorten aus dem 19. Jahrhundert auf Kirchhöfen und in alten Hausgärten in Neuseeland wieder entdeckt wurden; die Namen waren zwar oftmals in Vergessenheit geraten, konnten durch unermüdliche Nachforschungen aber nicht selten wieder ausfindig gemacht werden – für die Bibliothek einer englischen Provinzstadt ein ungewöhnliches, mir jedoch höchst willkommenes Buch.

Als ich Mitglied der Royal National Rose Society wurde, erhielt ich auch das hervorragende Jahrbuch der Gesellschaft, das *Rose Annual*. Damit hatte ich erstmals Zugang zu diesem unschätzbaren Fundus an Informationen; und bis heute, fast dreißig Jahre später, bin ich auf keine ergiebigere Informationsquelle gestoßen. Inzwischen besitze ich alle Ausgaben von 1910 bis zur letzten von 1984. Alljährlich wurden die bewährtesten Rosen von den besten britischen Rosenexperten sowie einigen aus dem Ausland analysiert, kommentiert und mit neueren Sorten verglichen. Noch wichtiger war aber wohl, dass von Zeit zu Zeit ausführliche Besprechungen erschienen, in denen sich führende Experten detailliert zu Techniken, Kulturmaßnahmen und Sorten äußerten. Sie waren sich zwar nicht immer einig, kamen in der Regel aber dennoch zu einem klaren Konsens über die verschiedenen Aspekte der Rosenkultur – Ergebnisse, die bis heute nichts von ihrer Gültigkeit verloren haben und in den meisten Punkten weltweit verbindlich sind. Viele der für einen bestimmten Zweck empfohlenen Sorten sind in dieser Hinsicht bis heute unübertroffen. Das sonst sehr verdienstvolle *American Rose Annual* geht nicht ganz so sehr ins Detail; die wesentlichen Themenkomplexe werden in einer größeren Anzahl kürzerer Artikel behandelt. Um sich das im *Rose Annual* dokumentierte Wissen anzueignen, dürfte ein Menschenleben kaum ausreichen. Da keine andere Publikation auch nur annähernd so detaillierte Informationen über Rosen enthält, habe ich diese Fundgrube im Folgenden rigoros geplündert.

Wir gaben Bestellungen bei Murrell und Mattock auf, und innerhalb von ein paar Jahren fanden sich mehrere Dutzend Sorten aus fast allen Rosenklassen in unserem Garten. Einige wurden unsere besonderen Lieblinge, etwa die üppige 'Gloire de Ducher' und 'Tuscany Superb', außerdem 'Reine Victoria', die an einer geschützten Stelle am Haus gewöhnlich als eine der ersten ihre Blüten entfaltet. Die Kohlrose *(Rosa × centifolia)* und ihr Sport 'Muscosa' erwiesen sich im relativ kühlen nordenglischen Klima als Enttäuschung; die Blüten ballten sich immer wieder zu unansehnlich braunen Klumpen zusammen. Erfreulich waren indes die Moschata-Hybriden mit ihren den ganzen Sommer über vereinzelt erscheinenden Blüten und einer kräftigen Nachblüte im Herbst.

Wir setzten auch mehrere Rugosa-Rosen. Obgleich es hervorragende Pflanzen waren, kräftig und gesund, hatte ich Bedenken: Ihre lebhaft glänzenden, intensiv grasgrünen Blätter wirken nach wie vor befremdend auf mich, und ich bin nicht sicher, ob ich sie in der Kombination mit anderen Alten Rosen wirklich mag. Vielleicht sind sie auch einfach nur zu neu (die meisten Sorten entstanden zu Beginn des 20. Jahrhunderts). In einem raueren Klima wären sie mir allerdings höchst willkommen.

Nach dem Schulabschluss nahm ich eine Stelle im Roundhay Park ganz in der Nähe meines Elternhauses an. Hier gab es zwei Rosengärten; der ältere enthielt hauptsächlich Rosen aus der ersten Hälfte des 20. Jahrhunderts, dazu einige wenige viktorianische oder Nachkriegssorten. 'Etoile de Hollande' war ebenso vertreten wie das exzellente Dreiergespann 'Ophelia', ihr Sport 'Mme Butterfly' und deren Sport 'Lady Sylvia'. Der neue Rosengarten, von L. G. Knight nach dem Vorbild eines Gartens in Brighton angelegt, präsentierte die besten neueren Rosen in einem keilförmigen Mittelparterre, das von Beeten mit Strauchrosen eingefasst war. Diese Rosen zu schneiden machte mir große Freude, nicht nur, weil es dafür ein paar Pennys extra gab, sondern auch, weil ich es als Vertrauensbeweis ansah, dass man mich, ungelernt wie ich war, überhaupt mit einer solchen Aufgabe betraute.

Nach sechs Jahren College entschloss ich mich, die Gärtner-Laufbahn einzuschlagen, und nahm eine Stelle im Hyde Park in London an. Unter anderem mussten die Rosenbeete neu angelegt, also die Erde ausgetauscht und neu bepflanzt werden. Damals war man der Ansicht, Rosen sollten am besten alle zwölf Jahre neu gepflanzt und die Erde vollkommen erneuert werden, um der Rosenmüdigkeit des Bodens entgegenzuwirken. Desinfizieren wäre einfacher gewesen, war jedoch in so kleinem Maßstab damals nicht üblich.

Es folgten drei Jahre Lehrzeit in Kew, wo ich kaum je eine Rose in die Hand bekam, ebenso wenig in Bressingham Gardens, wo ich im Anschluss daran für Alan Bloom tätig war. Erst als ich dem National Trust beitrat und in einer Reihe von Gärten arbeitete, später als Gartenberater, konnte ich mich erneut meiner Vorliebe für Rosen hingeben. Während das Spektrum der anderen Pflanzen von Garten zu Garten variierte, gab es fast überall Rosen. Als besonderes Privileg empfand ich die Zusammenarbeit mit Graham Stuart Thomas, vor allem als es um eine so interessante Aufgabe wie die Bestimmung der neu eingeführten Rosen aus Sangerhausen in der ehemaligen DDR ging. In all den Jahren danach hat mich vermutlich die Fotografie am stärksten beeinflusst; sie hat mich gelehrt, Rosen im Garten mit kritischen Augen zu sehen.

So weit meine persönliche Geschichte, die letztlich zur Entstehung dieses Buches geführt hat, einer Analyse der Vorzüge und Schwächen der Rose, vor allem aber einer Hommage an ihre Schönheit.

Die Namen der Rosen

Mancher Leser wird sich verwirrt fragen, was es mit den unterschiedlichen Schriftbildern der Rosennamen auf den folgenden Seiten auf sich hat. Eine Marotte des Autors – oder einfach Schlampigkeit des Verlags? Keins von beidem: Es handelt sich um die konsequente Anwendung der Codes der Nomenklatur, in der Rosenliteratur eher selten anzutreffen. Wer dieses Thema langweilig und pedantisch findet, kann die folgenden Abschnitte überspringen; ihm sei jedoch versichert, dass die unterschiedliche Darstellung der Namen ihren Sinn hat. Denjenigen, denen solche »Rätsel« Spaß machen, soll im Folgenden erläutert werden, wie die Regeln der Nomenklatur auf Rosen anzuwenden sind und warum die Namen unterschiedlich gesetzt sind.

Tausende von Sorten, manche davon einige hundert Jahre alt, andere unter etlichen Synonymen bekannt, machen die Benennung von Rosen außerordentlich komplex. Grundsätzlich gibt es fünf Arten von Namen, die für Rosen verbindlich sind: Die in der Regel lateinischen wissenschaftlichen Namen sind durch den *Internationalen Code der Botanischen Nomenklatur* von 1994 *(ICBN)* geregelt; sie werden kursiv gesetzt (z. B. *Rosa multiflora*). Namen von Cultivaren (Kultursorten) müssen den Regeln des *Internationalen Code der Nomenklatur der Kulturpflanzen* von 1995 *(ICNCP)* entsprechen und stehen grundsätzlich in einfachen Anführungszeichen (z. B. 'Albertine'). Klassifizierungen sind eigentlich Gruppennamen, die ebenfalls durch den *ICNCP* geregelt sind. Handelsbezeichnungen oder Handelsnamen, die für die meisten neueren Rosen verwendet werden, erscheinen gemäß den Empfehlungen des *ICNCP* in einer anderen Schriftart, ohne Anführungszeichen (z. B. Margaret Merril). Schließlich gibt es noch umgangssprachliche Namen, die naturgemäß von Land zu Land variieren.

Die wissenschaftlichen Namen, die die meisten Gärtner wahrscheinlich als die lateinischen Namen bezeichnen würden, setzen sich aus mehreren Teilen zusammen. Die wichtigsten sind die Bezeichnung der Gattung (z. B. *Rosa*) und der Art (z. B. *sericea*). Weitere Namensteile können folgen: Subspecies (Unterart), Varietas (botanische Varietät) oder Forma (Form), abgekürzt ssp., var. und f. Die Reihenfolge dieser Rangstufen zeigt die abnehmende Abweichung der Eigenschaften der Pflanze vom Ausgangstypus der Art an: Eine Unterart wie *Rosa sericea* ssp. *omeiensis* unterscheidet sich in der Regel markanter von der Art als eine Varietät wie *Rosa sericea* var. *morrisonensi;* eine Form weicht oft in nur einem einzelnen Merkmal wie Blütenfarbe, Behaarung des Laubs oder Habitus von der Art ab.

Gelegentlich wurde der gleiche wissenschaftliche Name von verschiedenen Botanikern für unterschiedliche Pflanzen vergeben. Aus diesem Grund muss der Name des ursprünglichen Autors hinzugefügt werden. So wird etwa der Name *Rosa glauca* von fünf verschiedenen Autoren für fünf verschiedene Arten benutzt. Entsprechend der Prioritätsregel des *ICBN* ist die älteste Bezeichnung die korrekte, nämlich *R. glauca* Pourret, 1788 publiziert und damit früher als der Name *R. rubrifolia* Villars (1789) für die gleiche Art. Ungeklärt ist, ob sie identisch ist mit *R. ferruginea* Villars (1779); um eine andere Art handelt es sich jedenfalls bei *R. glauca* Villars, jetzt *R. caesia* ssp. *glauca* (in Rosenkatalogen mitunter als *R. vosagiaca* geführt).

Arthybriden, durch ein Multiplikationszeichen kenntlich gemacht, können in freier Natur entstanden sein, wie *Rosa* × *hibernica,* oder sie sind das Ergebnis gezielter Kreuzungen, wie *R.* × *harisonii*. Laut *ICBN* müssen Namen, die wie Letzterer von einem Personennamen abgeleitet sind, dessen korrekter Schreibung folgen, die Endung des Namens muss den Regeln des Codes entsprechen. Diese Vorschrift erfordert die Korrektur einiger gewohnter Schreibweisen: aus × *fortuniana* wird × *fortuneana*, aus × *hardii* wird × *hardyi*, aus × *mariae-graebnerlae* wird × *mariae-graebnerae* und aus *wichuraiana* wird *wichurana*.

Einige der wichtigsten Gartenrosen stammen von Arthybriden ab, die möglicherweise in der Natur entstanden sind, etwa *Rosa* × *alba* und *R.* × *centifolia*. Unter diesen Artnamen sollten nur solche Gartenrosen geführt werden, die ausschließlich von diesen beiden Arten abstammen, so etwa Sports wie *R.* × *alba* 'Alba Maxima' oder *R.* × *centifolia* 'Muscosa'. Rosen, die überwiegend Merkmale dieser beiden Arten zeigen, darüber hinaus aber vermutlich auch andere Rosen in ihrem Stammbaum aufweisen, können in diesen beiden Fällen innerhalb der gleichnamigen Klassen der Alba-Rosen oder Zentifolien geführt werden.

Cultivare oder Sorten sind Pflanzen, die durch Züchtung, Mutation oder Auslese aus einer in der Natur vorkommenden Art entstanden sind. Ihre Namen dürfen, sofern nach 1958 veröffentlicht, nicht dem Lateinischen entnommen sein: Bezeichnungen wie 'Variegata' oder 'Superba' sind für neuere Pflanzen also nicht zulässig. Vor 1959 vergebene Sortennamen dürfen lateinisch sein, unterliegen aber den orthographischen Regeln des *ICBN*. Gattungsbezeichnungen, Populärnamen (wie »Kohlrose«) und Handelsnamen sind als Cultivar- oder Sortennamen nicht zulässig. In vielen Rosenbüchern des späten 18. und frühen 19. Jahrhunderts, wie Redoutés und Thorys *Les Roses* (1817 bis 1824), findet man zwei Namen für jede Sorte, einen lateinischen und einen zweiten, entweder die Übersetzung oder ein Populärname. In solchen

Fällen war der lateinische Name als der »richtige« Name gedacht und sollte als Sortenname gebraucht werden. So muss etwa 'Cymbifolia' – die korrigierte Form von Thorys *Cimbaefolia* – verwendet werden, und nicht 'A Feuilles de Chanvre', Thorys Alternativbezeichnung, ein Populärname. Übersetzungen der lateinischen Namen oder von Namen in irgendeiner anderen Sprache sind als Sortennamen nicht zulässig und sollten durch die Schriftart als Handelsbezeichnungen ausgewiesen werden. 'Grüne Rose' ist folglich nicht zulässig, wo ursprünglich 'Viridiflora' stand, obgleich »Grüne Rose« als Populärname oder Grüne Rose als Handelsname gebraucht werden dürfte.

Den korrekten Sortennamen einer namenlosen Alten Rose festzulegen erweist sich oft als äußerst schwierig. Nicht selten entsteht heillose Verwirrung durch »vorläufige« Identifikationen, die sich später als falsch erweisen. Es vereinfacht die Sache keineswegs, dass ein und derselbe Name bisweilen für ein halbes Dutzend verschiedene Sorten verwendet wurde. Üblicherweise versucht man zunächst die Rose einer Klasse zuzuordnen, schätzt das Datum ihrer Einführung und überprüft die Beschreibungen aller Rosen dieser Klasse anhand einer Rosenenzyklopädie, die ein paar Jahren später erschienen ist. Meist stößt man auf etwa zehn passende Beschreibungen, die sich in Angaben wie »rosa, gefüllt, mittelhoch« erschöpfen. Bei einigen dürfte es sich um andere, noch existierende Cultivare handeln, bei einigen um wenig bekannte, die in der Rosenliteratur selten aufgeführt werden und wohl kaum den Weg in das Land des Standorts gefunden haben dürften. Nach den restlichen wird man in anderen Rosenbüchern der entsprechenden Zeit weiterforschen, besonders in den Katalogen der Züchter, zu finden in Sammlungen wie etwa jener der Royal Horticultural Society in London. Mit Hilfe einer detaillierteren Beschreibung lässt sich oft mit etwa 80-prozentiger Sicherheit sagen, dass der richtige Name gefunden wurde – mehr ist selten möglich.

Viele der Alten Rosen, die heute in unseren Gärten wachsen, sind als namenlose Pflanzen zu uns gekommen und nach dem beschriebenen Verfahren neu identifiziert worden. Fehler sind dabei kaum zu vermeiden, und absolute Sicherheit gibt es nicht. Bei der Bestimmung ein und derselben Rose kommen Experten in Großbritannien möglicherweise zu einem ganz anderen Ergebnis als ihre Kollegen in Übersee. In manchen Fällen wurde die Identität einer Rose zwar in einem ihrer Verbreitungsgebiete bewahrt, doch hat sich ein anderswo aufgekommener falscher Name weitgehend durchgesetzt. Im Übrigen kann man nicht davon ausgehen, dass allein die im eigenen Land übliche Bezeichnung richtig ist. So wird die vortreffliche, auf den Britischen Inseln als 'Louise Odier' angebotene Rose in Deutschland als 'L'Ouche' bezeichnet. Die 'Louise Odier', die in der wunderschönen Enzyklopädie *Botanica's Roses* dargestellt ist, ist aber nicht die britische; sie erscheint hier unter der Bezeichnung 'L'Ouche'. Wer Recht hat, das werden weitere Recherchen zeigen müssen.

Ist die Identität einmal geklärt, sollten wir nicht an den falschen Namen hängen, wie lieb und vertraut sie auch sein mögen. Der korrekte ursprüngliche Name einer Sorte ist nämlich der Schlüssel zu einer Fülle von Informationen in alten Katalogen und Rosenbüchern, die unser Wissen über die Geschichte und Abstammung dieser Rose beträchtlich erweitern. Professor Arthur Tucker hat durch chemische Analyse der in den Blütenblättern enthaltenen ätherischen Öle bewiesen, dass die Damaszener-Rose, die die Briten seit Generationen als 'Kazanlik' (syn. 'Trigintipetala') kennen, in Wirklichkeit eine ganz andere Damaszener-Rose ist, nämlich 'Professeur Emile Perrot'. Die wahre 'Kazanlik' ist noch heute in den Gärten Europas anzutreffen, und aus beiden Cultivaren wird in Bulgarien in großem Maßstab Rosenöl gewonnen. Ein Geheimnis umgibt auch 'Charles de Mills' und 'Fantin-Latour', denn beide dürften deutlich älter sein als die Namen, die man ihnen gab.

Klassifizierungen wie Gallica-Rose oder Moschata-Hybride sind Gruppennamen; sie beziehen sich auf erkennbare morphologische Eigenschaften wie etwa Wuchsform (Rambler, Kletter- oder Miniaturrose) oder auf die Abstammung (Zentifolie oder Alba), die wiederum deutlich sichtbar die äußere Form oder Gestalt bestimmt. Klassifizierungen wie »Alte« oder »moderne« Rosen sind nicht durchgehend anwendbar und deshalb zu vermeiden; die Englischen Rosen von David Austin etwa können nicht als eigene Klasse oder Gruppe bezeichnet werden, denn sie besitzen keine Merkmale, die sie eindeutig von anderen Rosen unterscheiden. Viele Rosen sind jedoch Kreuzungen zwischen zwei Klassen und können mit einer gewissen Berechtigung einer – oder beiden – der Elternklassen zugeordnet werden.

Im vorliegenden Buch werden durchgehend drei sehr allgemein gefasste Begriffe verwendet, die nicht als Klassen zu verstehen sind, sondern die wichtigsten Rosentypen beschreiben: Busch- oder Beetrosen sind in der Regel kleinwüchsiger als 1,2 m und umfassen Teehybriden, Floribunda-Rosen, Patio-Rosen und Miniaturrosen, außerdem alle Polyantha-Rosen bis auf die ganz großen; Strauchrosen sind nichtkletternde Rosen, die größer als die Busch- oder Beetrosen werden; der Begriff Kletterrosen bezeichnet so gut wie alle übrigen; in der Klasse der Bodendeckerrosen finden sich allerdings Sorten, die sich mehr als einer einzigen der drei Hauptkategorien zuordnen lassen. Als Climber[3] (s. S. 184) werden in diesem Buch alle Kletterrosen bezeichnet, die nicht bereits zu einer Gruppe wie Ramblern, Noisette-Rosen oder kletternden Teehybriden zählen.

Ich habe den Begriff Teehybride hier bewusst beibehalten für das, was der Weltverband der Rosengesellschaften jetzt als »Großblumige Rosen« bezeichnet, und ebenso am Begriff Floribunda-Rose festgehalten, anstatt von »Büschelblütigen Rosen« zu sprechen. Die alten Namen sind für viele der älteren Rosen, die noch in Kultur sind, sehr zutreffend; »büschelblütig« dagegen ist furchtbar ungenau, es trifft auf die Mehrzahl der Rosen zu, einschließlich Arten und Gruppen wie den Ramblern und Polyantha-Rosen. Es spricht also einiges dafür, Pflanzennamen – ob von Gruppen oder Sorten – einigermaßen konstant zu verwenden und Namen wie Teehybriden und Floribunda-Rosen, die weltweit geläufig sind, beizubehalten. In einem Fall bin ich jedoch etwas feige dem allgemeinen Trend gefolgt, nämlich wenn ich von der Gruppe der »Patio-Rosen« spreche, obgleich der Begriff »Zwergwüchsige büschelblütige Rosen« sehr viel genauer und anschaulicher ist.

Seit etwa 50 Jahren erscheinen immer mehr neue Rosen in Publikationen zunächst unter einem Codenamen, einem System, das den Vorschriften des Pflanzen-Patentrechts entspricht (insbesondere in den Vereinigten Staaten). In der Regel leiten sich die ersten drei (manchmal auch zwei oder vier) Buchstaben vom Namen des Züchters ab. So wurde die als Super Star® auf den Britischen Inseln und als Tropicana in den Vereinigten Staaten gehandelte Rose von ihrem Züchter Tantau erstmals 1960 unter dem Namen 'Tanorstar' der Öffentlichkeit vorgestellt. Die in englischsprachigen Ländern als Iceberg, in Deutschland als Schneewittchen® und in Frankreich als Fée des Neiges® bekannte Rose erschien 1958 unter der Bezeichnung 'Korbin', abgeleitet vom Namen des Züchters Kordes. Meillands 'Meban' (1955) ist auf den Britischen Inseln als Message im Handel und in den Staaten als White Knight. Der Codename ist der Sortenname der Rose; er sollte neben dem Handelsnamen in Katalogen und auf Namensschildern erscheinen. Wer Rosen, die unter Codenamen registriert sind, zu vermehren beabsichtigt (insbesondere für Verkaufszwecke), sollte sich vergewissern, dass er damit nicht gegen gesetzliche Vorschriften, etwa des Patentrechts, verstößt.

Das komplizierte und verwirrende System der Code- und Handelsnamen hat für die Züchter durchaus Vorteile: Die Rosen können in großem Umfang gezogen und erprobt werden, die Vermarktung kann einsetzen und Informationsmaterial veröffentlicht werden, bevor über die Handelsnamen für jedes Land entschieden ist. So kann das Verfahren der Festlegung einer zugkräftigen Handelsbezeichnung für jedes Land – als Voraussetzung gilt, dass diese nicht bereits bei der Registerstelle eingetragen ist – und in vielen Fällen der Registrierung als Handelsmarke parallel zum Aufbau eines Bestands der neuen Rose erfolgen, bereits bevor diese zum Verkauf freigegeben ist.

Die Züchter sind in der Wahl der Handelsnamen nicht gebunden, vorausgesetzt, sie verstoßen nicht gegen Markenschutzgesetze; im Übrigen können sie für jedes Land einen anderen Namen wählen. So ist es beispielsweise zulässig, den Namen eines bereits eingeführten Cultivars erneut zu verwenden. Sie können aber auch ihren eigenen Namen von einer alten Sorte auf eine neuere, verbesserte übertragen, wie etwa im Fall von Bonica® und Cherry Brandy®. Sie können auch das Recht verkaufen, ihrer Rose den Namen eines kommerziell erhältlichen Produkts zu geben, damit dieses mit dem imaginären Duft der Rose assoziiert wird. So kam Dicksons 'Dicjana' etwa als Peaudouce in den Handel, dem Firmennamen eines führenden Windel-Herstellers auf den Britischen Inseln, bis der Vertrag auslief und dieser Name zugunsten der Handelsbezeichnung Elina® aufgegeben wurde. Man kann aber auch einen zunächst als Sortennamen veröffentlichten Namen als Handelsmarke registrieren lassen. Entsprechend den Regeln des *ICNCP* setzt dies den Namen als Sortennamen jedoch außer Kraft.

Was kann der Laie mit diesem albtraumartigen Wirrwarr anfangen? Zugegebenermaßen gar nichts. Bedauerlich ist auch der Gebrauch von Handelsnamen, die etwa zu Verwechslungen mit umgangssprachlichen Namen führen können, wie im Fall von The McCartney Rose und der Macartney-Rose *(Rosa bracteata)*. Das Ganze scheint eher das Gegenteil von dem zu bewirken, was sich der *ICNCP* zum Ziel gesetzt hat – nämlich eine Vereinfachung der Namensgebung, um Doppelvergaben auszuschließen und eine stabile und international anwendbare Nomenklatur zu schaffen, mit einem einzigen weltweit gültigen Namen für jede Pflanze. Sofern Code- oder Sortenname immer zusammen mit dem Handelsnamen aufgeführt werden, hat der Laie damit jedoch die Möglichkeit, sich anhand entsprechender Literatur über eine bestimmte Rose zu informieren, selbst wenn der Handelsname in der Rosenliteratur seines Landes nicht verzeichnet ist. Es wäre zu wünschen, dass sämtliche Rosenkataloge und Bücher neben den Sortenamen auch Hinweise auf Codenamen enthielten; denn über den einheitlichen Codenamen lassen sich sehr viel einfacher die in verschiedenen Ländern üblichen Handelsbezeichnungen herausfinden. In diesem Buch sind Codenamen und Synonyme im fortlaufenden Text zwar nicht immer angegeben; sie sind jedoch als Querverweis im Register zu finden.

Die
Kultur-
geschichte
der Rose

Die Gattung Rosa *umfasst über hundert Arten, alle heimisch in den gemäßigten Zonen der Nordhalbkugel, etwa fünfundvierzig davon in Europa.*

Die genaue Zahl der Arten ist fast unmöglich zu bestimmen. Viele sind das Ergebnis von Naturkreuzungen und konnten nur überleben, weil sie in Kultur genommen wurden; von manchen Botanikern werden sie deshalb auch nicht zum eigentlichen Artenbestand gezählt. Die ältesten Gartenrosen sind Hybriden oder Mutationen (Sports) der in Europa und dem Mittleren Osten heimischen Wildrosen. Zahlreiche Legenden ranken sich um sie: So soll die Apothekerrose *(Rosa gallica* var. *officinalis)* von dem Kreuzritter und Troubadour Thibaut IV., Herzog der Champagne und späterer König Theobald I. von Navarra, 1240 aus Palästina mitgebracht und auf seinem Anwesen in Provins, südöstlich von Paris, kultiviert worden sein. Blanche, die Witwe von Thibauts Sohn Heinrich I. von Navarra, könnte dafür verantwortlich sein, dass die rote Rose zum Wahrzeichen des Hauses Lancaster wurde, als sie 1275 Edmund Crouchback, den Earl of Lancaster und zweiten Sohn Heinrichs III., ehelichte.

Die wahre Herkunft dieser Alten Rosen wird bis zu einem gewissen Grad so lange im Dunkeln bleiben, bis die Wunderwaffe des genetischen Fingerabdrucks letzte Klarheit bringt. Am überzeugendsten erscheint bis dato das von Gordon D. Rowley vorgeschlagene Modell, das auf den Arbeiten des Genetikers Dr. C. C. Hurst aufbaut (siehe Grafik auf Seite 182). Eine eingehende Darstellung von Dr. Hursts Thesen zur Entwicklungsgeschichte der Gartenrosen würde den Rahmen dieses Buches sprengen; Interessierten sei dazu *The Graham Stuart Thomas Rose Book* (1994) empfohlen. Die folgende Erörterung der Evolution der Gartenrosen beschränkt sich auf allgemeine Grundlagen wie ihre Einführung oder Zucht, ergänzt um einige Kommentare, die Dr. Hursts Thesen möglicherweise neu beleuchten.

Die Züchtungsziele und Auslesekriterien der Rosenzüchter haben sich immer am Zeitgeschmack orientiert, besonders seit Beginn des 19. Jahrhunderts, als erstmals systematische Kreuzungen vorgenommen wurden. So wurden die zu dieser Zeit so beliebten flachen, geviertelten Blüten gegen Ende des Jahrhunderts von den kugelförmigen Blüten der Bourbon- und Remontant-Rosen abgelöst; diese wiederum wurden im 20. Jahrhundert von den schlanken, knospenartigen Blüten der Teehybriden verdrängt. Das *Rose Annual* gewährt Einblick in diesen allmählichen Wandel und seine Auswirkungen: In der Ausgabe von 1922 etwa werden Mängel aufgelistet, die bei Ausstellungsrosen als nicht akzeptabel galten, wie geviertelte Blüten (»'Gloire de Dijon' zeigt diesen Fehler«) oder allzu starke Füllung wie bei Kohlrosen – Eigenschaften, die heute sehr gefragt sind, wie der Erfolg der Englischen Rosen von David Austin oder der Romantica®-Serie von Meilland zeigt.

Die Evolution der Vorläufer unserer modernen Gartenrosen verlief komplex. Heute werden diese Alten Rosen stark vereinfachend in Klassen eingeteilt; ihre tatsächliche Abstammung wird damit ebenso verschleiert wie die Kunstfertigkeit der Züchter. Wenn Gärtner leichthin von Gallica-, Damaszener-Rosen oder Zentifolien sprechen, übersehen sie, dass viele Rosen Merkmale von zwei oder mehreren Klassen aufweisen. Wir erkennen zwar an, dass Zentifolien überwiegend Eigenschaften der Kohlrose *(Rosa × centifolia)* zeigen, ignorieren aber abweichende Merkmale, die sich von anderen Vorfahren herleiten. Besonders während der ersten fünfzig Jahre systematischer Hybridisierung haben die Züchter anscheinend immer wieder versucht, Rosen aus zwei verschiedenen Klassen zu kreuzen. Graham Thomas ist einer der wenigen Autoren, die dieser Tatsache Rechnung tragen: In seinen Sortenschreibungen finden sich Hinweise wie »Gallica mit Affinität zu Damaszener-Rose«*.

Neue Sorten entstehen in der Regel durch eine der folgenden drei Möglichkeiten: Spontanmutation (Sporting), Naturkreuzung und gezielte Kreuzung. Seit etwa 1800 kann man von gezielten Kreuzungen sprechen, bis dahin war jede Veränderung mehr oder weniger Zufall. Sports sind gewöhnlich in einem einzigen Merkmal verändert, zum Beispiel in Blütenfarbe, Wuchsverhalten oder in der Anzahl der Blütenblätter. So kann eine rosa Rose zu einer weißen oder dunkel rosaroten Sorte mutieren, eine Buschrose zu einer kletternden Variante oder eine einfach blühende Rose zu einer gefüllten. Durch Vermehrung des mutierten Triebes wurde ein Bestand der neuen Sorte aufgebaut, und als die Prinzipien der Pflanzenzucht erst einmal bekannt waren, konnten die Eigenschaften des Sports an eine neue Rosengeneration weitergegeben werden. Gelegentlich zeigte auch ein Wildrosen-Sämling zufällig eine ähnliche Veränderung in einem einzelnen Merkmal, wodurch er kulturwürdig wurde.

Einige der Urahnen unserer heutigen Gartenrosen, wie die sommer- und herbstblühenden Damaszener-Rosen, *Rosa × alba* und die Kohlrose *(R. × centifolia)*, könnten sehr wohl Hybriden sein, die zufällig in freier Natur entstanden sind, in Gegenden, in denen die jeweiligen Eltern an einem gemeinsamen Standort wuchsen. Solche Naturhybriden wurden nicht selten in Kultur genommen, besonders wenn sie durch attraktive Eigenschaften wie intensiven Duft oder auch gestreifte oder gefüllte Blüten auffielen. Erst mit der Entstehung der botanischen Gärten um die Mitte des 16. Jahrhunderts traten die edleren Gartenrosen-Hybriden in Erscheinung. Da sämtliche Vertreter einer Gattung hier Seite an Seite gezogen wurden, fanden sich unter den Sämlingen bisweilen Zufallshybriden, die sich als gartenwürdig erwiesen. Auf diese Weise könnten in Holland einige der ältesten noch überlebenden Zentifolien entstanden sein. 'De Meaux' ist nach der Theorie von Dr. Hurst ein Sport aus dem Garten von Doménique Séguier, Bischof von Meaux (1637) und einer der führenden Rosenzüchter jener Zeit; ebenso gut könnte es sich aber auch um das Ergebnis einer Zufallskreuzung handeln.

Die Apothekerrose *(Rosa gallica var. officinalis)*.
Seite 14–15 *Rosa gallica* 'Versicolor' (Rosa Mundi).

Welch hohe Wertschätzung die Rose zu jener Zeit auf dem europäischen Kontinent bereits genoss, beweisen die holländischen Blumenmaler, etwa die Familie Bosschaert (sie wirkte im frühen 17. Jahrhundert) und Jan »Velvet« Brueghel (1568 bis 1625) sowie Rachel Ruysch (1664 bis 1750) und Jan van Huysum (1682 bis 1749) im frühen 18. Jahrhundert. Sie alle würdigten die Schönheit der Rosen, ihre Vielfalt, die zarten Farbabstufungen, die Feinheit ihrer Textur und das Wechselspiel des Lichtes auf ihren Blütenblättern. Tatsächlich scheint auf den Bildern dieser Alten Meister so manch neue Rose dargestellt worden zu sein, noch bevor sie in gedruckten Publikationen erwähnt wurde. So meint man auf zahllosen Bildern aus dem 18. Jahrhundert weiße Kohlrosen zu erkennen, und das geraume Zeit vor dem ersten schriftlichen Beleg für die Existenz von 'Unique Blanche' im Jahr 1775.

---

* Man nimmt zum Beispiel verschiedentlich an, dass alle Moosrosen von *Rosa × centifolia* 'Muscosa' abstammen, obgleich viele Damaszener-Portland-Moosrosen wahrscheinlich eher Abkömmlinge von 'Quatre Saisons Blanche Mousseuse', einem Sport der herbstblühenden Damaszener-Rose, sein dürften. So intensiv gefärbte Moosrosen wie die Züchtungen von Jean Laffay ('Lanei' 1845, 'William Lobb' 1855 und 'Henri Martin' 1863) könnten durch Selbstbestäubung einer Hybride zwischen einer dunklen Gallica- und einer Moosrose entstanden sein – oder durch Kreuzung zweier solcher Hybriden –, aber kaum aus der ursprünglichen roten Moosrose. Graham Thomas hat darauf hingewiesen, dass Rosen, die ausschließlich auf *Rosa gallica* zurückgehen, meist einen kräftigen, aufrechten Wuchs, etwas grobe Blätter und hoch stehende Blüten zeigen. Viele der heutigen so genannten Gallica-Rosen dürften mit ihrem lockeren Wuchs jedoch eher Kreuzungen zwischen zwei Klassen sein.

Die Autoren der frühen Rosenbücher wussten dies: Sie erfuhren quasi aus erster Hand, aus welchen Sorten die zeitgenössischen Züchter die großartigen so genannten Gallica-Rosen schufen, die wir heute noch schätzen; und sie waren sich der bisweilen sehr komplexen Abstammung bewusst. Auguste de Pronville fasste die Cultivare von *Rosa provincialis* gemäß der Definition des Botanikers Willdenow zu einer zwischen *R. gallica* und *R. × centifolia* stehenden Gruppe zusammen, die er, ebenso wie Kreuzungen zwischen Gallica- und Damaszener-Rosen, Agates (Agathes) nannte. Hierzu zählte er auch 'Duchesse d'Angoulême', die vermutlich identisch ist mit der Sorte, die wir heute ziehen und die ebenfalls deutlich als Kreuzung erkennbar ist. Der englische Rosenexperte Charles Quest-Ritson hat gezeigt, dass bei Selbstbestäubung von 'Tuscany Superb' ein Teil der entstehenden Sämlinge öfter blühend ist – ein Hinweis auf den Einfluss einer herbstblühenden Damaszener-Rose in der elterlichen Erbmasse.

Ich vermute, dass die intensive Farbe von 'The Bishop' auf eine dunkle Gallica-Rose, die mit einer Zentifolie gekreuzt wurde, zurückzuführen ist. Die so genannten Gallica-Rosen mit zahlreichen Blütenblättern in einer flachen Blüte, etwa 'Charles de Mills', könnten die Anzahl der Petalen und die Blütenform von historischen Zentifolien wie 'De Meaux' geerbt haben. Diese und andere spannende Fragen dürften mit Hilfe der DNA-Analyse geklärt werden, ein Verfahren, das uns ein weitaus klareres Bild von der ganzen Komplexität der Entwicklung der Gartenrosen zu vermitteln vermag als Rowleys und Hursts Modell.

Wie beliebt die Rose in England war, zeigt die dominierende Stellung, die ihr unter all den anderen populären Blumen auf Robert Furbers kolorierten Stichen in *The Flower Garden Display'd* von 1730 bis 1732, dem ersten illustrierten Gartenkatalog, eingeräumt wird. Auf seiner Tafel für Juni, dem blütenreichsten Monat, sind mehr als ein Fünftel aller Blumen Rosen. Zu den bekannten englischen Blumenmalern gehörte auch Mary Delany (1700 bis 1788), eine Vertraute Königin Charlottes und führender Botaniker jener Zeit. Von ihren Scherenschnitten mit floralen Motiven zeigen vierzehn Rosen, und zwar alle bis ins kleinste botanische Detail. Auch auf den Gemälden von Mary Moser (gest. 1819), einem Gründungsmitglied der Royal Academy, sind Rosen dargestellt – die berühmtesten finden sich im Mary Moser Room, der 1792 im Frogmore House in Windsor für Königin Charlotte eingerichtet wurde.

Das Sortenspektrum blieb jedoch fast das ganze 18. Jahrhundert hindurch sehr begrenzt. Immer wieder erscheint die gleiche Hand voll Gallica-, Alba- und Damaszener-Rosen sowie einige Zentifolien, als Spätblüher gab es lediglich die herbstblühende Damaszener-Rose und *Rosa moschata*. Van Huysum schrieb einmal einem seiner Auftraggeber, er könne ein Gemälde nicht vollenden, da ihm eine lebende Vorlage für die Darstellung einer gelben Rose fehle; die einzige gefüllt blühende gelbe Rose war aber seinerzeit *R. hemisphaerica* – damals wie heute eine seltene und schwierig zu haltende Art.

Rosa × centifolia 'Cristata', auch als 'Chapeau de Napoléon' (Napoleonshut) bekannt.

1743 führte der renommierte Botaniker Philip Miller (1691 bis 1771), Kurator des Chelsea Physic Garden, in seinem *Gardeners Dictionary* lediglich neunundvierzig Rosensorten auf, die meisten davon ungefüllt. In der Ausgabe von 1740 hatte er indes schon berichtet, dass »aus früheren Jahren, in denen einige experimentierfreudige Personen die Samen der Rosen ausgesät, viele neue Varietäten entstanden, unter denen sich zahlreiche gefüllt blühende in den herrlichsten Farben finden; ein solcher Erfolg sollte zur Nachahmung dieses Verfahrens ermutigen, zumal die Natur uns kein schöneres Genus an Pflanzen bietet als das der Rose.« Miller sprach nicht von systematischer Kreuzung – dafür war die Zeit noch nicht reif. Er nahm die Neuheiten auch nicht in die Liste seiner neunundvierzig Varietäten auf: Wahrscheinlich waren sie noch nicht bekannt genug. Das Zitat macht aber deutlich, dass man inzwischen erkannt hatte, dass sich die Sämlinge der Gartenrosen von den Eltern unterscheiden und ihnen bisweilen sogar überlegen sind – und dass man diese Entdeckung zu nutzen begann.

Im weiteren Verlauf des Jahrhunderts lernten sowohl Gärtner als auch Bauern, dass es möglich war, durch Kreuzung von Individuen mit bewährten Eigenschaften – ob Vieh oder Zentifolien – in der Nachkommenschaft besonders vorteilhafte Merkmale zu kombinieren und weniger erwünschte auszuschalten. Große Verdienste erwarb sich Thomas Fairchild (1667 bis 1729), ein Gärtner mit starkem wissenschaftlichem Interesse: Er kreuzte eine Gartennelke mit einer Bartnelke; das Ergebnis war die erste gezielt gezüchtete Hybridpflanze, die so genannte »Fairchild's mule«. Doch waren es wohl hauptsächlich Züchter von Nutzvieh wie Robert Bakewell (1725 bis 1795), die das Wissen um die Prinzipien und Möglichkeiten der Pflanzen- und Tierzucht über ganz Westeuropa verbreiteten.

André Dupont, der renommierteste Rosenexperte seiner Zeit, der auch Josephines Rosengarten in Malmaison entwarf, gilt als der erste Rosenzüchter, der gezielte Kreuzungen durch Handbestäubung vornahm (um 1800). Andere folgten seinem Beispiel, so dass die Zahl der verfügbaren Sorten bald schon um ein Vielfaches stieg. George Dons *General History of*

RECHTS Ein typisches Beispiel für das, was Vita Sackville-West »die bis zur Absurdität überladene Leinwand der Holländer« nannte. Jan van Huysums wahrscheinlich um 1736 entstandenes Gemälde zeigt eine Auswahl der Gartenpflanzen jener Zeit, darunter die Kohlrose *(Rosa × centifolia)* (unten rechts), die gefüllt blühende gelbe *Rosa hemisphaerica* (Mitte rechts, an der Vase) und die Jakobiterrose *(Rosa × alba* 'Alba Maxima').

1 Perennial dwarf Sun flower.
2 Ultamarine & Prusian blew-Iris Major.
3 Blew Nigella, or Fennel flower.
4 Moon Trefoile.
5 Upright Sweet William.
6 Saxifrage.
7 Cinquefoile.
8 Pansies, or Hearts-ease.
9 Maidens blush Rose.
10 Yellow Jasmine.
11 Blew Corn flower.
12 Blush Belgick Rose.
13 The Francford Rose.
14 Double Martagon.
15 Orchis or Bee flower.
16 Scarlet Colutea.
JUNE
17 Fraxinella.
18 Moss province Rose.
19 Double Virginian Silk-grass.
20 White Rose.
21 Dutch Hundred Leav'd Rose.
22 White Batchelors Button.
23 Rosa Mundi.
24 Mountain Lychnis.
25 Dwarf Iris Strip'd.
26 White Jasmine.
27 Scarlet Geranium.
28 Yellow Martagon.
29 Red Martagon.
30 Teucrium or Germander.
31 Mountain dwarf Pink.
32 Yellow Corn Marygold.
33 Purple sweet Pea.
34 Greek Valerian.
From the Collection of Robt. Furber, Gardiner at Kensington. 1730.
Engrav'd by H. Fletcher.

the Dichlamydeous Plants (1832) führt 1600 Sorten, die 205 Arten zugeordnet sind; Don räumte jedoch ein, dass er nur oberflächliche Angaben über die Gesamtzahl erhältlicher Rosen machen könne und dass in Frankreich und Italien alljährlich unzählige neue Sorten eingeführt würden.

Wann die ersten China-Rosen in europäischen Gärten auftauchten, lässt sich nicht mit Sicherheit sagen. Dr. Hurst identifizierte die Rosen, die Cupido der Venus auf Agnolo Bronzinos Gemälde *Allegorie* (1529) zuwirft, als rosa China-Rosen von auffallender Ähnlichkeit mit 'Parsons' Pink China'. Wenn dies zutrifft, müsste die China-Rose über die Seidenstraße nach Südeuropa gelangt sein, wobei einer Verbreitung in den kühleren Norden wahrscheinlich ihre leichte Frostempfindlichkeit im Weg stand. Obgleich Hurst durchaus Recht haben könnte, bleibt die Identität der Rosen weiterhin Spekulation. Gewissheit herrscht indes darüber, dass bis 1752 mindestens zwei China-Rosen Europa erreicht hatten: Schriftlichen Aufzeichnungen zufolge wurden sie in jenem Jahr im botanischen Garten der schwedischen Stadt Uppsala kultiviert.

Eine dieser Rosen, ein blassrosa Klon von *Rosa × odorata (R. chinensis × R. gigantea)* diente Carl von Linné als Ausgangstypus für seine Art *Rosa indica* (heute kein gültiger Artname mehr, da von Linné Rosen von mindestens drei verschiedenen Arten darunter zusammenfasste). Die zweite in Uppsala kultivierte Rose schickte von Linné zu Händen von Philip Miller an den Chelsea Physic Garden, wo sie 1759 gepflanzt wurde. Diese ebenfalls rosarote Rose – wahrscheinlich ein weiterer Klon von *R. × odorata* – dürfte mit dem Klon, der 1769 in Kew Gardens gepflanzt wurde, identisch sein; er wurde als Warmhauspflanze 1775 in Richard Westons *English Flora* unter Joseph von Jacquins Bezeichnung *Rosa chinensis* erwähnt. Jacquin hatte diesen Namen einem getrockneten Herbarium-Exemplar von 1733 zugeordnet – einer vermutlich in China gesammelten ungekreuzten rot blühenden Pflanze. Ein ähnlicher Klon wurde 1782 in England dokumentiert. Keine dieser China-Rosen scheint jedoch einen Sortennamen erhalten oder für die Weiterentwicklung der Gartenrosen eine Rolle gespielt zu haben.

Die Gallica-Rose 'Charles de Mills'.

Diese Rolle sollte vier anderen Neuankömmlingen aus China zufallen. Die ersten beiden, 'Slater's Crimson China' *(Rosa chinensis* 'Semperflorens', 1792 eingeführt) und 'Parson's Pink China *(R. × odorata* 'Pallida' oder 'Old Blush', 1793) wurden wohl am häufigsten für Züchtungen verwendet, obwohl die ursprünglichen Tee-

LINKS Die Juni-Tafel aus Robert Furbers *The Flower Garden Display'd* von 1730 bis 1732 zeigt eine Auswahl damals beliebter Sorten. Nr. 9, »Maidens blush Rose«, ist eine Alba-Rose, wahrscheinlich nicht die heutige 'Maiden's Blush'. Nr. 12, »Blush Belgick Rose«, wurde von Lindley als Damaszener-Rose beschrieben, ist aber wohl eine Damaszener-Gallica-Hybride. Nr. 13, »The Francford Rose«, ist 'Agatha', von verschiedenen Botanikern ab 1640 (Parkinsons *Theatrum Botanicum*) als *Rosa francofurtensis* bezeichnet. Diese lockere, gefüllt blühende Pflanze wurde von Miller so beschrieben: »von geringem Wert ... da sich die Blüten selten richtig öffnen«, obgleich er sie zum Veredeln empfahl. De Pronville nannte sie 'Agate de Francfort' und bescheinigte ihr, dass die Blüten selten eine ebenmäßige Form zeigten oder sich vollkommen öffneten, was an der Starkwüchsigkeit des Strauches liege. Ungeklärt ist, ob sie zur gleichen Hybridart gehört wie Otto von Münchhausens *R. × francofurtana* (syn. *R. turbinata* Aiton = *R. gallica × R. majalis*), de Pronvilles und Thorys 'Rosier de Francfort', die heute in Gärten in Form eines niedrigeren und sichtlich anderen Klons, 'Empress Josephine', vertreten ist. Nr. 18, »Moss province Rose«, ist unsere Gemeine Moosrose, *(R. × centifolia* 'Muscosa'). Nr. 20, »White Rose«, ist *R.* 'Alba Semiplena'. Nr. 21, »Dutch Hundred Leav'd Rose«, ist die Kohlrose *(R. × centifolia)*. Nr. 23, »Rosa Mundi«, bezeichnet die heute unter dem gleichen Namen bekannte Rose, *R. gallica* 'Versicolor'. Mehrere Rosen sind auch auf der Tafel für Mai dargestellt, ein paar andere auf Tafeln für spätere Monate. Darunter sind »Strip'd Monthly Rose« (eine öfter blühende gestreifte Damaszener-Rose, nicht *R. × damascena* 'Versicolor' – heute womöglich nicht mehr erhältlich), »White Monthly Rose« *(R. × damascena* var. *semperflorens* 'Quatre Saisons Blanche', heute äußerst selten; in Südafrika noch erhältlich*)* und »Double White Musk Rose« *(R. moschata* 'Plena').

rosen (sie verdanken den Namen ihrem an Tee erinnernden Duft) 'Hume's Blush Tea Scented China' *(R. × o.* 'Odorata', 1809*)* und 'Parks' Yellow Tea Scented China' *(R. × o.* 'Ochroleuca', 1824*)* ebenfalls eine Rolle spielten. *R. × odorata* und die eigentliche *R. chinensis* eignen sich für mediterrane oder wärmere Klimazonen, wo ihre Gartenformen und Hybriden wie die Tee- und China-Rosen sehr ausdauernd und üppig blühen. Sie sind daher wohl die wichtigsten Stammeltern von Rosen für Gebiete wie den Süden der Vereinigten Staaten, Indien, Südafrika oder Australien, waren aber auch an der Entstehung von Rosen für kühlere Klimate beteiligt, etwa Bourbon-Rosen, Remontant-Rosen, Teehybriden und Floribunda-Rosen sowie alle neueren Rosenklassen, die auf diese zurückgehen.

Die Noisette-Rose 'Maréchal Niel'.

Um das Jahr 1800 waren die Vorläufer der meisten neueren Rosen bereits in Kultur. Die Gallica-Rosen, eine der ältesten Klassen von Gartenrosen, zu der tief dunkelrote Sorten wie 'Violacea' und 'Tuscany' zählen, wurden damals züchterisch intensiv genutzt, um neue Sorten in kräftigen Farben zu erzielen. Einige davon wurden von zeitgenössischen Autoren wie Auguste de Pronville in seinem Werk *Nomenclature Raisonnée des Espèces, Variétés et Sous-variétés du Genre Rosier* (1818) beschrieben. Sie gingen der Einführung vergleichbarer China-Rosen voraus und wurden später selbst von einer neuen Generation Gallica-Rosen abgelöst, den überragenden Schöpfungen großer französischer Rosenzüchter wie Jean Laffay (1794 bis 1878) und Jean-Pierre Vibert (1777 bis 1866), darunter 'Cardinal de Richelieu'. In dieser Zeit erschienen auch immer mehr Sorten, die Abkömmlinge anderer Alten Rosen waren – etwa der Kohlrose *(Rosa × centifolia)*, der ersten Moosrose (*R. × centifolia* 'Muscosa'*)* (so benannt wegen ihrer bemoosten Kelche, Kelchblätter und Blütenstiele) oder der ältesten Damaszener-Rosen.

Im Lauf des 19. Jahrhunderts wurden Tausende neuer Rosen gezüchtet oder eingeführt, aber auch mehrere bedeutende neue Rosenklassen entwickelt. Der Zustrom zahlloser neuer Sorten wirkte sich nachhaltig auf die Gartengestaltung aus. Aus ästhetischen wie praktischen Gründen ging man dazu über, für die Rosen eigene Gärten zu schaffen, denn sie brauchten alle ähnliche Kulturbedingungen, blühten etwa um die gleiche Zeit und ließen sich meist nicht ohne weiteres ansprechend mit anderen Pflanzen kombinieren. So wurden unzählige architektonische Lösungen ersonnen, um die schönsten Rambler und Climber ins rechte Licht zu rücken; mit der massenhaften Einführung neuer Wichurana- und Multiflora-Rambler gegen Ende des Jahrhunderts entwickelte sich dieser Trend geradezu zu einer Art Besessenheit.

Die Bourbon-Rosen zählen zu den bedeutendsten neuen Rosenklassen, die das 19. Jahrhundert hervorgebracht hat. Die erste wurde 1817 auf der französischen Insel Ile de Bourbon (heute Réunion) entdeckt – eine Naturhybride zwischen einer China-Rose und einer herbstblühenden Damaszener-Rose. Ihr Samen wurde nach Paris gesandt und zur Zucht vieler intensiv duftender, bis in den Herbst blühender Sorten verwendet; die meisten vertragen Fröste bis etwa –20 °C. Sie können als große, frei stehende Sträucher gezogen werden, einige besitzen jedoch so lange, biegsame Triebe, dass man sie auch an Säulen oder an Mauern ziehen kann.

Die erste Noisette-Rose, 'Noisette Carnée' (Blush Noisette), war ein öfter blühender Sämling der einmal blühenden 'Champneys' Pink Cluster' *(Rosa × odorata* 'Pallida' × *R. moschata)*, gezogen von Philippe Noisette in Charleston, South-Carolina. Er sandte diese Rose seinem Bruder Louis in Paris, wo sie 1819 als *R. × noisettiana* erstmals in den Handel kam – der Name wurde fortan als Sammelbezeichnung für alle Rosen dieser Klasse verwendet. Die ursprüngliche 'Noisette Carnée' lässt sich als Strauch ziehen und erfordert die gleichen Schnittmaßnahmen wie die Bourbon-Rosen; spätere, durch Kreuzung mit *R. multiflora* oder *R. sempervirens* entstandene Noisette-Rosen ähneln in Verwendung und Schnitt mehr den Ramblern oder Climbern. 'Noisette Carnée' ist winterhart bis etwa –20 °C; die Einkreuzung von 'Parks' Yellow Tea Scented China' *(R. × odorata* 'Ochroleuca'*)* ergab etliche gelbe Sorten – darunter die hübsche zartgelbe 'Maréchal Niel' –, die deutlich empfindlicher sind.

Rambler blühen – im Unterschied zu Climbern – am zweijährigen Holz, das dann in der Regel zurückgeschnitten wird; die Triebe der

Climber bringen über mehrere Jahre Blüten hervor und werden gewöhnlich nicht unmittelbar nach der Blüte geschnitten. In den ersten Jahren des 19. Jahrhunderts entstanden aus der Feldrose *(Rosa arvensis)* und wahrscheinlich *R. sempervirens* die Ayrshire-Rambler. Die bekannteste dieser schattenverträglichen Rosen, die nach Myrrhen duftende 'Splendens', ist bis heute erhältlich. Wenig später, um 1820, folgten die ebenfalls intensiv duftenden Sempervirens-Rambler, von denen die meisten auf M. Jacques, den Gärtner des Herzogs von Orléans, zurückgehen. Ihre berühmtesten Vertreter sind 'Félicité et Perpétue' (nach Jacques' beiden Töchtern benannt) und 'Adélaïde d'Orléans', die mit ihren nickenden Blütenbüscheln – gefüllten Kirschblüten ähnlich – wie geschaffen ist für Bögen und Pergolen.

Die Entwicklung zweier wichtiger Gruppen von Ramblern im späten 19. und frühen 20. Jahrhundert hatte nachhaltigen Einfluss darauf, wie Rosen im Garten eingesetzt wurden. Aus *Rosa multiflora* oder ihrer stark gefüllten Sorte 'Carnea' (seit etwa 1804 in Kultur) wurden die starkwüchsigen, meist süß duftenden Multiflora-Rambler gezogen, von denen ein Großteil Temperaturen bis – 25 °C toleriert. *R. multiflora* wurde auch mit China-Rosen gekreuzt; das Ergebnis waren die Polyantha-Rosen. Manche, wie 'Perle d'Or' (1884) oder 'Cécile Brunner' (1881) werden recht groß, doch die bedeutendere Rolle für die Entwicklung der Rose spielten die Zwerg-Polyantha-Rosen – aus Kreuzungen mit einer Miniatur-China-Rose entstanden: kleinwüchsige Beetrosen mit in großen, dichten Büscheln erscheinenden Blüten, dem Erbe von *R. multiflora*. Sie wurden zum Wegbereiter der Floribunda-Rosen.

Eine stark gefüllte Variante der Rambler-Rose 'Albertine'.

Die Einführung von *Rosa wichurana*, einer japanischen Wildrose mit glänzendem Laub, im Jahr 1891 führte zur Entwicklung von zwei ganz eigenen Gruppen von Wichurana-Ramblern: Die eine Gruppe, eine Spezialität des französischen Züchters Barbier, besitzt ziemlich große, einzeln oder zu mehreren stehende Blüten – bekannte Vertreter sind 'Albertine' und 'Albéric Barbier' –, die andere trägt kleinere, in Büscheln sitzende Blüten wie etwa 'Dorothy Perkins'. (Die gängige Schreibweise *wichuraiana* wurde vom *Internationalen Code der Botanischen Nomenklatur* für ungültig erklärt.) Sie waren so beliebt, dass sie in keinem Rosengarten fehlen durften, was aber auch hieß, immer neue Stützvorrichtungen wie Pfeiler, Lauben- und Bogengänge, Girlanden, Spaliere und Pergolen zu ersinnen. Viele Multiflora- und Wichurana-Rosen eignen sich ausgezeichnet als Trauerstämme oder Kaskadenrosen, wie sie im frühen 20. Jahrhundert besonders in Frankreich immer beliebter wurden.

Um die Mitte des 19. Jahrhunderts waren nur wenige für die Beetbepflanzung geeignete Rosen erhältlich, mit Ausnahme der Remontant-Rosen, die sich aber meist nur durch »Zwangsmaßnahmen« wie das zeitaufwendige Niederhaken der Triebe bändigen ließen. Die Remontant-Rosen waren aus 'Rose du Roi', einer Portland-China-Hybride aus dem Jahr 1816, entstanden. Durch Einkreuzung von China- und Bourbon-Rosen erhielt man schließlich Tausende öfter blühender, meist recht starkwüchsiger Sorten. Gegen Ende des Jahrhunderts ging die Produktion von neuen Remontant-Rosen stark zurück; seit 1900 ist sie fast zum Erliegen gekommen.

Die letzte der großen im 19. Jahrhundert entstandenen Rosenklassen sollte die Bedeutung der Beetrosen dramatisch steigern und spielt bis heute eine Schlüsselrolle. Die Teehybriden, auch als Großblumige Rosen bezeichnet, wurden bis 1884 nicht als eigene Klasse anerkannt; die erste von ihnen, 'La France', hatte J.-B. Guillot 1876 durch Kreuzung einer Remontant-Rose, 'Mme Victor Verdier', mit einer Teerose, 'Mme Bravy', gezüchtet. Die ersten Vertreter der Klasse waren triploid und damit weitgehend steril; erst mit dem Erscheinen fertiler, tetraploider Teehybriden wie 'Lady Mary Fitzwilliam' (1882) und 'Mme Caroline Testout' (1890) konnte die Züchtung vieler neuer Sorten Wirklichkeit werden.

Ein bedeutender Zuchterfolg waren Joseph Pernet-Duchers (1859 bis 1928) ab 1880 durchgeführte Kreuzungen der nahezu sterilen *Rosa foetida* 'Persiana' mit Teehybriden und Remontant-Rosen. Um 1900 erschien 'Soleil d'Or', die von einigen Autoren als erste echte gelbe Teehybride betrachtet wird, obwohl man sie mitunter auch als Foetida-Hybride klassifiziert findet. Aufbauend auf Pernet-Duchers Arbeit entstanden eine ganze Reihe gelb bis orange blühender Pernetiana-Rosen (die von *R. foetida* meist die Anfälligkeit für Sternrußtau erben) sowie viele der heutigen Teehybriden und Kletterrosen in diesen Farbnuancen. In weiteren Zuchtexperimenten im 20. Jahrhundert wurde die Kapuzinerrose, *R. foetida* 'Bicolor', benutzt, um zweifarbige oder leuchtend scharlach- oder zinnoberrote Rosen zu erzeugen. Die erste wirklich zweifarbige Rose dürfte 'Juliet' gewesen sein, eine Pernetiana, die 1910 eingeführt wurde. Sie zeigte sich aber schon bald so anfällig für Sternrußtau, dass sich die Rosenliebhaber ihrer Nachfolgerin, der zinnoberroten, unterseits goldgelben 'The Queen Alexandra Rose' zuwandten, einer Einführung aus dem Jahr 1917.

Die Polyantha-Rose 'Perle d'Or'.

Die erste Hälfte des 20. Jahrhunderts brachte weitere Fortschritte in der Entwicklung der Teehybriden – breiteres Farbspektrum, höhere Krankheitsresistenz und perfekter geformte Blüten. Um die gleiche Zeit kreuzte der dänische Züchter D. T. Poulsen winterharte Zwerg-Polyantha-Rosen mit Teehybriden und erhielt so Polyantha-Hybriden – die so genannten Poulsen-Rosen –, aus denen durch weitere Einkreuzung von Teehybriden schließlich die Floribunda-Rosen entstanden. In England wurden ähnliche Versuche des Geistlichen Joseph Pemberton und der Gärtnerei Messrs Paul & Son, zwergwüchsige öfter blühende Rosen zu züchten, von der 1921 erschienenen Ausgabe des *Rose Annual* zwar begeistert aufgenommen, hatten aber weniger weit reichende Bedeutung. Pembertons Moschata-Hybriden jedoch, aus 'Trier', einem Sämling von 'Aglaia' *(Rosa multiflora* × 'Rêve d'Or'*)* entstanden, werden nach wie vor geschätzt; ihren Duft verdanken sie vorwiegend *R. multiflora* und nicht der Moschusrose, *R. moschata*.

Die Experimente mit Farben und Formen gingen weiter. Zinnoberrot, auf das Pigment Pelargonidin zurückgehend, war in den Polyantha-Rosen des holländischen Züchters de Ruiter, etwa 'Gloria Mundi' (1929), in Erscheinung getreten. Einfach blühende Rosen wie 'Irish Elegance' stellten eine Neuentwicklung dar, und obgleich die gelben Pernetiana-Teehybriden beträchtlich verbessert worden waren, gab es keine, die perfekte Blütenform, Duft und Krankheitsresistenz in sich vereint hätte. Die mendelschen Vererbungsgesetze waren zwar seit etwa 30 Jahren bekannt, doch die Zytologen hatten den Rosenzüchtern wenig mehr brauchbare Informationen als die Bedeutung der Chromosomenzahlen an die Hand gegeben, so dass sich die meisten Züchter bei der Auswahl von Stammeltern für neue Rosen noch immer aufs Ausprobieren verließen.

Die Entwicklung so vieler aufregender Beetrosen ließ das Interesse an Alten Rosen zusehends schwinden, doch zum Glück gab es eine kleine Schar Aufrechter, die ihnen die Treue hielt. In England waren es Maud Messel und Edward Ashdown Bunyard, die in der Folgegeneration um Constance Spry, Graham Thomas, Vita Sackville-West, James Russell und Bobbie James die Liebe zu den Alten Rosen weckten. Diese Generation war es dann auch, die nach dem Zweiten Weltkrieg den Gartenfreunden vor Augen führte, welchen Verlust es bedeutete, den Alten Rosen den Rücken zu kehren.

Die zahlreichen Fortschritte, die die Rosenzucht seit dem Zweiten Weltkrieg zu verzeichnen hat, werden in Zukunft zweifellos zu einem ganz anderen Umgang mit Rosen führen. Viele Miniaturrosen sind auf der Basis von 'Rouletii' (ob mit der Rose 'Pompon de Paris' und/oder *Rosa chinensis* 'Minima' identisch oder nicht) und deren Abkömmlingen wie 'Oakington Ruby' (1933 von Charles Bloom entdeckt) entstanden. Sie lassen sich verblüffend schnell im Gewächshaus aus Stecklingen ziehen und sind mittlerweile beliebte Topfpflanzen. Die von ihnen abstammenden Patio-Rosen haben etwas größere Blüten und sind eine viel versprechende Gruppe, die sich für Beete, Parterres und Container eignet. Auch viele bodendeckende Sorten unterschiedlicher Abstammung sind erschienen. Die neueren Sorten blühen zuverlässig den ganzen Sommer über, allerdings passen sie mit ihren leuchtenden Farben und der manchmal etwas hochgezüchteten Form nicht in jeden Garten; in ländlichen Gegenden oder Industriegebieten können sie geradezu deplatziert wirken.

Die vielleicht wichtigsten und nützlichsten Neuentwicklungen verdanken wir indes dem Unternehmergeist einzelner Züchter. Sie haben den konkreten Bedarf an ganz bestimmten Rosen erkannt und versucht, durch Neukombination der bereits vorhandenen Klassen und Arten das Gewünschte zu produzieren. So bedeuteten die Wichurana-Rambler und die Moschata-Hybriden eine ganz entscheidende Erweiterung des Rosensortiments. David Austins Englische Rosen, die die Blütenform der Alten Rosen mit den Farben der neueren Sorten, ihrer langen Blütezeit und ihrem buschigen Wuchs kombinieren, sind überall auf der Welt beliebt. In Meillands neuer Romantica®-Reihe, die in ihrer Blüten- und Wuchsform ganz ähnlich ist, finden sich zweifellos ebenfalls außergewöhnlich nützliche und schöne Rosen. Für kältere Klimate eignet sich die Explorer-Reihe, Rugosa-Hybriden, die im Auftrag des Kanadischen Landwirtschaftsministeriums gezüchtet wurden; sie sind eine willkommene Ergänzung des Sortiments frostverträglicher Sorten.

Trotz all dieser züchterischen Aktivitäten ist das wahre Potential der Gattung *Rosa* wohl erst zu einem kleinen Teil ausgeschöpft. So wurden bisher nur wenige Wildrosen zur Zucht verwendet. Die Arten, die von Züchtern wie Pemberton und Barbier vor achtzig bis hundert Jahren mit Buschrosen gekreuzt wurden, könnten durch Einkreuzung neuerer Sorten möglicherweise noch brauchbarere und reizvollere neue Rosen ergeben. *Rosa multibracteata* hat eine einzige, sehr schöne Sorte, 'Cerise Bouquet', hervorgebracht, könnte aber gewiss noch weit mehr beitragen. Wenig Beachtung wurde bisher auch der Laubfarbe geschenkt – weder dem Blaugrün von *R. soulieana* und *R. brunonii* 'La Mortola' noch dem rot überlaufenen Zinnton der Hechtrose *(R. glauca)* oder dem farnartig gefiederten Laub von *R. multiflora* 'Watsoniana'. In Zukunft gilt es den bisher weitgehend brachliegenden Fundus an Wildarten besser zu nutzen, um neuen Sorten so wünschenswerte Merkmale wie Krankheitsresistenz, anhaltende Blühdauer oder Frostbeständigkeit mitzugeben. Mit modernen Züchtungsverfahren lassen sich die Möglichkeiten beträchtlich erweitern und die Erfolgsaussichten nachhaltig verbessern.

Die Teehybride 'Gail Borden'.

Wenig erfreulich ist allerdings der in letzter Zeit zu beobachtende Trend, Rosen aufgrund eines gewissen Gewöhnungseffekts mit Geringschätzung zu begegnen. Eine ähnliche Tendenz lässt sich auch bei anderen beliebten Blumen erkennen, besonders solchen, die das ganze Jahr über als Schnittblumen angeboten werden. Nelken galten in den späten 60er Jahren dank der Fürsprache von Desmond Underwood, Lanning Roper und anderen als chic und waren allerorten in silbernen, weißen und rosa Blumengestecken zu finden. Heute haben sie viel von ihrer Beliebtheit eingebüßt – nicht zuletzt, weil man ihnen unweigerlich an jedem Blumenstand und auf jedem Restauranttisch begegnet. Ein ähnliches Schicksal hat die Chrysanthemen ereilt, obwohl sie in der Herbstrabatte unentbehrlich sind. Solche Vorurteile sollten uns indes nicht blind machen für die Vorzüge der Rose. Sie birgt nach wie vor so viele Möglichkeiten in sich, dass kreativen Gartengestaltern und -besitzern kaum Grenzen gesetzt sind. Aber auch die Züchter verfügen über ein weites Feld, noch mehr neue und aufregend schöne Klassen von Rosen hervorzubringen. Ich hoffe, in den folgenden Kapiteln einen überzeugenden Nachweis ihres Potentials zu erbringen.

Der
Rosengarten

»Der Wert der Rose liegt in der Glorie der einzelnen Blüte …
Nicht die Rose für den Garten brauchen wir, sondern den Garten für die Rose.«

REVEREND ANDREW FOSTER-MELLIAR, *The Book of the Rose* (1894)

Mit diesen Worten gab der Geistliche Andrew Foster-Melliar (gest. 1904) eine gegen Ende des 19. Jahrhunderts weit verbreitete Ansicht wieder. Zu seiner Zeit wurden Rosen allein um der Schönheit ihrer Blüten willen kultiviert, entweder in eigens für sie geschaffenen Gärten oder zumindest in separaten Beeten. 1869 hatte der Rosenliebhaber Samuel Reynolds Hole (1819 bis 1904), Dean (Dekan) von Rochester, die Rose als »jene Königin, die keine Rivalin neben, geschweige denn auf ihrem Thron duldet« bezeichnet. Wie viele Bücher und Abhandlungen zu diesem Thema bezeugen, legte man damals entweder ganze Rosensammlungen an oder man zog die Pflanzen separat als Schnittblumen oder für Ausstellungszwecke. Sie in die Gesamtgestaltung des Gartens einzubeziehen wurde dagegen kaum versucht. Das sollte sich jedoch ändern.

Es gab zwar keine »Damaszener-Konversion«, die die Rosenfreunde über Nacht zu einem völlig anderen Umgang mit ihren Lieblingspflanzen bewogen hätte, doch wurde gegen Ende des 19. Jahrhunderts eine deutliche Verschiebung der Akzente erkennbar. Artikuliert wurde dies von William Robinson (1838 bis 1935), zu jener Zeit der größte Verleger und zugleich die einflussreichste Stimme in Sachen Gartengestaltung. Stets selbstsicher und rechthaberisch, machte er aus seiner Abneigung gegen Gärten mit isolierten Rosen kein Hehl: »Seit man sich auf Muster aus farbigen Flächen verlegt hat, sind Blumen wie die Rose, Nelke oder Lilie beiseite geschoben worden, weil sie nicht in flache Farbkonzepte passen; das Ergebnis sind hässliche, kahle und zugleich kostspielige Landhausgärten«, schrieb er 1883 in seinem Werk *The English Flower Garden*. Er fuhr fort:

»Die Sitte, die Rosen separat zu pflanzen, kommt dem Blumengarten keineswegs zugute … Es ist erstaunlich, wie dürftig und karg manche Anlagen wirken, denen die Schönheit der Rose viel Reiz verleihen könnte, und die einzige Entschädigung für so viel Leere soll das so genannte Rosarium sein, das mit all den Pflanzen, die gewöhnlich nur über wenige Sommerwochen blühen, bisweilen so hässlich ist …«

Robinson sah in Foster-Melliar einen der Hauptbefürworter der separaten Rosengärten und wandte sich in späteren Ausgaben von *The English Flower Garden* explizit gegen dessen Auffassung, die er für gänzlich fehlgeleitet hielt. In *The Book of the Rose* hatte Foster-Melliar erklärt:

»Ich betrachte die Pflanze in den meisten Fällen lediglich als Mittel, prachtvolle Blüten zu gewinnen. Ich sehe die Rose auch nicht vorrangig als dekorative Pflanze, zumal es genügend schlichtere und an sich weniger schöne Blumen gibt, die in meinen Augen sehr viel mehr zur Gesamtwirkung des Gartens beitragen … Man darf nicht vergessen, dass Rosen keine Beetpflanzen sind, die den ganzen Sommer über kontinuierliche Farbenpracht bieten, sondern uns kaum mehr als einen Monat mit ihrem Flor erfreuen, wonach viele von ihnen, selbst Teerosen, eine ganze Zeit lang blütenlos sind, was die Wirkung zunichte macht.«

Robinson tat die Argumente seines Kontrahenten als überholt ab und führte dagegen an, dass es inzwischen genügend Rosen gäbe, die vom Frühsommer bis zum Frost fast pausenlos blühten; vor allem aber spottete er über die Ansicht, die Rose sei keine »dekorative Pflanze«. »Die Rose«, erklärte er, »muss zurück in den Blumengarten, ihren wahren Bestimmungsort, nicht nur um ihrer selbst willen, sondern um den Garten vor Hässlichkeit und Erstarrung zu bewahren und ihm Duft und Erhabenheit von Laub und Blüte zu schenken.«

Damit waren die Linien des Gefechts, in dem die Rose für den Garten dem Garten für die Rose gegenüberstand, abgesteckt. Es sollte allerdings fast 50 Jahre dauern, bis Robinsons Ansichten allgemein akzeptiert wurden. Zu der Zeit war die Rose, nachdem sie bereits anderthalb Jahrhunderte im Mittelpunkt des Interesses gestanden hatte, auf dem besten Weg, sich die herausragende Stellung zu erobern, die sie heute im Blumengarten einnimmt.

Vom Mittelalter bis ins 18. Jahrhundert wurden Rosen in Beeten und Rabatten gezogen, manchmal auch an Zäunen oder Mauern, stets jedoch kombiniert mit anderen Pflanzen und nie dominierend. Nur selten scheinen sie eine bedeutendere Rolle für die Gesamtgestaltung des Gartens gespielt zu haben, und es gibt auch keinerlei Hinweise darauf, dass ihre Blütenpracht in dieser Zeitspanne jemals als *raison d'être* des ganzen Gartens betrachtet worden wäre. Hin und wieder stößt man indes auf Beispiele, in denen sich der Geschmack des 20. Jahrhunderts ankündigt: Interessanterweise beinhaltet Robert Smythsons 1609 entstandener Plan für Wimbledon House Obstgärten, in die Rosen integriert waren; der Entwurf wirkt wie eine frühe, formale Variante des 300 Jahre später entstandenen Obstgartens von Sissinghurst Castle in Kent.

Die Zentifolie 'De Meaux'.
Seite 26–27 Die Strauchrose Graham Thomas.

Einer der ältesten, sicher aber der berühmteste der ausschließlich für Rosen geschaffenen Gärten ist Malmaison, 1799 von Napoleons Gattin, der späteren Kaiserin Josephine, nahe Paris angelegt. Im damals sehr beliebten englischen Landschaftsstil gestaltet, präsentierte er die Rosen in zahlreichen Beeten, Gehölzpflanzungen und als Einzelexemplare. Malmaison ist der wohl erste Garten seiner Art, dessen Pläne und Pflanzlisten erhalten sind. Der Hauptgarten wurde von Louis Berthault entworfen, für den Rosengarten zeichnete der angesehene Rosenexperte André Dupont persönlich verantwortlich.

In der unmittelbaren Umgebung des Schlosses wurde eine gewisse Formalität beibehalten mit schnurgeraden, von schmalen Rosenbeeten gesäumten Achsen; mit zunehmender Entfernung gingen die Wege jedoch in geschwungene Linien über – ein Schema, das sich in Paxtons Birkenhead Park, 1843 entworfen, ebenso wiederfindet wie in Edouard Andrés Entwurf für Sefton Park von 1876. Die Pläne lassen eine elegante und durchdachte Gestaltung erkennen; schmale, beiderseits von Pfaden gesäumte Beete boten die Möglichkeit, jede Blüte aus nächster Nähe zu betrachten. Für die zahlreichen Rambler waren Stützen wie Bögen, Pagoden und Säulen eingeplant, die oft kopiert wurden. Diese starkwüchsigen Kletterer beeinflussten mithin schon damals die Gartengestaltung.

Zu jener Zeit ließ die Flut neu gezüchteter Hybriden noch auf sich warten. Die Wildrosen und alten Gartenhybriden, die im vorangegangenen Kapitel behandelt wurden, bildeten zusammen mit einigen Arten von geringerer züchterischer Bedeutung den Grundstock von Josephines Sammlung. 1814, im Jahr von Josephines Tod, umfasste sie um 250 verschiedene Rosen, darunter 167 Gallica-Rosen, 27 Zentifolien, 3 Moosrosen, 9 Damaszener-, 8 Alba- und 22 China-Rosen. Den besonderen Wert der Sammlung machte aber nicht allein ihr Umfang aus, sondern ebenso die eingehende wissenschaftliche Untersuchung durch den Botaniker Claude Antoine Thory (1759 bis 1827) und die erstaunlich präzisen und feinen Rosenportraits von Pierre Joseph Redouté (1759 bis 1840). Beider Werk *Les Roses*, in dreißig gebundenen Heften von 1817 bis 1824 erschienen, stellt einen Meilenstein der Rosenliteratur dar. Mit seinen hervorragenden, kolorierten Abbildungen ist es bis heute eine einzigartige Informationsquelle. Auch de Pronvilles 1818 erschienene *Nomenclature Raisonnée* basierte auf der Sammlung von Malmaison und bot einige andere interessante neue Einblicke. Im frühen 19. Jahrhundert machte die ständig wachsende Zahl der Gartenpflanzen es möglich, ja beinah notwendig, sich bei der Gartengestaltung auf ein begrenztes Pflanzenspektrum zu spezialisieren. Josephines Rosengarten in Malmaison war eines der ersten Beispiele für diesen Trend, der aber auch im Werk von Humphry Repton (1752 bis 1818) erkennbar ist. Repton, der Erste, der sich selbst als Landschaftsgärtner bezeichnete, wirkte ab 1813 in Ashridge in Hertfordshire und schuf dort einen Rosengarten (oder ein Rosarium), abgebildet in seinen *Fragments* von 1816. Interessant an diesen Bildern ist, dass sie Beete mit kleinwüchsigen Sorten zeigen – wahrscheinlich echte Zwergformen wie 'De Meaux' – statt der Hoch- und Halbstämme, die bis um 1880 das Bild der Rosengärten prägten.

Repton propagierte aber auch die Rückkehr zur Formalität: Für Ashridge entwarf er einen kreisrunden Garten mit Beeten niedriger Rosen, die, strahlenförmig von einem zentralen Wasserspiel ausgehend, wie Blütenblätter wirkten. Das Ganze war von einem Laubengang aus von Ramblern bekleideten Rundbögen umschlossen. Die Beete sollten vermutlich mit Buchs eingefasst werden. Bei der Planung erkannte Repton, dass Rosen allein einem Garten nicht genügend Struktur geben: Eine straffe Gliederung, unterstützt durch architektonische Elemente und Formschnittpflanzen oder Hecken, ist unerlässlich und sorgt auch außerhalb der Blütezeit der Rosen für ein ansprechendes Bild. So mancher seiner Nachfolger hat diese Lektion nicht ungestraft außer Acht gelassen.

In seinen weniger formalen Entwürfen wie etwa dem Plan für den Royal Pavilion in Brighton verwendete Repton die so genannten *corbeilles* oder Korbbeete, die er locker im Rasen verteilte; sie lieferten die klaren Konturen, die den Pflanzen, darunter oft auch kleinere Rosen, fehlte. Die ursprünglichen Körbe waren aus Weiden oder schwerem Drahtgeflecht gefertigt. Reptons Sohn John Adey Repton entwickelte 1823 eine gusseiserne Version, den so genannten Hardenberg-Korb.

Gärten wie diese kündeten von der wachsenden Beliebtheit der Rose, ebenso eine ganze Reihe neu erschienener Bücher. Eines der ersten Werke, die sich ausschließlich mit Rosen befassten, war Mary Lawrances Buch *A Collection of Roses from Nature* (1796 bis 1799); es fand auch jenseits des Ärmelkanals Beachtung, wo de Pronville, der über die in England kultivierten Rosen schrieb, Bezug darauf nahm. Auch John Lindleys *Rosarum Monographia: or a Botanical History of Roses* von 1820 belegt das wachsende Interesse an Rosen, wenngleich er sich zu ihrer Verwendung im Garten nicht äußert.

Als John Claudius Loudon 1822 seine *Encyclopaedia of Gardening* veröffentlichte, war der Rosengarten bereits ein fester Bestandteil vieler Gärten. Aus Loudons Erläuterungen geht klar hervor, wie Rosen damals verwendet wurden:

»Rosen werden in der Regel vor Buschwerk gepflanzt, aber auch in Rabatten; außerdem findet man sie in separaten Rosengärten oder Rosarien, gruppenweise im Rasen oder auf Kiesflächen, umgeben mit Buchs oder einer anderen Einfassung, aber auch mit Drahtgeflecht. Letzteres sind die so genannten Rosenkörbe; der vom Korbrand umschlossene Boden ist konvex geformt, was die Fläche dem Auge größer erscheinen lässt und die Illusion verstärkt; die Triebe der starkwüchsigeren Sorten werden niedergehakt, bis sie in der Erde Wurzeln schlagen – auf diese Weise erscheinen die mit Knospen besetzten Triebe dicht über Bodenhöhe ... Bei diesem Vorgehen ist innerhalb von zwei bis drei Jahren die gesamte Oberfläche des Korbes mit den Knospen und Blättern einer einzigen oder mehrerer Rosensorten überzogen.«

Bücher dieser Art fanden bei den Rosenliebhabern großen Anklang. Thomas Rivers' 1837 verfasster *Rose Amateur's Guide* war so erfolgreich, dass bis 1843 zwei erweiterte Auflagen erschienen. Catherine Frances Gore (1799 bis 1861) war zu Lebzeiten eher als Romanschriftstellerin bekannt, der Nachwelt dürfte sie jedoch vor allem als Autorin des *Book of Roses or the Rose Fancier's Manual* in Erinnerung sein. Es folgte damals allzu rasch auf Rivers' Werk, um sich wirklich davon abheben zu können, wiewohl die Autorin selbst zugab, einen Großteil ihres Materials Paul Boitards kurz zuvor erschienenem Werk *Manuel Complet de l'Amateur de Roses* entnommen zu haben. Mrs. Gore schreibt, dass es »inzwischen etwa zwanzig Jahre her ist, seit die ursprünglich von den Holländern entwickelten Rosenhochstämme oder Baumrosen aus Frankreich in unsere Gärten eingeführt wurden.« Es soll John Kennedy gewesen sein, der Lieferant von Kaiserin Josephines Pflanzen für Malmaison, der die Hochstammrosen nach England brachte.

Loudon war der Auffassung, sie würden häufig falsch verwendet: »Rosenhochstämme ... sind in Blumenbeeten zweifellos am wirkungsvollsten, kommen aber auch frei stehend auf dem Rasen gut zur Geltung; wegen der Ähnlichkeit ihrer Form, kompakt und massig, eignen sie sich aber nicht für Gruppenpflanzungen, weder unter ihresgleichen, noch in Kombination mit anderen Sträuchern.« Am beliebtesten waren damals offenbar nichthängende Stammrosen (die niedrig, also in Bodenhöhe veredelten Buschformen liefen ihnen erst gegen Ende des Jahrhunderts den Rang ab); Loudon zeigt allerdings auch eine Abbildung von einer Stütze für eine Trauerrose. Man nimmt heute an, dass als Unterlage ältere Rambler-Kreuzungen wie 'Félicité et Perpétue' und 'Adélaïde d'Orléans' verwendet wurden. Wie Mrs. Gore berichtet, standen im königlichen Rosarium in Versailles 5,5 m hohe Hochstämme, auf die 20 verschiedene Sorten veredelt waren – ein Verfahren, das damals auch in Düsseldorf und Brüssel praktiziert wurde. Außerdem beschreibt sie »einen Ballon« aus Multiflora- oder Boursault-Sorten, entstanden aus mehreren dicht nebeneinander gepflanzten Exemplaren.

Loudons Enzyklopädie präsentiert zwei Gestaltungsvorschläge für Rosengärten, beide sind eher einfallslos: Der eine basiert auf geschwungenen Beeten, die zusammen ein Vierblatt ergeben, der andere auf konzentrischen Achtecken. Allerdings weist Loudon auch auf Möglichkeiten hin, um solche Gärten etwas aufzulockern. So sollen etwa an einem Spalierzaun, der den ganzen Garten einfasst, Rosen gezogen und vor diesem Zaun in regelmäßigen Abständen Hochstämme gepflanzt werden – eine Idee, die sich in ähnlicher Form auch bei Mrs. Gore findet: Sie empfiehlt, die Rosen girlandenartig an einer Mauer zu formieren. Weiter nennt Loudon die Erziehung von Rosen an schmalen, konisch zulaufenden Säulen, für die er 9–12 m hoch werdende Sorten empfiehlt. Die Säulen müssen sehr hoch gewesen sein; was heute an Obelisken erhältlich ist, überragt kaum die Nachbarbepflanzung in Beeten und Rabatten, wäre also viel zu niedrig für so starkwüchsige Sorten. Man muss wohl eher von einer Säulenhöhe von 4,5–6 m ausgehen. Heute fehlt uns offenbar der Mut zu solch exaltierter Präsentation.

Schneewittchen® (Hochstämme und Kletterform) vor dem Cellars Hotel in Südafrika.

Mrs. Gore bezeichnet die Franzosen als die führenden Rosenkultivateure jener Zeit, wenn auch die Blüten als solche in England zu größerer Vollkommenheit gelangt seien. Fest steht, dass sich die englischen Autoren über kreativere Varianten der Rosenverwendung kaum ausließen und dass viele ihrer Gestaltungsvorschläge eher eintönig erscheinen. Mrs. Gore, die 1832 nach Frankreich umgesiedelt war, um ihr Buch zu schreiben, sieht einen Grund für den mäßigen Erfolg des Gärtnerns mit Rosen in England darin, dass sich der Adel zur Zeit der Rosenblüte vielfach fernab von seinen Landsitzen in London befand. Sie erwähnt allerdings auch »Berichte«, nach denen sich seit ihrem Weggang aus England »die Zahl der Rosarien praktisch täglich vervielfacht; die schönsten sollen die der Horticultural Society unter Professor Lindley sein, aber auch die des Grafen von Devonshire nach Entwürfen von Paxton … und eines der ältesten und interessantesten Rosarien in ganz England: das des illustren Charles James Fox in St. Anne's Hill [Chertsey in Surrey].«

Charles Hamilton, der maßgeblich an der Gestaltung des berühmten Gartens im nahen Painshill mitwirkte, war verantwortlich für die Landschaftsgestaltung des foxschen Gartens. Da Hamilton 1786 starb, ist die Anlage vermutlich älter als Malmaison. Fox betätigte sich 1796 noch immer aktiv im Garten, so dass man leicht ins Spekulieren kommt, ob denn Josephines immense Pflanzenkäufe bei John Kennedy (die Kosten beliefen sich 1803 auf 22.600 £; Berichten zufolge soll Napoleon die Pflanzen in einem Wutanfall ausgerissen haben) möglicherweise mit ihrer Begegnung mit Fox, dem führenden Frankophilen unter den englischen Politikern, im Jahr 1802 zusammenhingen; mag sein, dass auch Fox seine Pflanzen von Lee & Kennedy's Hammersmith Nursery in London bezog. Denkbar wäre aber auch, dass Fox, Außenminister in den letzten Monaten vor seinem Tod 1806, dafür sorgte, dass auf beschlagnahmten französischen Schiffen gefundene, für die Kai-

SEITE 32–33 Der typisch viktorianische Peacock Garden von Warwick Castle wurde 1868 von Robert Marnock entworfen, der im selben Jahr auch den Rosengarten gestaltete. Auf einer Lichtung zwischen einem grandiosen Wintergarten und der Aussicht auf den Fluss Avon gelegen, präsentiert sich ein imposantes, aber schlichtes Buchsparterre, das eine Fontäne umgibt. Das Muster wird unterstrichen durch scharlachrote Pelargonien, einzelne Keulenlilien *(Cordyline australis)* und die Polyantha-Rose 'Katharina Zeimet'. Diese Rose kann zu einem ansehnlichen Strauch heranwachsen; hier wird sie indes durch einen kräftigen jährlichen Rückschnitt kompakt gehalten.

serin bestimmte Rosen sicher ihr Ziel erreichten. Fox' enge Freundin Georgiana, Herzogin von Devonshire, soll einen Rosengarten in Chiswick House bei London angelegt haben, möglicherweise mit Hilfe von John Kennedys Vater Lewis, der mehrere englische Rosengärten entworfen haben soll.

Mrs. Gore erwähnt 1838 auch, dass eine andere englische Baumschule, Loddiges in Hackney, über ein Sortiment von 2500 Rosensorten verfüge und dass die Jardins du Luxembourg in Paris um die 1800 Sorten besäßen; sie hielt jedoch nur etwa 1200 davon für gartenwürdig.

Jenseits des Atlantiks beweist Robert Buists *Rose Manual* von 1844, das sich an Rivers' Buch anlehnt, aber durchaus auch eigenständige Elemente enthält, dass Rosen auch in Nordamerika beliebt waren und viele der besten englischen und französischen Sorten dort bereits zum festen Bestand gehörten. Buists Nachbar und Gegenspieler war William Robert Prince (1795 bis 1869), Besitzer der mit insgesamt 1600 Rosen größten Sammlung Nordamerikas. Er wurde durch Buists Buch angespornt, ein eigenes, *Prince's Manual of Roses* (1846), zu verfassen, das sich noch enger an Rivers' Werk hält; nur etwa ein Drittel des Inhalts geht auf Prince selbst zurück, wobei gerade dieser Teil aufschlussreich und informativ ist. Er enthält auch einige Kommentare zur Gestaltung von Rosengärten, allerdings zu vage gehalten, um wirklich von Nutzen zu sein.

William Paul (1822 bis 1905), Mitte des 19. Jahrhunderts der berühmteste englische Rosenexperte, stellte 1848 sein Meisterwerk *The Rose Garden* vor. Das Buch beschreibt mehr als 1000 Sorten und befasst sich eingehend mit der Rose und ihrer Kultur. Paul erwähnt einige der ersten englischen Rosengärten wie Dane End in Munden (Hertfordshire), das Anwesen von Charles S. Chauncey, »eine der ältesten und besten Sammlungen, der dieses Land zweifelsohne einen Teil des Ruhms verdankt, dessen es sich um der Rosen willen erfreut«. Er beschreibt Mrs. Gaussens Garten in Brookmans (Hertfordshire) mit »den vielfältigsten Beeten, alle mit Geschmack gestaltet und bepflanzt; in der Mitte stand ein Tempel, überzogen mit Kletterrosen. Aus der Ferne war die Sicht darauf von einer lorbeerbewachsenen Böschung verdeckt, so dass die Überraschung, wenn man plötzlich davor stand, perfekt und die Wirkung geradezu magisch war.« Paul stellte besonders den Garten von J. Bosanquet in Broxbournebury, ebenfalls in Hertfordshire, heraus, der als einer der schönsten des Landes galt. Mir jedoch erscheint ein 78 × 25 m großes Rechteck, unterteilt von drei Wegen, zwei geraden und einem serpentinenartig gewundenen, für eine Sammlung von 2200 Rosen, darunter 1000 öfter blühende Sorten, eher eintönig.

Trotz der offenkundigen Unfähigkeit der Rosenfreunde seiner Zeit, schöne Gärten zu gestalten oder sich auch nur vorzustellen, gibt Paul einige brauchbare Empfehlungen, etwa Graswege, die die Blüten besser zur Geltung bringen als Kies; muss es doch Kies sein, sollte eine Einfassung nicht fehlen, aus Buchs, Schiefer, Schmuckziegeln oder auch Zwergrosen wie 'De Meaux'. Eine kleine Erhebung, am besten mit einem Rosentempel auf der Kuppe, schafft einen Blickfang. Ein Gürtel aus Bäumen wirft Schatten und behindert die Luftzirkulation, was die Entstehung von Krankheiten fördert. Rosensorten sollten nicht willkürlich kombiniert werden; für unverzeihlich hält Paul, sommer- und herbstblühende Sorten zu mischen. Er empfiehlt den Herbstschnitt, um eine frühe Blüte anzuregen und die Hagebutten ausreifen zu lassen. Anscheinend waren zu diesem Zeitpunkt Hoch- sowie Halbstämme wie in den Jardins du Luxembourg in Paris die Regel.

Paul rät zu neuen Wegen in der Kultur von Rosen mit dem Ziel, diese allmählich in die Gestaltung des gesamten Gartens einzubinden. Er schlägt vor, Ayrshire-, Sempervirens- und Boursault-Rambler, Noisette-Rosen und die biegsameren unter den Bourbon-Rosen für Trauerstämme in Höhe von 2,5 m auf 'Ruga' zu veredeln, und rät besonders zu einem Sitzplatz darunter. »Jedes Rosarium, ja jeder Blumengarten« sollte über einige Säulenrosen aus den genannten Klassen verfügen,

»für Tempel, Alleen, einzeln auf Rasenflächen oder in Gruppen zu dreien, fünfen oder mehr ... Kletterrosen könnten Lauben und rustikale Sitzbänke überziehen, sich aber auch als Bögen wie ein Dach über die Wege spannen. Ich habe sie an Rundbögen gezogen gesehen, entlang von Wegen, eine lange Reihe von Bögen, die die Wege beidseitig in ganzer Länge säumten, nicht überwölbten ... wenngleich sie nicht immer mit benachbarten Elementen harmonieren oder geschmackvoll sind ... die Wirkung lässt sich manchmal steigern, wenn man Ketten wie Girlanden von Pfeiler zu Pfeiler zieht ... Immergrüne und Ayrshire-Rambler könnten an unwegsamen Stellen in Parks gepflanzt werden, um Kahlflächen, kleine Erhebungen oder dergleichen zu überziehen; man könnte sie aber auch in alte Bäume klettern lassen ... Eine mit Rosen bepflanzte Böschung wirkt sehr gut, besonders vom Haus aus betrachtet ... Mancherorts waren weitläufige, von Buschwerk gesäumte Wege durch Rosengruppen aufgelockert – ein sehr dekoratives Bild.«

Eine etwas interessantere Gestaltung als die Standard-Rosengärten jener Zeit weisen die Entwürfe für Knostrop (Knowsthorpe) bei Leeds auf, die von Joshua Major, dem seinerzeit erfolgreichsten Landschaftsgärtner Nordenglands, stammten. Paul zeigt zwei Beispiele; beide Rosengärten enthalten in regelmäßigen Abständen gesetzte säulenförmige Bäume (wahrscheinlich Eiben) sowie verstreute runde, aber auch komplexer geformte Beete und sind umgeben von Gehölzgruppen, deren Saum ebenfalls mit Rosen bepflanzt ist. Major zu Paul:

»Wir hielten es für erforderlich, im Vordergrund des umgebenden Gehölzgürtels Hochstämme und zwergwüchsige Rosen zu pflanzen ... Die Bogengänge in beiden Entwürfen dienen der Präsentation von Kletterrosen ... Einige der runden Beete könnten aus Flechtwerk sein, 12 oder 15 inches [30 bzw. 38 cm] hoch ... Um das Rosarium möglichst interessant zu gestalten, könnte man die Beete stellenweise mit früh blühenden Blumenzwiebeln bepflanzen, die der Hauptblüte der Rosen vorausgehen. Wenn sie verblüht sind, werden sie herausgenommen und durch die verschiedensten Sommerblumen ersetzt, deren Blütezeit sich an die der Rosen anschließt. Die frühen Blumenzwiebeln werden so vom großartigen Schauspiel der Rosen und schließlich vom bunten Bild der Einjährigen abgelöst.«

Interessanterweise hat Major – als einziger von allen, die bisher zu Wort gekommen sind, kein ausgesprochener Rosenliebhaber – keine Bedenken, Rosen mit anderen Pflanzen zu kombinieren. Damit steht seine Meinung in krassem Gegensatz zu der beinah aller Rosenexperten des 19. Jahrhunderts. Mit Ausnahme von Malmaison waren Rosengärten stets in einiger Entfernung vom Wohnhaus angesiedelt, und auch für die terrassierten Parterres vor den Landsitzen wurden wohl keine Rosen verwendet. Vielleicht gab es einfach zu wenig Sorten, die längere Zeit attraktiv genug waren. In seinem eigenen Buch, *The Theory and Practice of Landscape Gardening* (1852), nennt Major Blumengärten in Sichtweite des Hauses eine Störung des Rasens und einen »entscheidenden Fehler«.

William Paul beschrieb schon damals nahezu alle Elemente des heutigen Rosengartens. Keine von Gertrude Jekylls Empfehlungen und keine der Ideen, die in Sissinghurst oder anderen Gärten ab Mitte des 19. Jahrhunderts umgesetzt wurden, war neu: Alle sind in Pauls Werken zu finden, wenn es zu jener Zeit auch keinen Gartengestalter gab, der diesen Fundus an kreativen Ideen hätte nutzen können.

Die Werksammlung *Contributions to Horticultural Literature* (1843 bis 1892) bezeugt Pauls lebenslanges Interesse am Gärtnern mit Rosen – und seinen Einfluss auf diesem Gebiet. Hier finden wir ausführlichere Beschreibungen der Rosengärten in Hertfordshire, wobei interessante Elemente erwähnt werden wie die Rambler 'Mme d'Arblay' und 'Léopoldine d'Orléans', die in Dane End einen riesigen Apfelbaum überzogen, oder die mit Rosen in Dreierreihen bepflanzten und mit 'Red Fairy Rose' eingefassten Beete in Ponsbourne Park. Paul zitiert einen schottischen Briefpartner, der 1857 einmal blühende »Sommerrosen« mit dem Argument verteidigte, eine Nachblüte wirke in kühlen, feuchten Klimaten deplatziert. Paul pflichtete ihm bei und räumte ein, die Zeit sei einfach noch nicht reif, solche Rosen allesamt durch öfter blühende Sorten zu ersetzen. In den letzten Jahrzehnten des 19. Jahrhunderts erschienen allerdings nur noch wenige neue einmal blühende Sorten, stattdessen immer mehr Remontant-Rosen, Teerosen und Teehybriden, und um 1900 war von Klassen wie Gallica-Rosen, Zentifolien und Alba-Rosen kaum noch die Rede. Die »Londoner Saison«, die die Landeigentümer genau zur Hauptblütezeit der Alten Rosen in der Hauptstadt hielt, mag dazu beigetragen haben.

In seinem Werk *The Rose Book* (1864) erörterte der bekannte Gartenbuch-Autor Shirley Hibberd, nicht unbedingt ein Rosenexperte, das Thema aus seiner Sicht. Etwas spitz bemerkte er, er habe bereits zwei Artikel geschrieben über die Möglichkeit, größere Rosensorten durch Niederhaken in Beete zu integrieren. Dabei ließ er durchblicken, dass er das Wiederaufleben der Methode von Loudon als sein eigenes Verdienst betrachtete. Als Titelblatt hatte Hibberd das Bild eines Gartens mit einem zentralen Rosentempel gewählt, ähnlich dem von William Paul sechzehn Jahre früher geschilderten, und er ging auf den 1861 beim Crystal Palace in Sydenham südlich von London angelegten Rosengarten ein, der einem analogen Entwurf folgte.

Robert Marnock (1800 bis 1889) war von 1840 bis 1869 Kurator des Gartens der Royal Botanic Society im Regent's Park und einige Jahre (bis zu seinem Ruhestand 1879) der führende britische Landschaftsgestalter seiner Zeit. Er kam in seinen Arbeiten dem Ideal eines ästhetisch ansprechenden Rosengartens, der zugleich die Möglichkeiten der verschiedenen Rosentypen verwertete, näher als wohl irgendein anderer seiner Zeitgenossen. Sein Entwurf für Warwick Castle von 1868 – eine von Sträuchern und Bäumen umgebene Lichtung, ähnlich den Plänen von Joshua Major – sah Kletter-, Busch- und Strauchrosen vor, angeordnet nach einem einfachen, aber gefälligen geometrischen Muster. Der zwanglose Wuchs der Rosen in dem unlängst restaurierten Garten hat durchaus seinen Charme; manchem wird der Garten als Ganzes dadurch aber vielleicht etwas konturlos erscheinen. Das Gros der englischen Rosenliebhaber ignorierte Pauls Ideen jedoch ebenso wie das Beispiel Marnocks und bewegte sich weiterhin auf dem eingefahrenen Pfad, bis daraus ein tiefer Graben geworden war.

Der Geistliche Samuel Reynolds Hole war ein einflussreicher Rosenexperte, der nicht der überkommenen Meinung anhing und ganz klare eigene Vorstellungen von der Anlage eines Rosengartens entwickelte. Dean Hole kann als zentrale Figur in der Geschichte der Rosenkultur gelten; er stand in der Tradition der großen Namen der Mitte des 19. Jahrhunderts, nicht zuletzt seines »Altmeisters Mr. Rivers von Sawbridgeworth, der mehr als jeder andere dazu beitrug, die Liebe zu den Rosen zu wecken und durch Unterweisung zu fördern.« Für seinen eigenen Garten holte er sich Rat bei führenden Experten seiner Zeit: »Unter der umsichtigen Anweisung des (meiner Ansicht nach) besten Landschaftsgärtners, Mr. Marnock, und mit der bereitwilligen Hilfe meiner Freunde Mr. William Robinson und Mr. Ingram von Belvoir wurde das Stück Land, das mein Heim umgibt, instand gesetzt und neu bepflanzt.« Robinson fungierte von 1861 bis 1867 als Marnocks Assistent im Regent's Park und sollte, wie bereits angesprochen, eine herausragende Rolle in der Entwicklung der Rosengärten spielen.

Holes Werk *A Book about Roses* (1869) trägt zu Recht den Untertitel »How to grow and show them« (»Wie man sie kultiviert und vorführt«), denn wie man Rosen verwendet, wird kaum ausgeführt. Seine Empfehlungen zu Komposition und Gestaltung richten sich vor allem gegen den herrschenden Geometriewahn, scheinen aber kaum Beachtung gefunden zu haben. Denn trotz Holes Tiraden war es die Geometrie, die das Bild des Rosengartens bis weit in das 20. Jahrhundert hinein prägte. Dies mag zum Teil an der Unzulänglichkeit seiner durchaus reizvollen Illustrationen gelegen haben, die weder seinen eigenen Garten zeigen noch seine Pflanzempfehlungen ausreichend veranschaulichen. Angesichts dieses Mankos und der Flut von Worten, die vom Kern seiner Argumentation ablenken, ist es kein Wunder, dass seine Leser höchstens einen vagen Eindruck davon bekamen, was sie mit ihren Rosen eigentlich anfangen sollten: »In einem Rosengarten ... dürfen weder Formalismen noch Flachheit oder monotone Wiederholungen herrschen ... Es gehören Rosenbeete hinein, Rosenböschungen, Rosenlauben, Rosenhecken, Roseneinfassungen, Rosensäulen, Rosenbögen, Rosenfontänen, Rosenkörbe, Blickachsen und Rosenalleen.«

Seine Ratschläge zur Kultur lassen sich eher umsetzen, etwa wenn er beschreibt, wie man Remontant-Rosen und die größeren Teehybriden niederhakt:

»Die langen kräftigen Triebe, nur um 4 oder 5 inches [10–13 cm] gekürzt (alle schwächlichen schneide man aus), sollten ganz zart und vorsichtig Richtung Boden gebogen werden und mit starken hölzernen Haken, von Bäumen und Hecken geschnitten, zwei- bis dreimal je Seitentrieb gesichert werden. Diese Zweige werden nicht nur früh wie spät blühen, sondern – richtig behandelt – im Sommer und Herbst auch kräftiges Holz bilden, das (nach Entfernung der älteren Zweige) im folgenden Frühjahr niedergehakt wird; auf diese Weise ist eine fortlaufende jährliche Erneuerung gewährleistet ... Innerhalb von zwei Jahren werden diese Beete dicht mit Blüten und Laub überzogen sein.«

Er besteht darauf, dass Rosen für sich allein gepflanzt werden müssen, und schlägt zwölf bis zwanzig Pflanzen pro Beet vor. An noch heute erhältlichen Sorten empfiehlt er ganz besonders 'La France', 'Charles Lefèbvre', 'Merveille de Lyon', 'Louis van Houtte', 'Xavier Olibo', 'Duke of Wellington', 'Mme Gabriel Luizet' und selbst die relativ störrische 'Baronne Adolph de Rothschild'. Er leugnet jedoch nicht, dass es sich »um einen reichlich mühsamen Prozess handelt, der ständiger Kontrolle bedarf; und wo es an Zeit mangelt, diese Prozedur aufmerksam und kontinuierlich fortzuführen, sollte man auf das Niederhaken besser verzichten und stattdessen Zwergrosen ziehen.« Anscheinend wurde dieses Verfahren damals vielfach praktiziert, zumal so zahlreiche starkwüchsigere Rosen für Beete genutzt werden konnten. Heute ist man weitgehend davon abgekommen, obgleich eine Gruppe 'Ulrich Brunner Fils' in Sissinghurst noch Jahr für Jahr niedergehakt wird.

1874 berichtete William Paul von einer Ausstellung mit 6000 Rosen »in Steinflaschen, arrangiert wie in Beeten«, die er im Garten der Royal Botanic Society im Regent's Park veranstaltet hatte, und stellte die zugehörigen Pläne vor. Diese erinnern stark an die Gestaltung des Rosengartens hinter dem Palmenhaus in Kew und zeigen sowohl, dass Paul an die Eignung der Rose als Beetpflanze glaubte, als auch, dass er es noch immer für notwendig hielt, Überzeugungsarbeit zu leisten. Er brüstete sich damit, dass seine Ausstellung »bereits tags darauf Stadtgespräch war«.

Hibberds Buch wendet sich in der 1885 (unter dem neuen Titel *The Amateur's Rose Book*) erschienenen Ausgabe nicht mehr an die Großgrundbesitzer, sondern an den Kreis der Hobbygärtner aus dem Mittelstand. Wie vor ihm Loudon, Paul und Robinson kämpfte Hibberd gegen die missbräuchliche Verwendung von Hochstämmen. Er prangerte an, dass »neun Zehntel der Zugangswege zu behaglichen Landhäusern mit so genannten Hochstammrosen verschandelt werden, die sich aus den Rasenfläche erheben wie Mopps, Vogelscheuchen oder Schornsteinfegerbesen«.

Er war sich bewusst, dass nicht jeder über Platz und Mittel für einen separaten Rosengarten verfügte, und schrieb, dass »es nicht unbedingt eines Rosariums bedarf ..., um sich an der Schönheit der Rosen zu erfreuen«, sondern dass man sie überall im Garten einsetzen und auch mit anderen Pflanzen kombinieren könne, etwa Hochstammrosen mit Rhododendren. Hibberd äußerte sich aber auch zur Verwendung von »Hecken- und Wildrosen«, die in einer Art »Negligé-Stil die Stämme überalterter Bäume einzuhüllen vermögen wie Efeu Ruinen«. Da Hibberd ein unvoreingenommenes Interesse an sämtlichen Gartenpflanzen hatte, war er frei vom Dogmatismus der Rosenfanatiker: Sein Credo, dass Rosen nicht nur separat, sondern überall im Garten Verwendung finden sollten, ist ein Hinweis auf die zunehmend dekorativen Eigenschaften der neueren Rosen.

Für diesen Bewusstseinswandel gab es zwei Gründe. Zum einen wurden die Rosen im Lauf des 19. Jahrhunderts immer dekorativer und imposanter, besonders, als zur Jahrhundertwende hin mehr und mehr Beetrosen gezüchtet und zahlreiche ausgezeichnete Rambler eingeführt wurden. Um 1900 wurden Rosengärten nicht mehr allein der Blüten wegen angelegt, sondern weil ihre Gesamtwirkung so attraktiv war, dass sie sich mit Staudenpflanzungen und sogar Sommerblumenbeeten messen konnten. Zum anderen war die Beschäftigung mit dem Garten, wie Hibberd erkannt hatte, nicht länger nur ein Privileg der Reichen, die über genügend Platz, finanzielle Mittel und Personal für einen reinen Rosengarten verfügten.

Kaum hatte Foster-Melliar sich für die Einzelpflanzung der Rose ausgesprochen – begründet durch ihren angeblich mangelhaften Zierwert für den Garten –, wurde die Schwäche seiner Argumentation auch schon offenkundig: als nämlich Jules Gravereaux 1898 den großartigen Rosengarten in L'Haÿ-les-Roses schuf. Der heute als Roseraie Départementale du Val-de-Marne bekannte Garten kann sich an Schönheit mit jedem der damaligen Gärten messen; er beweist, welch eindrucksvolles Bild Rosen schon damals bieten konnten.

Gravereaux hatte das Anwesen 1892 erworben und seit 1894 alle nur erhältlichen Rosen zusammengetragen. Um 1898 war seine Sammlung bereits sehr groß, und er erkannte, dass die doch etwas konturlos wirkenden Pflanzen einen klar gegliederten Rahmen brauchten; außerdem wollte er jeden Rosentyp in einem separaten Garten präsentieren. Der Landschaftsarchitekt Edouard André fertigte einen entsprechenden Entwurf für etwa sechs Gärten an – unterteilt durch Alleen und Laubengänge mit Ramblern, Noisette- und Kletterrosen –, mit einem großen Mittelparterre, die Rasenflächen von *plates bandes* (Bandrabatten) mit Beetrosen eingefasst. Die Wege zu beiden Seiten des Parterres werden von Säulenrosen gesäumt und von einem Spalier-Pavillon – mit Bogengängen zu beiden Seiten – überwölbt. Das Ganze ist bewachsen mit dem Wichurana-Rambler 'Alexandre Girault'.

Die Auswahl an Remontant-Rosen in L'Haÿ-les-Roses ist bemerkenswert, zumal auch seltenere Farben vertreten sind. Am beeindruckendsten sind jedoch die Rambler. Die Multiflora-Hybride 'Mrs F. W. Flight', hier an Säulen gezogen, ist prachtvoll. Ihre rosa Blütchen sind an sich nicht so hübsch wie die von 'Dorothy Perkins', en masse jedoch atemberaubend. Unter den weiteren ausgezeichneten Wichurana-Ramblern, viele davon von dem französischen Züchter Barbier, sind Sorten, die außerhalb Frankreichs kaum irgendwo in Kultur sind, etwa 'Source d'Or', 'Alexandre Tremouillet', 'René André' und 'Edmond Proust'. Rosen wie diese räumen auf mit dem Mythos, historische Rosen ließen sich nicht vermarkten und seien lediglich von wissenschaftlichem Interesse.

Ein anderer französischer Garten, Bagatelle im Bois de Boulogne – von J. C. N. Forestier 1906 entworfen –, ist ebenfalls ein überzeugender Beweis für die dekorative Wirkung der Rose. Er wurde mit Unterstützung von Jules Gravereaux angelegt, der auch für mehrere Hundert der Originalrosen sorgte. Bagatelle ist wie L'Haÿ-les-Roses ein formaler Garten in der klassischen französischen Tradition und macht sich die architektonische Wirkung von Säulen (wieder mit 'Mrs F. W. Flight' bekleidet), Trauerrosen und Pergolen zunutze, ergänzt durch kegelförmig geschnittene Eiben. Zahlreiche Teehybriden und Floribunda-Rosen wachsen auf Gras, in schmalen Beeten zwischen Zwergbuchshecken. Ein zwangloser gestalteter Bereich seitlich vom Hauptgarten enthält einige Strauchrosen, dazu größere Buschrosen einschließlich Grandiflora-Rosen.

Im direkten Vergleich erscheint mir Bagatelle als der meisterhaftere der beiden Gärten – hier wurden gestalterische Überlegungen

Eine Pergola bildet das Rückgrat des Gartens von David Austin, dem Züchter der Englischen Rosen, in Albrighton in Shropshire. 'Alexandre Girault', ein farbenprächtiger, großblütiger Wichurana-Rambler, ist so starkwüchsig, dass er mit Leichtigkeit die Distanz zwischen zwei Trägern überbrückt; die Bourbon-Rose 'Zéphirine Drouhin' dagegen erreicht kaum die Höhe der Pergola.

nie dem Zwang untergeordnet, um jeden Preis noch mehr Sorten unterbringen zu müssen. Einige Bereiche von L'Haÿ-les-Roses wirken dagegen überladen; allerdings soll der Garten natürlich in erster Linie ein möglichst großes Sortiment präsentieren. Beides sind jedoch überwältigende Rosengärten, bislang – und wohl auch in Zukunft – unerreicht. Beide demonstrieren die ganze Vielseitigkeit der Gattung und kompensieren gleichzeitig die Formmängel der Rose durch einen klar gegliederten architektonischen Rahmen. Robinsons Ansicht wird von beiden Gärten bestens bestätigt.

Robinsons Beitrag zum Thema Rosengarten beschränkte sich nicht auf seine Attacken gegen Foster-Melliar. Sein 1883 erschienenes Buch *The English Flower Garden* war ein bahnbrechendes Werk. Am Pflanzenverzeichnis wirkten nahezu 90 Autoren mit – Gertrude Jekyll ebenso wie die Rosenexperten und Geistlichen Charles Wolley-Dod (1826 bis 1904), Henry Honywood d'Ombrain (1818 bis 1905), Henry Nicholson Ellacombe (1822 bis 1916) und Dean Hole –, die erste Hälfte des Buches nutzte Robinson jedoch, um seine radikalen Ansichten zu Geschmack und Gestaltung im Garten zu propagieren. Er vertrat die Auffassung, dass es »den Geist natürlicher Schönheit in den Garten hineinzuholen gilt und deshalb zum einen von den festen Schemata und zum andern von beschilderten ›Punkten‹ Abstand zu nehmen ist.« Damit bezog er sich auf die übermäßig geometrischen formalen Gärten seiner Zeit und auf Konzepte nach dem Vorbild botanischer Gärten: umfangreiche Sammlungen kunstlos arrangierter, mit Namensschildern versehener Pflanzen.

Um seinen arroganten und selbstherrlichen Charakter ranken sich etliche Anekdoten, von denen die meisten allerdings erfunden sein dürften. So soll er etwa behauptet haben, es gäbe »lediglich zehn Minuten im Leben einer Birne, in denen sie essbar ist«, was zur Folge hatte, dass die Birnen auf seinem Esstisch im Lauf einer Mahlzeit mehrmals ausgetauscht wurden. Und als er sich eines Tages entschloss, das Rauchen aufzugeben, wurde Gästen, die nach dem Essen zur Zigarre greifen wollten, umgehend die Abfahrtszeit des nächsten Zugs nach London mitgeteilt. Die Diskussion über Rosen ging er mit dem für ihn typischen Selbstbewusstsein an, indem er nicht nur gegen die Isolierung der Rose wetterte, sondern auch gegen die »Floristen«[4] (s. S. 184), ihre dogmatischen Regeln (»Hässlichkeits-Standards«), die Scheußlichkeit der Stammrosen (»nur wenige Dinge haben sich verheerender auf den Garten ausgewirkt«), die Verwendung häufig ungeeigneter Unterlagen und die überflüssige Sitte jährlichen Mulchens.

»Die separate Kultur von Rosen hängt mit den alten Hochstammrosen zusammen, denn in den Büchern heißt es stets, dass sich Hochstämme nicht mit anderen Sträuchern ›vertragen‹ – kein Wunder also, dass alle auf Stämme veredelten Rosen ins Rosarium gesetzt wurden und dort ihre Knospen dem Frost entgegenstreckten! ... Auch Ausstellungen haben der Rose als Gartenpflanze nur geschadet, obwohl sie dort so viel wichtiger ist. Das einzige Interesse des Ausstellers, der obendrein noch vielfach als Leitfigur betrachtet wird, besteht darin, einen gewissen Bestand großblütiger Rosen auf der Hundsrose, Manettii oder irgendeiner anderen Unterlage zu ziehen, die ihn möglichst wenig kostet; wenn wir also einen befreundeten Rosenaussteller besuchen [falls er nach alldem überhaupt noch Rosen besitzt], ragen seine Schaupflanzen wahrscheinlich, abgedeckt mit einer dicken Schicht Mist und so ansehnlich wie Besenstiele, aus einem Beet im Gemüsegarten heraus. Das Verständnis der Rose als Ausstellungsblume führt zur Kultur von minderwertigen Gartenpflanzen, und Rosen, die hierzulande im Freien nur zögerlich zur Blüte kommen und von daher kaum gartenwürdig sind, werden dennoch gezogen, weil sie hin und wieder Blüten hervorbringen, die sich auf dem Präsentiertisch gut machen. Insgesamt haben sich Rosenschauen kaum förderlich auf die Rose als Gartenpflanze ausgewirkt – ein Grund, warum man in großen Anlagen im Blumengarten vergeblich Ausschau hält nach der Königin der Blumen.«

Robinson kam immer wieder auf die Ungeheuerlichkeit von Hochstammrosen und ungeeigneten Unterlagen zurück. Letztere sind heute indes kein Problem mehr. Hundert Jahre nach Robinson kennen sich die meisten guten Rosenschulen bestens mit den für die verschiedenen Rosenklassen jeweils geeignetsten Unterlagen aus. Vorbei sind die Tage, als man von Heckenrosen Reiser nahm, um sie als Steckhölzer zu verwenden; inzwischen existieren viele neue Klone von Unterlagen. Ich erinnere mich noch, wie enttäuscht ich als Kind war, als nicht weniger als ein Drittel der Alten Rosen, die wir bei einer Rosenschule bestellt hatten, an der Veredelungsstelle abstarben. Ein weiteres Drittel trieb hartnäckig wahre Wälder von Wildtrieben. Heute sollte so etwas nicht mehr passieren, vorausgesetzt, man bezieht seine Pflanzen bei einer anerkannten und sachkundigen Gärtnerei.

Parallel zu seinen diversen Schmähschriften erläuterte Robinson seine eigenen Vorstellungen und bot detaillierte Ratschläge zur Verwirklichung seiner hohen Ansprüche an.

»Es ist ganz einfach, dem Beet mit dem Erdreich all den Dung zuzuführen, dessen die Rose im Lauf mehrerer Jahre bedarf, so dass es mit problemlos anwachsenden Steingartenpflanzen und Ähnlichem oder, am hübschesten, mit Stiefmütterchen und Veilchen bepflanzt werden kann. Meine Teerosen gedeihen in Beeten, in denen seit Jahren der aus Irland stammende moosige Steinbrech wächst ... Die Rose hat genügend Nährstoffe für sechs bis acht Jahre, ohne dass Mist aufgebracht werden muss, und nach sechs, acht oder zehn Jahren brauchen die meisten Beete ohnehin eine Veränderung, falls wir sie nicht ohnehin neu zu gestalten wünschen.«

Robinson erklärte, sein Ziel sei es,

»anstelle von Beetpflanzen oder derben Stauden die besten Rosen in den Blumengarten zu integrieren, um nicht nur den Irrtum, der der gängigen Rosenpflanzung anhaftet, aufzudecken, sondern auch die Einfalt der landläufigen Meinung, dass man nah beim Haus (und in dem, was heute mit viel Wortgeklingel als ›formaler‹ Garten bezeichnet wird) Blumen nicht dekorativ arrangieren könne. Außerdem ging es um eine dauerhaftere Bepflanzung für den Ziergarten, statt im Frühjahr und Herbst regelmäßig alles abzuräumen und neu zu pflanzen und dabei jedes Mal kahle Flecken Erde in Kauf zu nehmen – also zu überlegen, ob nicht ein Schritt in Richtung einer schönen, dauerhaften Bepflanzung der Beete in Sichtweite des Hauses machbar ist.«

Robinson scheint aber auch Pionierarbeit beim Niedrigveredeln von Beet- oder Buschrosen geleistet zu haben, denn seine Beschreibung klingt, als habe es sich nicht um das übliche Verfahren gehandelt:

»Es blieb mir nichts anderes übrig, als wie gewohnt alle Teerosen auf die Hundsrose als Unterlage zu veredeln, jedoch entweder an der Basis der Unterlage oder auf der Wurzel, so dass es beim Pflanzen leicht ist, die Verbindung zwischen der Unterlage und dem edleren Gewächs, das darauf okuliert ist, zu bedecken und auf diese Weise die oft recht empfindliche Sorte vor Frost zu schützen. Seit etwa zehn Jahren haben wir unter unseren vielen Pflanzen keine Frostschäden zu beklagen. Die Teerosen froren zwar oft zurück, trieben dann aber wieder aus ...«

Dies war ein entscheidender Entwicklungsschritt: Nicht nur erfuhren frostempfindlichere Rosensorten auf diese Weise einen gewissen Schutz, es ermöglichte auch, Teerosen und die damals recht neue Klasse der Teehybriden für relativ niedrige Beete zu verwenden. Bis dahin kamen dafür nur die wenigen echten Zwergsorten in Frage, sofern man nicht das mühselige Verfahren des Niederhakens praktizieren wollte. Mit dem Erscheinen der Teerosen und Teehybriden war aus der Rose eine Beetpflanze geworden. Vorbei waren die Zeiten staksiger Büsche, wie sie Paul zeigt, die von den zeitgenössischen Künstlern aber nur selten portraitiert wurden – sie müssen ausnehmend hässlich gewesen sein.

Dass die Rose mehr und mehr als Beetpflanze und für großflächige Effekte eingesetzt wurde, beweist auch der Begriff »Dekorative Rose«, den die National Rose Society um 1910 als Bewertungskategorie einführte. Sie umfasste Sorten, deren Blüten nicht groß oder ebenmäßig genug waren für Schauzwecke, Rosen also, die hauptsächlich um ihrer Gesamtwirkung im Garten und weniger um der einzelnen Blüten willen kultiviert wurden. T. S. Allison übte im 1913 erschienenen *Rose Annual* Kritik an der Haltung der Züchter, die sich auf die Schnittblume, ihre Blütenform, -größe und Haltbarkeit konzentrierten und darüber andere Vorzüge wie Duft und natürliche Anmut vernachlässigten: »Die bis dato unangefochtene Autorität der Ausstellungsrose ist in ihren Grundfesten erschüttert. Die Dekorative Rose kämpft, mit tatkräftiger Unterstützung der Damen, um Rang und Macht.«

Robinsons Kampf gegen die Verfechter der formalen Gestaltung, deren Sache von John Dando Sedding (1838 bis 1891) in seinem Werk *Gardencraft, Old and New* (1891) sowie von Sir Reginald Blomfield (1856 bis 1942) in *The Formal Garden in England* (1892) vertreten wurde, spaltete die Gartenwelt in zwei Lager: Die einen waren der Überzeugung, Gärten seien in erster Linie Kunstwerke und somit künstlich, die anderen strebten eine idealisierte Version der Natur an.

Beide Seiten hatten stichhaltige Argumente – Robinson unternahm jedoch keinen Versuch, diese gegeneinander abzuwägen; die öffentliche Beachtung, die ihm seine konfrontative Haltung verschaffte, kam dem Absatz seiner Bücher offenbar zugute.

Gertrude Jekyll war es schließlich, die in ihren Entwürfen und Schriften zeigte, wie sich die Gegensätze vereinen lassen: Eine großzügige, zwanglos üppige Bepflanzung verleiht dem architektonischen Gerüst des Gartens weichere Linien, und die Gestaltung wird mit der Entfernung vom Wohnhaus allmählich zwangloser und naturnäher. Ironischerweise war Robinsons eigener Garten in Gravetye (Sussex) am Haus streng formal gestaltet, ebenso einige der Entwürfe für seine Kunden, etwa die Rabatten, die er 1898 für die Familie Acland in Killerton (Devon) schuf, in deren Diensten Sedding bis zu seinem Tod gestanden hatte.

Fiel die Einseitigkeit und Unausgewogenheit von Robinsons Argumentation irgendjemandem auf? Die Niedrigveredelung von Buschrosen scheint sich jedenfalls rasch durchgesetzt zu haben, obgleich es zweifellos Rosenexperten gab, die den Sinn dieses Verfahrens unabhängig von Robinson erkannt haben: *The Rose Book* (1913) von Harry Higgott Thomas (1876 bis 1956) enthält zahlreiche Abbildungen von Gärten mit Beetrosen.

Und Robinsons Forderung, Rosen nicht länger isoliert zu pflanzen? Um die Jahrhundertwende kombinierte seine Freundin Gertrude Jekyll zwar einige typische Randpflanzen wie Wollziest *(Stachys byzantina)*, Katzenminze, Lavendel und Heiligenkraut *(Santolina)* mit Rosen; allgemein üblich wurde dies jedoch erst zwanzig oder dreißig Jahre später. H. H. Thomas schrieb:

»Der Reiz des Unerwarteten lässt sich nicht leugnen; und ein großer, verschwenderisch üppig blühender Rosenbusch, Seite an Seite mit einem Horst Rittersporn oder gegen die gedrungenen Triebe einer Päonie andrängend, mag den heutigen Richtlinien für gute Gartengestaltung zwar widersprechen, ist aber dennoch ungewöhnlich reizvoll ... Nichts spricht dagegen, den Boden unter und zwischen den Rosen mit jenen reizenden und immer wieder fein variierenden Stiefmütterchen oder Gartenveilchen zu überziehen, die sich ab Mai entfalten und bis November selten ohne Blüte sind.«

Im *Rose Annual* von 1916 schrieb Robert Harris über Beetrosen, die mit Gartenveilchen eingerahmt waren. Norman Lambert griff diesen Vorschlag im Jahrbuch von 1925 erneut auf und schlug vor, Gartenveilchen auch als »Bodendecker« zwischen die Rosen zu setzen, auf dass »die Königin der Blumen nicht allein regiere«. Eleanour Sinclair Rohde erwähnte in ihrem Buch *Gardens of Delight* (1934) »Rosengärten, in denen die Rosen in breiten, mit Gartenveilchen bepflanzten Beeten wachsen; tiefer liegende Senkgärten mit gepflasterten Wegen, geschmückt von Mauerpfeffer und anderen niedrigen Gewächsen; winzige Flecken, umgeben von Lavendelhecken, in denen Mittelbeete mit rosa und roten China-Monatsrosen von Mrs-Sinkins-Nelken eingefasst sind.«

Beatrice Parsons' Gemälde von Robinsons Garten in Gravetye vermittelt eine Vorstellung von seinem Gestaltungsideal – spärlich eingesetzte China-Rosen oder muschelrosa Teehybriden, unterpflanzt mit Unmengen von einjährigen Feder- und Gartennelken sowie Glockenblumen, im Hintergrund Wolken von violettblauen und burgunderroten *Clematis*-Blüten über strauchbewachsenen Böschungen. So reizvoll das ist, scheint es mir doch etwas zu durcheinander, mit zu wenig Augenmerk auf das Laub der Unterpflanzung gestaltet, die darüber hinaus auch noch Blüten trägt, die denen der Rose in der Größe so ähnlich sind, dass die klaren und eleganten Konturen der Rosenblüten unterzugehen drohen.

Kaum jemand hat Begleitpflanzen und Rosen so ungeniert und in solcher Vielfalt gemixt wie Robinson. Die Idee, Rosenbeete mit anderen Blumen einzufassen, fand jedoch allgemein Anklang. Der Romancier H. E. Bates äußerte sich 1971 folgendermaßen darüber:

»Ich erinnere mich, wie William Robinson ... fast schon fanatisch dafür plädierte, die Rosen mit verschiedenen zwergigen Gewächsen zu unterpflanzen, um nicht nur für Farbe, sondern auch für eine kühle Bodendecke zu sorgen. Ich folgte ihm dahingehend, dass ich ganze Gruppen [von Aurikeln] in ein Beet mit der edelsten aller Floribunda-Rosen, Europeana, setzte, mit tief burgunderroten Blüten und ähnlich getönten Blättern. Eine glücklichere Verbindung habe ich noch nie gesehen.«

Fünfzig Jahre nach dem Erscheinen von Robinsons Werk *The English Flower Garden* hatten seine Vorschläge für eine gemischte Bepflanzung allgemeine Zustimmung gefunden. Man sollte jedoch nicht in den Irrtum verfallen, solche Veränderungen allein Propheten oder Kritikern wie Robinson und Jekyll zuzuschreiben. Bis zu einem gewissen Grad reagierten diese nämlich nur auf Absurditäten, gegen die die Gartenliebhaber auch von sich aus rebelliert hätten, und aufkommende Trends, über die sie berichteten, hätten sich gewiss auch ohne ihr Zutun durchgesetzt.

Nach wie vor gab es einzelne Rosenliebhaber, die die Zeichen der Zeit nicht wahrhaben wollten. In T. Geoffrey W. Henslows Werk *The Rose Encyclopaedia* (1922) lesen wir: »Ich möchte es zum Grundsatz erheben, dass Rosenbeete nur Rosengehölze enthalten sollten.« An diesem Prinzip scheint man in vielen öffentlichen Anlagen noch heute hartnäckig festzuhalten. Ich erinnere mich indes an einen Park am Meer, in Devon, in dem bereits vor mehr als zwanzig Jahren die Rosen mit Stiefmütterchen *(Viola* 'Maggie Mott'*)* unterpflanzt waren – lange bevor diese wieder in Mode kamen.

Stiefmütterchen und Gartenveilchen sind außergewöhnlich hübsch und vertragen sich bestens mit Rosen, sofern man diese so weit auseinander pflanzt, dass genügend Licht in das Beet kommt. 'Maggie Mott' ist wohl typisch für die edwardianische Zeit; ich finde allerdings Pflanzen mit noch kleineren Blüten wie etwa die Cornuta-Hybriden (aus Kreuzungen mit dem Hornveilchen, *V. cornuta*, entstanden) reizvoller. Sie sind in einem breiten Spektrum von Farben erhältlich, was Kontraste wie Kobaltblau oder Purpurviolett mit klaren Hellgelb oder Weißtönen ermöglicht, aber auch Ton in Ton-Kombinationen von Altrosa oder Gelbtönen mit Rosen in ähnlichen Schattierungen. In Powis Castle in Wales erwiesen sich Hornveilchen *(V. cornuta)* indes als Fehlgriff, da die Pflanzen sich zu stark ausbreiten, in die Rosenbüsche hineinwachsen und sie manchmal fast zurückdrängen; mit größeren Strauchrosen wäre das Konzept jedoch vermutlich aufgegangen. Eine bessere Wahl war Elfensporn *(Diascia)*, besonders *D. vigilis* und *D. barberae* 'Ruby Field', die sich, außer in vollem Schatten, als recht blühfreudig erwiesen. Unter den vielen neuen Cultivaren in intensiven Korallen-, Apricot-, Magenta-, Lila-, Rosa- und Naturweißtönen dürften sich viele gut als Unterpflanzung eignen; allerdings wählt man – wie auch bei Nelken – am besten einen Ton, der zwar mit den Rosen harmoniert, in der Intensität jedoch so weit abweicht, dass die beiden Farben noch gut unterscheidbar sind.

Auch viele Primeln und Primula-Polyantha-Hybriden ließen sich verwenden, ganz gleich, ob aus Samen gezogen oder vegetativ vermehrt; meine Favoriten sind die Cowichan-Sorten mit dunklem Laub, üppig samtigen Blüten und dezent kontrastierendem Auge, die in Venezianisch- und Granatrot, Violettblau, Kardinalrot und Altgoldtönen erhältlich sind. Es empfiehlt sich, mindestens mehrere Dutzend von jeder erforderlichen Farbe aus Samen zu ziehen und die Besten zu selektieren, die man im Lauf der Jahre durch Teilung vermehrt. Am besten teilt man sie unmittelbar nach der Blüte (relativ häufig, mindestens jedes zweite Jahr), denn nur so bleiben sie kräftig und blühfreudig.

Purpurglöckchen *(Heuchera, × Heucherella)* und Schaumblüte *(Tiarella)* haben in den letzten Jahren die Aufmerksamkeit der Züchter erregt, was zu vielen neuen Sorten mit ebenso attraktiven Blättern wie Blüten geführt hat. Vor wenigen Jahrzehnten war *Heuchera micrantha* var. *diversifolia* 'Palace Purple' die einzige erhältliche Sorte mit bronzefarbenem Laub; inzwischen gibt es Dutzende andere, manche davon haben zusätzlich zauberhafte rosa Blüten. Die Blätter einiger Sorten wirken wie mit Zinn überzogen, während manche grünlaubige eine matt silbrige Oberfläche zeigen. Sie eignen sich für den Beetvordergrund, vertragen aber auch genug Schatten, um als Unterpflanzung dienen zu können (sofern die Rosen nicht zu dicht stehen). Im Übrigen profitieren sie von häufigem Umsetzen im frühen Herbst, solange der Boden noch warm genug für die Bildung neuer Wurzeln ist. Wie Primeln und Primula-Polyantha-Hybriden werden sie häufig vom Dickmaulrüssler befallen; dank biologischer Bekämpfungsmöglichkeiten mit Nematoden stellt dies aber kaum mehr ein Problem dar.

Robinson empfahl auch Fetthennen *(Sedum)* als Rosenbegleiter, wegen ihres hohen Lichtbedarfs eignen sich die meisten der horstbildenden Sorten jedoch am besten für den vorderen Rand der Beete und Rabatten, weniger als Unterpflanzung. Neben den blaugrün belaubten *Sedum spectabile*, *S. telephium* und dem etwas frostempfindlichen *S. sieboldii* – alle ebenso der Blätter wie der Blüten wegen geschätzt, die allerdings für die meisten Rosen zu spät erscheinen –, gibt es viele mit purpur- und bronzefarbenem Laub. Hervorragende Sorten sind *S. telephium* 'Arthur Branch' mit aufrechtem Habitus, intensiv bronzefarbenen Blättern und leuchtend roten Trieben sowie die purpurviolett belaubten 'Vera Jameson', 'Ruby Glow' und 'Bertram Anderson'. Die Platzierung einiger der Fetthennen mit lachsrosa oder backsteinrot schattierten Blüten verlangt etwas Feingefühl, sie harmonieren nicht mit reinen Rosatönen. Dazu gehören Sorten mit so appetitanregenden Namen wie 'Stewed Rhubarb Mountain' – Rhabarberkompottberg – und 'Strawberries and Cream' – Erdbeeren mit Schlagsahne –, außerdem die bekanntere 'Herbstfreude'; die Dickmaulrüssler machen sich allerdings unabhängig vom Namen über alle her. Als Unterpflanzung besser geeignet sind die niedrige, ausbreitend wachsende *S. spurium* und ihre bronze- oder grünlaubigen Sorten; sie scheinen auch den Dickmaulrüsslern nicht ganz so gut zu munden.

Seit eh und je beliebt als Rosenbegleiter sind Nelken *(Dianthus)*, und viele der neueren Cultivare blühen unermüdlich. Dennoch sind ältere Sorten nach wie vor gefragt, etwa 'Mrs Sinkins', die 1868 im Garten eines Armenhauses in Slough (Buckinghamshire) gefunden wurde und zum Gedenken daran auf dem Stadtwappen erscheint. Graham Thomas bevorzugt die ganz ähnliche 'White Ladies' wegen ihres einzigartigen blaugrünen Laubs. Eine vergleichbare rosa Sorte ist 'Excelsior' – alle drei sind recht ausdauernd und müssen nicht allzu häufig vermehrt werden. Bevor ich mich von einigen der neueren Sorten verführen ließ, verwendete ich jahrelang 'Mrs Sinkins', 'Excelsior' und 'Inchmery', eine weitere altbewährte Sorte, als Vordergrund für unsere Rosen.

Von Mrs. Desmond Underwood erwarb ich in den späten 60er Jahren andere Sorten wie die kirschrote 'Thomas', die noch immer beliebte 'Doris' und ihren lachsfarbenen Sport 'Doreen', allesamt großartige Sorten, allerdings ohne den intensiven und verführerischen Duft von 'Mrs Sinkins'. Unverständlich ist mir, dass 'Doreen' offenbar nirgends mehr erhältlich ist, denn sie war ebenso vortrefflich wie 'Doris'. Ich hoffe nur, dass sie sich noch irgendwo versteckt hält und darauf wartet, dass man sich ihrer wieder erinnert. Beliebt waren auch Mrs. Underwoods Nelken mit andersfarbigem Rand, obwohl längst nicht so blühfreudig wie 'Pink Bouquet' und auch nicht so widerstandsfähig wie die bereits erwähnten Sorten. Freunde schenkten mir die vorzügliche ungefüllte 'Musgrave's Pink' (weiß mit grünem Auge) und die etwas langgliedrige, aber unermüdlich blühende lachsfarbene 'Old Square Eyes'.

Ein Beet mit China-Rosen (hier die Sorte 'Hermosa', 1840 eingeführt) in Mottisfont Abbey in Hampshire, unterpflanzt mit Nelken der Allwoodii-Alpinus-Gruppe.

In den Gärten des National Trust findet man die meisten der genannten Sorten vorwiegend in Kombination mit Rosen, besonders 'White Ladies', 'Musgrave's Pink', 'Doris' und 'Thomas'. In Mottisfont Abbey in Hampshire fällt die Allwoodii-Alpinus-Gruppe besonders auf, vor allem als durchgehende Unterpflanzung in einem Beet mit China-Rosen. Keine dieser Sorten ist so hochwüchsig wie die Mehrzahl der neueren, als Schnittblumen gezogenen Sorten, etwa der Devon-Reihe. Sie wirken neben Rosen nicht so gut, denn ihre hohen Stiele stehen oft kreuz und quer, und ihre Blüten tauchen zwischen den Rosen auf, was etwas irritierend wirken kann, besonders wenn sich Nelken- und Rosenblüten in Farbe und Größe sehr ähnlich sind. Deshalb spricht einiges für die Verwendung der kleinerblütigen Sorten wie die der Allwoodii-Alpinus-Gruppe und gegen die Kombination von Nelken mit Rosen in ähnlichen Farbtönen.

Robinson setzte auch Karpatenglockenblumen *(Campanula carpatica)* zwischen seine Rosen – eine Kombination, gegen die ich Vorbehalte habe, denn mich spricht das Blau der Glockenblumen neben dem Rosa der Rosen nicht an. Nicht, dass mir diese Zusammenstellung nicht gefällt; sie sagt mir einfach nichts. Dagegen finde ich blaue Glockenblumen mit weißen oder gelben Rosen und weiße Glockenblumen mit rosa Rosen sehr schön. Sehr dekorativ wirkt auch die violettblaue Knäuelglockenblume *(C. glomerata)* vor gelben Strauchrosen wie 'Agnes' oder 'Frühlingsgold'.

Die gleichen Bedenken habe ich gegen glockenblumenblaue Sorten des Storchschnabels *(Geranium)* wie 'Johnson's Blue' und 'Kashmir Blue', und die rosa blühenden Cultivare von *Geranium* × *oxonianum* würde ich nicht mit Rosen in ähnlichem Ton kombinieren. Auch *G.* × *magnificum* dürfte meinen Rosen nicht allzu nahe kommen, denn die Blüten drängen sich zehn Tage lang in dicken Klumpen zusammen, ohne sich einzeln aufrecht halten zu können. Mit ihren grellen Farbblöcken scheinen sie jede Rose im Umkreis schier zu erschlagen. Die meisten mittelgroßen Storchschnäbel lassen sich eher mit Strauchrosen als mit Buschrosen kombinieren. Letztere können, von *G.* × *riversleaianum*-Cultivaren eingerahmt oder unterpflanzt mit Sorten von *G.* × *cantabrigiense*, ganz bezaubernd wirken.

Auch Funkien *(Hosta)* werden gern zur Unterpflanzung der Rosen oder als Beeteinfassung verwendet, obgleich die panaschierten Sorten häufig sehr unruhig wirken und gelbes Laub Rosen nicht immer schmeichelt. Zu bedenken ist auch, dass Funkien in sehr warmen und sonnigen Sommern leicht verbrennen. Sorten mit bläulichem Laub wie die Vertreter der Tardiana-Gruppe sind dafür weniger anfällig; besonders 'Halcyon' hat sich bewährt, wie etwa in Arley Hall in Cheshire, wo sie ein Beet mit 'Rosemary Rose' säumt. Natürlich hätten sich auch noch andere Pflanzen mit ähnlicher Laubtönung angeboten, um nur die Raute *Ruta graveolens* 'Jackman's Blue' zu nennen. Fraglich ist nur, ob sie die gleichen ausgeprägten und reizvollen Konturen besitzen, Qualitäten, an denen es den Rosen selbst mangelt.

Ein weiterer erstklassiger »Bodendecker« unter und vor Rosen ist Günsel *(Ajuga)*; er verträgt Schatten und bringt im späten Frühling Blüten und Laub in vielen Farben hervor. Außerdem bleibt er so klein, dass er sich auch zur Unterpflanzung relativ niedriger frühlings- oder herbstblühender Zwiebelpflanzen eignet, zum Beispiel Blaustern *(Scilla)*, *Chionodoxa* oder Krokus *(Crocus)* und, vielleicht noch wichtiger, Zeitlose *(Colchicum)*. Sie sind nämlich auf »Gamaschen« angewiesen, und Günsel ist wie geschaffen, um sie vor Morast zu schützen. Es gibt kaum ein eindrucksvolleres Bild als *Ajuga reptans* 'Atropurpurea', aus welchem sich die weißen Kelche von *Colchicum speciosum* 'Album' herausrecken. Und was spricht gegen spät blühende Rosen, so etwa China-Rosen oder Moschata-Hybriden, als Hintergrund für diese gelungene Kombination? Eine Auswahl nacheinander blühender Zeitlosen könnte vom Spätsommer bis weit in den Herbst hinein für Blüten sorgen.

Joshua Majors Vorschlag, Zwiebelpflanzen in Rosenbeete zu integrieren, wurde erst 1924 von den Rosenfreunden aufgegriffen. In jenem Jahr gab H. R. Darlington die ketzerische Empfehlung, Blumenzwiebeln direkt in die Rosenbeete zu setzen, ergänzt durch einige ganz brauchbare Gestaltungstipps, allerdings beschränkt auf Kombinationen mit Strauchrosen; für Beetrosen eignen sich die meisten Zwiebelpflanzen seiner Ansicht nach nicht. Während er *Chionodoxa* über das ganze Beet zu verteilen rät, empfiehlt er Schneeglöckchen, Winterlinge und Traubenhyazinthen eher zur Randbepflanzung. Früh blühende Narzissen passen am besten zu Rosen, die zu Beginn des Frühjahrs geschnitten werden, so dass die Rosentriebe das Gesamtbild nicht stören; die spät blühenden wie die Dichternarzissen sind indes besser mit Teerosen zu kombinieren, die als Letzte geschnitten werden. Tulpen bieten den Vorteil, dass ihr absterbendes Laub nicht so unordentlich wirkt wie das der Narzissen. Sie ziehen allerdings Blattläuse an, von denen Darlington befürchtete, sie würden auch die Rosen befallen. (Die fragliche Blattlaus, *Dysaphis tulipae*, befällt indes lediglich Monokotyle, also einkeimblättrige Pflanzen wie z. B. Tulpen.) Gemulcht wird im Herbst bzw. bevor die Zwiebeln erscheinen. Wenn das Mulchmaterial aus großen Stücken strohdurchsetzten Mists besteht und die Rosentriebe im Weg sind, ist das allerdings gar nicht so einfach. Herbstliches Auslichten der Rosen hilft, und viele der neueren Mulchmaterialien sind so fein und geschmeidig, dass sie sich problemlos zwischen den Trieben aufbringen lassen. Die Zwiebeln sollten so tief gesteckt werden, dass man im Sommer notfalls hacken kann, was bei ausreichendem Mulchen und regelmäßigem Ausjäten allerdings kaum erforderlich sein dürfte. Außerdem sind die Zwiebeln im Allgemeinen so starkwüchsig und robust, dass kleinere Verluste durch gelegentliche Kulturmaßnahmen nicht allzu tragisch sind.

Die Floribunda-Rose The Times Rose, eine ausgezeichnete Beetrose mit bronzerotem jungem Laub.

Meiner Ansicht nach lassen sich die Zwiebelpflanzen sogar noch vielfältiger einsetzen, wenngleich die Verwendung zwischen Beetrosen etwas weitere Abstände der Rosen als gewohnt voraussetzt. Das ermöglicht aber zugleich auch, Stauden zwischen die Rosen zu setzen, wie von Robinson empfohlen. Sie übernehmen nach dem Einziehen der Zwiebelblumen deren Part. Das junge Laub der Rosen zeigt häufig eine reizvolle Kupfer- oder Rottönung – besonders ausgeprägt bei Blessings® und The Times Rose (syn. Mariandel®) –, ein Bonus, der sich in die Farbkomposition einbeziehen lässt. Solches Laub vermag seinen Teil beizutragen zu

SEITE 46–47 In Arley Hall in Cheshire wird dieser formal gestaltete Sitzbereich von zwei imposanten Urnen flankiert. Eingerahmt wird das Ganze von der Floribunda-Rose 'Rosemary Rose' (1954 von dem holländischen Züchter de Ruiter eingeführt). Mit ihren leuchtend himbeer-kirschfarbenen, vielblättrigen Blüten, dem bronzefarbenen Laub und kompakten Wuchs ist sie nach wie vor beliebt. Sie neigt heute allerdings mehr zu Mehltau als zur Zeit ihrer Einführung; um gesund zu bleiben, muss sie mit einem Fungizid gespritzt werden.

attraktiven Kombinationen mit farbenprächtigen Tulpen, Narzissen in intensiven Orange- oder Scharlachtönen oder einer Unterpflanzung mit Primula-Polyantha-Hybriden (Cowichan-Gruppe) in samtigem Venezianischrot.

Die zahlreichen guten Rambler, die um 1900 entstanden waren, brauchten Gärten mit Pergolen oder anderen Konstruktionen, um wirklich zur Geltung zu kommen. Die britischen Gartenliebhaber zeigten sich hier nicht sonderlich einfallsreich – wie die großartigen Rosengärten in Bagatelle und L'Haÿ-les-Roses bezeugen, waren ihnen die Franzosen weit überlegen. In kleinerem Maßstab bezeugt dies auch Monets Garten in Giverny, in dem der große Maler von 1883 bis zu seinem Tod 1926 wirkte. Selbst Amateur, stand er in enger Verbindung zu den führenden französischen Gartengestaltern seiner Zeit und schuf extravagante Kombinationen von Rosen mit anderen Pflanzen. In diesem Punkt war er dem Frankreich seiner Zeit weit voraus; auf den Britischen Inseln fand man Vergleichbares sogar erst ein paar Jahrzehnte später. Monets Freund J. C. N. Forestier, der Schöpfer des Rosengartens von Bagatelle, bemerkte 1920: »Vor kaum zwanzig Jahren wurde den viel geschmähten Rosen kaum Einlass in unsere Gärten gewährt; aus den öffentlichen Anlagen wurden sie verbannt. In den Parks der Herrenhäuser verwies man sie wie viele andere als Schnittblumen gezogene Stauden in den Potager.« In Giverny ergießen sich Rambler kaskadenartig über den weit gespannten Laubengang in der Mitte des Gartens, aber auch über die Klettergerüste der Osthälfte, während Trauerrosen Akzente setzen.

Die hervorragenden neuen Rambler, vorwiegend um 1900 in Frankreich entstanden, wurden in den britischen Gärten meist an völlig unzulänglichen und klapprigen Konstruktionen aus Lärchenpfählen gezogen. Die außergewöhnliche Farbenpracht und Vielseitigkeit dieser Rosen und ihrer häufigen Begleiter, der *Clematis*-Hybriden, konnte architektonische Elemente wie Pergolen jedoch den ganzen Sommer hindurch mit einer geradezu unbändigen Blütenfülle überziehen und so zu einem hinreißenden Anblick machen. Einige britische Gartenarchitekten wie Edwin Lutyens, Thomas Mawson und Harold Peto spezialisierten sich sogar auf Pergolen. In den Vereinigten Staaten wurde die führende Gartengestalterin, Beatrix Farrand, von Petos Arbeiten stark beeinflusst; revolutionäre Ideen zur Gestaltung und Bepflanzung von Rosengärten waren aber auch dort nicht auszumachen.

Gertrude Jekyll besaß aufgrund ihrer Pflanzpläne, die sie für die Entwürfe Edwin Lutyens' schuf, aber auch durch ihre zahlreichen Publikationen, die dank ihrer Freundschaft mit dem Verleger William Robinson große Verbreitung fanden, in den Jahrzehnten bis zu ihrem Tod 1932 den wohl größten Einfluss in Fragen des Pflanzstils. Ihre Entwürfe, geschaffen für pflanzenunkundige Auftraggeber, die oft Gärtner ohne die nötigen Fähigkeiten beschäftigten, waren statisch: Es fehlte jeder Hinweis, wie man durch regelmäßige Veränderung einzelner Parameter Frische und Lebenskraft der Pflanzung erhalten konnte. Dieser Mangel an Abwechslung führte, zusammen mit fehlender Sachkenntnis der Betreuer, dazu, dass ihre Kreationen meist nur ein paar Jahre Bestand hatten. Der Zweite Weltkrieg beschleunigte diesen Prozess – nur wenige Jekyll-Gärten überstanden diese Zeit unbeschadet. Erst als ihr Werk um 1970 eine wahre Renaissance erlebte, besannen sich passionierte Gärtner erneut auf ihre Bücher und entdeckten darin einen Schatz an Sachkenntnis, Inspiration und gesundem Menschenverstand.

Gertrude Jekyll ging es nicht darum, ein breites Sortiment verschiedener Pflanzen um ihrer individuellen Schönheit willen zu ziehen; sie konzentrierte sich vielmehr auf einige hundert, die sie wegen ihrer Kombinierbarkeit mit anderen Pflanzen schätzte. Dabei hatte sie nicht nur die Blüten, sondern auch Farbe, Textur und Bau der Blätter vor Augen. Auf jeder Seite von *Colour Schemes for the Flower Garden* (1914; dt. Titel: *Pflanzenbilder aus meinem Garten*), ihrem wichtigsten Werk, findet sich eine Fülle wertvoller Betrachtungen und Ratschläge. Ihr gemeinsam mit Edward Mawley verfasstes Buch *Roses for English Gardens*, 1902 erschienen, finde ich allerdings enttäuschend. Es gibt zwar praktische Empfehlungen für die Verwendung verschiedener Rosengruppen, etwa Rambler für Pergolen und lockere Strauchrosen für naturnahe Bereiche, doch die Vorschläge für die eigentlichen Rosengärten sind eher dürftig.

Sie verhehlte indes nicht den Einfluss von Leuten wie Paul, Marnock und Robinson auf ihre eigene Arbeit. Ihre Abhandlung über Rosengärten leitet sie mit einer Robinson zur Ehre gereichenden Attacke gegen den übermäßigen Einsatz geometrischer Gestaltungskonzepte ein. Dann befasst sie sich eingehend mit der Möglichkeit, Rambler in Bäume wachsen zu lassen (nach dem Vorbild William Pauls) und Arten wie *Rosa virginiana* und *R. wichurana* über Stützmauern oder Böschungen zu ziehen, bevor sie dazu übergeht, die Vorzüge von Rosengärten in Waldlandschaften zu preisen (Paul, Major und Marnock hatten dies bereits vorgemacht). Es folgt eine Beschreibung des »englischen Rosengartens, von dem ich träume ... umgeben von einem Gürtel heimischer Gehölze, der sich so nahe anschließen sollte, dass er in den heißen Mittagsstunden ausreichend Schatten bietet, aber nicht so nah, dass er den Rosen ihren Lebensraum streitig macht. Mein Rosengarten folgt entweder dem Verlauf eines natürlichen, flachen Tals oder ist einem solchen nachgebildet. Man nähert sich ihm durch ein kleines Waldstück mit weitgehend heimischen, dunkellaubigen Bäumen, größtenteils Immergrüne wie Eibe, Stechpalme oder Kiefer ... Falls der Rosengarten Teil eines herrschaftlichen Anwesens ist, sollte er mit steinernen Treppen, balustradengesäumten Terrassen und dergleichen ausgestattet sein, dem Stil des Hauses entsprechend ... Die Balustrade selbst sollte nicht mit Blüten verdeckt oder gar kaschiert sein; nur hier und da könnte von oben eine Rose gleich einer Kaskade aus Blüten herabstürzen oder über den Rand schäumen und sie in einen prächtigen Mantel aus Blüten und Laub hüllen.«

Ihre Vorstellung von einem Rosengarten unterschied sich also kaum von der Pauls oder Marnocks, bis auf die stärkere Verwendung architektonischer Elemente und von Rosen von zwangloserem Wuchs im Randbereich. Tatsächlich übernahm Gertrude Jekyll für das zweite der im Plan vorgestellten Beispiele die Grundzüge von Marnocks Entwurf für den Rosengarten von Warwick Castle, also ein Quadrat, appliziert auf ein Vierblatt; den äußeren Umriss markiert eine Eibenhecke, an die sich der Waldgürtel anschließt. Die Beete im Innern werden von Girlanden aus Ramblern gesäumt.

Interessant sind Gertrude Jekylls weitere Ausführungen zum Wesen des Rosengartens: »Ein Rosengarten kann nie prachtvoll genannt werden – ein ganz und gar unpassendes Attribut. Selbst in der Hoch-Zeit der Rosen, wenn sie in voller Blüte stehen und sich unbestritten der ganze Liebreiz der Rosenschönheit entfaltet ... Für leuchtende Blütenpracht, angemessen arrangiert, sorgen andere Pflanzen in anderen Bereichen des Gartens; hier jedoch sollten unsere Sinne nicht von der Schönheit und dem Zauber der Rose abgelenkt werden.« Hier wiederholt sie beinah – in etwas anderen Worten – Foster-Melliars acht Jahre zuvor geäußerte Ansicht.

Man kann heute rätseln, wie sie zu dieser Einschätzung gekommen sein mag, denn einige unserer erlesensten Rosengärten, weitgehend auf Sorten aus der Zeit Gertrude Jekylls aufgebaut, sind kaum anders als prachtvoll zu nennen. Dazu zählen für mich Gärten wie Bagatelle, die Roseraie in L'Haÿ-les-Roses, Sudeley Castle und Sissinghurst. Es ist jedenfalls anzunehmen, dass sich Gertrude Jekylls Kritik an den Rosengärten vor allem an den alles beherrschenden Buschrosen entzündete, denn auf ihren Fotos bieten Rambler ein prächtiges Bild. Das für ihre Prosa typische Understatement verhindert eine so extravagante Ausdrucksweise, wie man sie in Texten einiger ihrer Zeitgenossen findet. Sir George Sitwell (1860 bis 1943), 1910 einer von Gertrude Jekylls Kunden, in seinem Buch *On the Making of Gardens* (1909):

»Wer sich einen Rosengarten wünscht, sollte von jenen verkümmerten, unnatürlichen und erdverhafteten Stämmen Abstand nehmen, die jeglicher Wuchsfreude und Wildheit entbehren, und auch nicht all die anderen Blumen verbannen, die der Schönheit der Rose schmeicheln wie Höflinge einer Königin. Man lasse Kletterrosen wie einen Schleier von der Terrasse herabhängen und die Gartenmauern mit blütenbesetzter Broderie [Stickerei] überziehen, gewölbte Bogengänge überwuchern oder hoch aufragende Obelisken erklimmen ... auf dass ein Ballon aus Rosen vom Gewicht kämpfender Liebesgötter oder von den hohlen Rippen und bauchigen Rundungen eines altehrwürdigen Schiffes niedergedrückt werde ... oder eines jener Rosenschlösser, das wir der französischen Romantik verdanken ... Ein solches Château d'Amour ist auf vielen mittelalterlichen Schatullen und Spiegelkästchen abgebildet. Gewaltige Steinschleudern bombardieren die Festung mit riesigen Blüten, während liebreizende Jungfrauen von den Zinnen aus den kämpfenden Knappen Rosen zuwerfen, noch feucht und schwer von Morgentau.«

Sir George schrieb offensichtlich nicht für Besitzer einer Doppelhaushälfte in einem Vorort. Aber wir alle können von ihm etwas lernen – nämlich dass sich Rosen viel kreativer einsetzen lassen, als es im Rosengarten des frühen 20. Jahrhunderts üblich war. Dies haben uns wohl am anschaulichsten die Liebhaber Alter Rosen bewiesen: Die überschäumende Wuchsfreude und Romantik der klassischen Sorten und ihre Eignung für Kombinationen mit anderen Pflanzen haben schließlich einen Stil entstehen lassen, wie er weder im 19. Jahrhundert anzutreffen war noch von Propheten wie Gertrude Jekyll und Wiliam Robinson vorhergesehen wurde, denn er sollte erst in unserer Zeit zu voller Entfaltung kommen.

Nirgends findet sich dieser Stil vollkommener verwirklicht als in Sissinghurst, was allerdings nicht allein das Verdienst von Victoria Sackville-West (1892 bis 1962) ist. Ihre Begeisterung für Alte Rosen verband Vita vom Beginn des 20. Jahrhunderts an über nahezu fünfzig Jahre mit einem Kreis Gleichgesinnter wie Edward Ashdown Bunyard, dem ehrenwerten Robert James, Maud Messel, Arthur Tysilio Johnson, Sir Frederick Stern, Nancy Lindsay, Sir George Sitwells Sohn Sacheverell, Constance Spry, Hilda Murrell, James Mitchell und nicht zuletzt Graham Thomas, dessen Einfluss bis in unsere Zeit hinein reicht. Mit ihrem Eintreten für Alte Rosen, aber auch durch ihre wöchentlichen Kolumnen im *Observer*, ihre Bücher und ihren eigenen Garten hat Vita die Geschichte der Rosengärten entscheidend geprägt. Ihr Garten ist heute allerdings ein anderer als zu Vitas Lebzeiten. Die Rose galt damals nämlich noch vorwiegend als Frühsommerblüher. Vita selbst gab zu bedenken, dass sich das Schauspiel »auf einen glorreichen Monat im Hochsommer« beschränke. Dank moderner Rosensorten lässt es sich heute vom Frühling bis zum Herbst ausdehnen. In Sissinghurst ist die Begleitbepflanzung deutlich abwechslungsreicher geworden, und Schnitt- und Erziehungsmaßnahmen wurden unter drei hervorragenden Obergärtnern perfektioniert.

Das formale Gerüst des Gartens wurde von Vitas Gatten Harold Nicolson (1886 bis 1968) im Jahr 1932 entworfen, die Rosen kamen allerdings erst 1937 hinzu. Vitas Vision ihres Gartens als eines »Gewirrs aus Rosen und Geißblatt, Feigen und Wein« besitzt den naturalistischen Charme, von dem Sir George Sitwell träumte. Die Rosen, die sie pflanzte, sind noch heute im Garten von Sissinghurst zu finden, und sie stellen den Teil der Bepflanzung dar, der am wenigsten verändert wurde. Ursprünglich enthielt der Rosengarten kaum Begleitpflanzen bis auf verschiedene Schwertlilien *(Iris)*, die man wegen der Kontrastwirkung ihrer Blätter schätzte, Lilien und, für den Herbst, Japananemonen.

Mit der Einstellung von Pam Schwerdt und Sibylle Kreutzberger als Obergärtnerinnen im Jahr 1959 änderte sich das. Ihnen gelang es, die Blütensaison zu verlängern, ohne die sommerliche Darbietung der Rosen zu schmälern: Für den Frühling kamen Tulpen, Goldlack, Primeln und Primula-Polyantha-Hybriden hinzu; Zierlauch wie *Allium hollandicum* oder *A. christophii* folgte als Begleiter früh blühender Rosen. Zur Hoch-Zeit der Rosen sorgen die Blütenwolken des Riesenschleierkrauts *(Crambe cordifolia)* und hohe *Iris spuria*-Sorten für Kontraste; sie lockern das Laub der Rosen wirkungsvoller auf als die kürzeren Bartiris-Sorten, die Harold und Vita zusammengetragen hatten. Auch Storchschnäbel, Katzenminze und Glockenblumen finden sich, gefolgt von Schmucklilien *(Agapanthus)*, Astern *(Aster × frikartii)*, Einjährigen und frostempfindlichen Stauden oder Halbsträuchern wie etwa Ziertabak *(Nicotiana* 'Lime Green'*)*, Bärenohr *(Arctotis)*, Strauchmargeriten *(Argyranthemum)* und Bartfaden *(Penstemon)*. Pam und Sibylle bemühten sich unermüdlich um Verbesserung der Pflanzungen, Techniken und Kulturmaßnahmen. An diesem Kurs änderte sich nichts, als der Garten 1967 an den National Trust fiel; seit 1991 wird er von Sarah Cook im selben Geist weitergeführt.

In Sissinghurst können die Rosen und ihre Begleitpflanzen als gleichberechtigte Partner gelten, denn allein würde keine der beiden Gruppen eine vergleichbare Wirkung erzielen. In anderen Gärten hingegen, in denen Alte Rosen zwanglos in einen formalen Rahmen integriert und von einer Fülle von Begleitpflanzen ergänzt werden, dominieren zweifellos die Rosen.

Eines der bekanntesten Beispiele hierfür ist Mottisfont Abbey (ebenfalls im Besitz des National Trust), in dessen früherem Gemüsegarten 1972 die von Graham Thomas zusammengetragene Rosensammlung untergebracht wurde. In der Mitte des Gartens sorgen beeindruckende, großzügig angelegte Doppelrabatten vom Frühling bis zum Sommer für ein farbenprächtiges Bild, während alle umliegenden Rosenbeete und -rabatten mit Glockenblumen, Akeleien, Nelken und weißen Fingerhüten bepflanzt sind, die die Schönheit der Rosen unterstreichen.

In anderen eindrucksvollen Gärten mit Alten Rosen, beispielsweise Helmingham Hall in Suffolk, finden sich ganz ähnliche Begleitpflanzen. Auch hier fallen weiße Fingerhüte ins Auge; ihre Blütenstände bilden einen effektvollen Kontrast zu den wenig markanten Konturen der Rosen. Leider tragen sie in der zweiten Hälfte der Rosensaison oft nur noch wenige Einzelblüten, und die Stiele sind eher staksig und oft seltsam gebogen. Unerschrockene Gärtner schneiden sie zurück, sobald die Samenstände überhand nehmen. Eine in The Menagerie in Northamptonshire praktizierte Alternative ist die Verwendung kurzstieligerer Fingerhüte der Foxy-Gruppe, deren Proportionen weit besser zu Büschen von weniger als 1,5 m Höhe passen.

In Sudeley Castle in Gloucestershire hat Jane Fearnley-Whittingstall einen Garten überwiegend mit Alten Rosen in formalen, buchsgefassten Beeten gestaltet, in denen die Begleitpflanzen nur

RECHTS Ein Beet mit Rosen und Fingerhüten in Helmingham Hall in Suffolk, eingefasst mit Lavendel. Die Blütenstände der Fingerhüte sind mit ihrer markanten Form ein schöner Kontrast zu den Rosen.

eine untergeordnete Rolle spielen. Die ganze Szenerie wirkt ungeheuer romantisch – eine weite Parklandschaft mit einer Kapelle und einer Schlossruine. Die Rosen werden stark zurückgeschnitten; sie können sich dann zwar nicht so ungestört entwickeln wie bei naturnaher Gestaltung eigentlich zu erwarten, doch hat diese Maßnahme auch Vorteile: Ergänzt durch großzügiges jährliches Mulchen, bewirkt sie kräftiges Wachstum, weitgehende Krankheitsresistenz und ausdauernde Blühfreude.

Während sich im Lauf des 20. Jahrhunderts die nichtformale, eher zwanglose Bepflanzung mit vorwiegend Alten Rosen immer stärker durchsetzte, erfuhren gleichzeitig auch die Beetrosen eine Wandlung: Den Züchtern gelang es, sowohl bei Floribunda-Rosen als auch bei Teehybriden eine breitere Farbskala und leuchtendere Töne zu erzielen, dazu von Sommer bis Herbst anhaltendes Blühvermögen. Zu den traditionellen Rosenfarben gesellten sich kräftiges Gelb und Orange sowie leuchtendes Zinnober- und Scharlachrot. Foster-Melliars Ansicht, die Rose sei nicht fähig, »den Sommer hindurch ohne Unterbrechung eine Fülle von Blüten hervorzubringen«, traf schlicht nicht mehr zu. Mittlerweile konnte sich die Rose durchaus mit Pelargonien und Petunien messen, denn sie stand ihnen an Blütenreichtum nicht nach und besaß darüber hinaus äußerst attraktiv geformte Blüten.

So ist es auch kaum überraschend, dass sich die angestammte Rolle der Rose im Garten gewandelt hat; aus der »Lieferantin« hochwertiger Blüten wurde ein Quell leuchtender Farbenpracht. Um 1920 konnte ein Beet mit Buschrosen eine derart intensive und lang anhaltende Farbwirkung entfalten, dass man kaum darum herum kam, die Farbtöne aufeinander abzustimmen. Mrs. Darlington befasste sich im *Rose Annual* von 1929 und 1930 mit dem Thema Farbe im Rosengarten, ebenso

RECHTS Das teilweise nur noch als Ruine erhaltene Sudeley Castle inmitten der Cotswold-Hügel ist eine ungewöhnlich romantische Szenerie für diesen Rosengarten im spätviktorianischen Stil. Jane Fearnley-Whittingstall entwarf 1988 die Pläne für die derzeitige Bepflanzung, in der Trauer-Hochstämme, wie hier 'New Dawn', Akzente setzen. Die Rosen unterhalb der Hochstämme werden stark zurückgeschnitten, wodurch sie ziemlich spät, dafür aber ausdauernd blühen und sich durch Gesundheit und ebenmäßigen Wuchs auszeichnen.

DAWN

George Dillistone 1934 in einem weiteren Artikel. Dillistone, der heute vor allem durch seine Arbeit in Castle Drogo in Devon bekannt ist, traf mit seinem Gestaltungsstil wie kein anderer den britischen Zeitgeschmack im frühen 20. Jahrhundert.

Die Beliebtheit öffentlicher Rosengärten um die Mitte des 20. Jahrhunderts ging zum großen Teil auf den Wandel zurück, den die Rose in den Dekaden davor erfahren hatte. Die meisten der heute noch existierenden Rosengärten stammen aus dieser Periode. Auf den bereits im Jahr 1917 angelegten International Rose Test Garden in Portland (Oregon) folgten Queen Marys Rose Garden im Regent's Park (1931), neu bepflanzt von Millar Gault zwischen 1955 und 1969; der Hershey Rose Garden in Pennsylvania (1937); der Parc de la Grange in Genf (1941); der Park of Roses in Columbus (Ohio, 1952); der Parque del Oeste in Madrid (um 1950); die Royal National Rose Society Gardens of the Rose in St. Albans (Hertfordshire, 1960); der Westbroekpark in Den Haag (1960); der City of Belfast Rose Garden (1964); der Parc de la Tête d'Or in Lyon (1964); die Royal Botanical Gardens in Hamilton (Ontario, 1967); das Österreichische Rosarium in Baden bei Wien (1967); das Deutsche Rosarium im Westfalenpark in Dortmund (1969); St. Anne's Park in Dublin und das American Rose Center in Shreveport in Louisiana (beide um 1970).

Queen Mother's Rose Garden im Hazlehead Park.

Ein Rosenprojekt von ungewöhnlichen Dimensionen ist im schottischen Aberdeen zu bewundern. Im gesamten Stadtgebiet wurden etwa zwei Millionen Beetrosen gepflanzt, manche in den öffentlichen Gärten wie Duthie Park und Hazlehead Park, die Mehrzahl aber dient der Begrünung der Hauptverkehrsstraßen der Stadt. Bei einem Besuch vor etwa einem Jahr erschien mir Hazlehead besonders beeindruckend mit seinen beiden weitläufigen und gepflegten quadratischen Gärten, bepflanzt mit neueren Rosen. Dass viele davon von dem ortsansässigen Züchter Cockers gezogen und selektiert wurden, halte ich für sehr vernünftig, denn man kann von einer in England gezüchteten Rose nicht erwarten, dass sie im schottischen Klima problemlos gedeiht, es sei denn, sie hat sich unter lokalen Standortbedingungen nachgewiesenermaßen bewährt. In den mit Teehybriden und Floribunda-Rosen bepflanzten Beeten setzen Hochstammrosen in regelmäßigen Abständen Akzente, was ich nicht unbedingt für gelungen halte, denn ihre Einförmigkeit lockert die Monotonie kaum auf, wenngleich sie ein Gefühl von Grandeur vermitteln und die Farbwirkung beeindruckend ist.

Von völlig anderem Charakter ist Duthie Park – möglicherweise weniger spektakulär, dafür aber wesentlich abwechslungsreicher. Auf einer Lichtung, umgeben von einem Ring aus Bäumen, erhebt sich ein ansehnlicher Hügel, vollkommen mit Rosen bewachsen. Wellenförmig ineinander greifende Blöcke von Teehybriden und Floribunda-Rosen schlängeln sich zu beiden Seiten eines spiralig angelegten Wegs hügelaufwärts zu einer Aussichtsplattform, die durch eine Schneise in den Bäumen den Blick hangabwärts freigibt, auf den darunter liegenden Park – zweifellos ein Szenarium, das bei den Besuchern Anklang findet. Mir jedoch fällt es aus drei Gründen schwer, dieses Werk rückhaltlos zu genießen: Erstens fügt sich der Rosenberg nicht harmonisch in die Umgebung ein; zweitens vermisse ich etwas Abwechslung in Textur und Struktur durch geeignete Begleitpflanzen; und drittens (ein Problem, das auf nahezu alle Gemeinden in Großbritannien zutrifft) sind die Pflegemaßnahmen so drastisch reduziert worden, dass Gesundheit und Überleben der Rosen nicht mehr gewährleistet sind.

Ich will hier nicht darüber lamentieren, dass die Gemeinden Gelder einsparen müssen und, vor die Wahl gestellt zwischen Schulen, Krankenhäuser oder Parks, bei Letzteren damit beginnen. Sie tun unter diesen schwierigen Umständen zweifellos ihr Bestes, ebenso wie das verantwortliche Gärtnerteam. Und wenn dennoch alles gut läuft, ernten sie kaum Anerkennung von der Öffentlichkeit, die andererseits oft noch nicht einmal zur Kenntnis nimmt, dass das Niveau gezwungenermaßen heruntergeschraubt wurde. Was wir daraus lernen können, ist, dass Rosen ein Mindestmaß an Pflege brauchen. Sobald dieses nicht mehr gewährleistet ist, schwindet ihre Attraktivität, und unter Umständen gehen sie sogar ein. Gewiss, wenn die verwelkten Blüten nicht mehr entfernt werden, sterben die Rosen nicht gleich ab – lediglich die Nachblüte wird spärlicher ausfallen. Wenn sie indes nicht ausreichend gespritzt werden, insbesondere in großflächigen Monokulturen, in denen Krankheiten gehäuft auftreten, gehen die anfälligsten Sorten ein, und andere vegetieren kahl und unansehnlich dahin. Wird nicht regelmäßig gemulcht, sinkt der Humusgehalt des Bodens; darunter leiden Struktur und Fruchtbarkeit, was zu Erosion und verminderter Vitalität der Rosen führt.

Bei meinem letzten Besuch im Duthie Park waren mehrere Gruppen von Rosen eingegangen; andere kränkelten derart, dass sie aus der Nähe äußerst unansehnlich wirkten. Dem Boden mangelte es offensichtlich an Struktur wie an Humus – man fragt sich, wie lange die Pflanzen unter solchen Bedingungen überleben können. Es mag unfair sein, dieses Problem nur an einem einzelnen Park zu verdeutlichen, besonders, da er unter der Obhut einer Gemeinde steht, die sich wie keine andere in Europa um die Rose verdient gemacht hat, und die meisten öffentlichen Parks mit ganz ähnlichen Problemen zu kämpfen haben. Aber die Lehren gehen alle Rosenliebhaber an: Es hat keinen Sinn, in großem Maßstab Rosen zu pflanzen, ohne die Bereitschaft, ihnen die nötige Pflege zu geben. Wer Pestizide und Fungizide prinzipiell ablehnt oder in der entscheidenden Zeit einfach nicht zum Spritzen kommt, sollte krankheitsanfällige Sorten meiden; außerdem muss ständig für die Erhaltung der notwendigen Bodenqualität Sorge getragen werden.

Der Rosenhügel im Duthie Park in Aberdeen.

Inspirierend und zugleich zukunftsweisend ist der Duthie Park insofern, als er zeigt, dass es andere Möglichkeiten gibt als rechteckige Beete, um einer Landschaft mit Rosen Farbe zu verleihen und so beeindruckende Gärten zu schaffen, wie sie etwa in Brasilien zum Markenzeichen von Roberto Burle Marx geworden sind.

Die Gestaltung vieler nichtformaler Rosengärten ist – anders als im Duthie Park – weitgehend an der Natur orientiert. Die Rosen stehen also nicht in Beeten, sondern tauchen da und dort im Rasen auf oder wachsen in Sträucher und Bäume. Ein origineller nichtformaler, aber »gezähmter« Rosengarten wurde von Sir Geoffrey Jellicoe im Jahr 1959 für den Dritten Lord Astor in Cliveden (Buckinghamshire) entworfen. Das Konzept dieses auf einer Lichtung zwischen Bäumen gelegenen Gartens basiert auf einem Gemälde von Paul Klee, *Die Frucht* (1932). Es stellt ein pflaumenförmiges Oval dar, von einer spiralförmig verlaufenden Linie im Innern so zerschnitten, dass eine Reihe überlappender Flächen entsteht. Ein Kiesweg zeichnet Klees Linienführung nach, und in den Beeten – den Flächen dazwischen – drängen sich Strauchrosen, unterpflanzt mit Bodendeckern.

In Bagatelle in Paris wurde ein relativ neuer nichtformaler Garten am Saum eines Waldbereichs mit Bodendecker- und anderen Rosen bepflanzt. Der Blick fällt vom Waldrand aus über eine weite Rasenfläche hinüber zum Schloss. Es handelt sich um eine pflegeleichte Pflanzung ohne klare Beetränder oder aufwendige Schnittmaßnahmen. Auch hier kündigt sich eine neue Ära an: Rosen müssen nicht steif und formal wirken, und der Kulturaufwand lässt sich – gemessen an den Ansprüchen von Teehybriden – beträchtlich reduzieren. Auch die Patio-Rose eröffnet neue Möglichkeiten, zum Beispiel als farbenfroher Teppich oder als Randbepflanzung.

Im 20. Jahrhunderts hat sich in Verwendung und Charakter der Rosen ein entscheidender Wandel vollzogen. Um 1890 wurden historische wie neuere, Strauch- wie Buschrosen zwar um der Schönheit ihrer Blüten willen geschätzt, ihre Bedeutung für die Gesamtwirkung des Gartens hielt man aber für beschränkt, da sie schwer mit anderen Pflanzen kombinierbar schienen und ohne rechte Farbenpracht. Dank des Könnens und der Kreativität der Gärtner hat sich in den letzten hundert Jahren aber gezeigt, welch großartige Gestaltungsideen sich mit Rosen verwirklichen lassen. Außerdem haben die Züchter Rosen in leuchtenderen Farben und verschiedenen Wuchsformen hervorgebracht. Die enormen Möglichkeiten des Rosengartens sind damit jedoch noch lange nicht erschöpft; Aufgabe des 21. Jahrhunderts wird es sein, die besonderen Eigenschaften der neueren Rosenklassen zu entdecken.

Pergolen, Lauben, Hecken, Mauern

Rosen, die das architektonische Grundgerüst des Gartens bekleiden, gestalten die »Wände« des Gartenraums entscheidend mit. Selbst das raffinierteste und großzügigste bauliche Element wird erst durch attraktive Pflanzen zu einer wahren Augenweide.

Von allen Gestaltungselementen, die mit Pflanzen bekleidet werden können, prägt die Pergola mit ihrem stark architektonischen Charakter einen Garten am nachhaltigsten. Zieht sie sich um das ganze Grundstück herum, bildet sie eine Art grünen Kreuzgang, der ein Gefühl der Geborgenheit vermittelt, zugleich aber auch immer wieder Ausblicke in den Garten eröffnet. In einem großen Garten wirkt eine in der Mitte errichtete Pergola wie ein Raumteiler, der eine abgeschiedenere und intimere Atmosphäre schafft. Pergolen spenden lichten Schatten und bieten vielfältige Möglichkeiten zur Bepflanzung, vorausgesetzt, sie sind weder zu massiv konstruiert noch allzu dicht von Blattwerk überwuchert. In einer feuchten und dunklen Laube wird man vergeblich auf die Blütenfülle warten, die Pergolen so reizvoll macht.

Pergolen findet man besonders häufig in herrschaftlichen Gärten mit sehr viel Platz und Mitteln. Sie lassen sich jedoch auch auf bescheidenere Verhältnisse, sogar kleine Stadt- oder Vorortgärten, übertragen und können aus überall erhältlichem, preiswertem Material angefertigt werden. Schwierigkeiten bei der Bepflanzung bereiten ohnehin eher einfachere Bogengänge, Girlanden oder die Begrünung von Zäunen und selbst Mauern; aber auch dafür gibt es Lösungen.

Einfach konstruierte Pergolen waren bereits im Italien der Antike bekannt. Diese aus Pfosten errichteten, rechtwinklig zur Vorderfront des Hauses stehenden »Galerien« dienten Weinreben als Stütze und spendeten zugleich Schatten. Später verstand man unter dem Begriff Pergola überdachte Laubengänge aus Mauerwerk, Ziegelsteinen oder Holzbohlen, die mit Balken – parallel und quer zum Weg darunter – gedeckt waren. Puristen lassen jedoch nur Konstruktionen mit quadratischem Querschnitt, starken senkrechten Pfosten und hölzernen Querbalken als echte Pergolen gelten, und so werden sie auch in diesem Buch definiert. Gänge mit abgerundeter Überdachung sollten besser als Bogen- oder Laubengänge bezeichnet werden, Sitzplatzüberdachungen als Loggien oder Lauben.

Als das Wort Pergola 1675 in England aufkam, bezeichnete man damit Konstruktionen aus Spalieren oder Holzbalken, die wesentlich aufwendiger und kunstvoller gestaltet waren als die italienischen Originale; oftmals bildeten sie die so genannten *cabinets de verdure*, ein typisches Stilelement der Gärten zur Zeit William und Marys. Ein Beispiel ist in dem erst kürzlich restaurierten Garten in Het Loo bei Apeldoorn zu sehen, wo Hainbuchen, an einer Pergola gezogen, einen kühlen, schattigen grünen Tunnel bilden. Doch erst im späten 19. Jahrhundert erkannten Gärtner und Architekten – inspiriert durch die größere Auswahl an Kletterpflanzen, besonders *Clematis* und Rambler –, wie viele Möglichkeiten für spektakuläre Effekte Pergolen bieten.

Edwin Lutyens war einer der Ersten, die dieses Potential nutzten. Aufbauend auf Gertrude Jekylls Pflanzplänen, schuf er wahre architektonische Meisterwerke, manche davon so genial, dass neben der Konstruktion des Gerüsts selbst die üppigste Bepflanzung verblasst. Andere Architekten wie Thomas Mawson und Harold Peto folgten seinem Beispiel, allerdings in einem etwas leichteren Stil; ihre Stützelemente wirkten weniger megalithisch, manchmal setzten sie anmutige, luftig wirkende Gitterspaliere ein. Gertrude Jekyll bemerkte 1902 in ihrem Buch *Roses for English Gardens*, inzwischen verlange »jeder Garten nach einer Pergola«.

So konkret wie Gertrude Jekyll äußerte sich wohl kein anderer Autor zu Verwendung, Standortwahl und Bepflanzung der rosenüberwachsenen Pergola. Sie »sollte so platziert werden, dass sie von der Seite gut sichtbar ist ... wenn es den Rosen in diesem Bereich an frischer Luft und Platz mangelt, schießen sie in die Höhe und breiten sich dort aus, wo sie niemand zu Gesicht bekommt. Eine Pergola, die sich über eine offene Rasenfläche erstreckt und so zwei Gartenbereiche trennt oder eine zentrale Linie innerhalb des Gesamtkonzepts bildet, ist wie geschaffen für Rosen, und ein breiter Rasenweg zu beiden Seiten gewährt einen wunderbaren Blick darauf. Ein solches Element … kann man nicht einfach irgendwo aufstellen. Es sollte einen klar definierten Ausgangspunkt mit einem ebensolchen Endpunkt verbinden.«

Sofern es sich nicht um eine ausgesprochen unschöne Konstruktion handelt, sollte eine Pergola nie ganz unter der Bepflanzung verschwinden. Form und Struktur sollten immer klar erkennbar bleiben. Vielfach ist es gerade der Kontrast zwischen der Stützkonstruktion und den Pflanzen, der Pergolen so außergewöhnlich reizvoll macht.

An einer Pergola mit relativ dicken, massiven Stützpfosten kommen Rosen besonders gut zur Geltung, denn hier kann sich die »Bekleidung« der vertikalen Elemente ebenso üppig entfalten wie das den Weg überspannende »Dach«. Gertrude Jekylls Bemerkung, dass Pergolen »von den Seiten gut sichtbar« sein sollten, wird häufig zu wenig Beachtung geschenkt. Wir kommen zwar außerhalb der Pergola nicht in den Genuss ihres lichten Schattens oder des Dufts der Blüten, dennoch sollten Pergolen auch von außen attraktiv wirken.

Eine Pergola in Polesden Lacey in Surrey.
Seite 56–57 Ein Wichurana-Rambler.

Die klassische Pergola erfordert ziemlich viel Platz. Ideal ist ein Abstand von 2,5–3,5 m zwischen den Stützpfosten längs des Wegs. Die Balken, die die Pfosten verbinden und das Gerüst des Dachs bilden, sind im Allgemeinen recht stark und mit zusätzlichen dünneren Latten oder Querstreben versehen, entweder in Längsrichtung des Wegs oder quer dazu. Latten, die parallel zur Längsachse des Wegs und der Pergola verlaufen, lassen den Weg optisch sehr viel länger erscheinen, als er in Wirklichkeit ist; der Betrachter wird dadurch unwillkürlich angeregt, seinen Schritt zu beschleunigen. Verwendet man dagegen gekreuzte Latten, wirkt der Weg breiter, was dazu verleitet, sich Zeit zu lassen und zu entspannen. Durch eine solche optische Täuschung kann eine Pergola, die zu kurz ist, länger erscheinen und eine zu schmale breiter. Der gewünschte Effekt wird noch verstärkt, wenn man Ziegelsteine oder Steinfliesen längs oder quer zum Weg verlegt.

Wo genug Platz ist, wird die Breite der Pergola in der Regel durch die Breite des Wegs darunter bestimmt – um zu zweit bequem nebeneinander hergehen zu können, sind etwa 2 m erforderlich. Mindestens noch einmal 60 cm Breite müssen für seitlich abstehende Rosentriebe und ein Beet, zu Füßen der Stützpfosten über die ganze Länge der Pergola, eingerechnet werden. Für kleinere Gärten dürfte eine »Einmannpergola« die bessere Lösung sein, die innen allerdings noch immer 1,5 m breit sein sollte, damit man sich nicht zu eingeengt fühlt. Die Pfosten sollten in diesem Fall bis auf etwa 1,8 m Abstand zusammenrücken, damit die Proportionen wieder stimmen. Jede Pergola sollte so hoch sein, dass man darin bequem aufrecht gehen kann und nicht an den Rosen hängen bleibt; dazu ist eine lichte Höhe von mindestens 2,2 m erforderlich.

Ist die Pergola nur spärlich bewachsen, reicht das Licht im Innern möglicherweise für einen Rasenweg aus; üblicher ist ein Belag aus Ziegelsteinen oder Steinfliesen. Da man meist unwillkürlich in der Mitte der Pergola geht, kann im Gras mit der Zeit allerdings ein richtiger Trampelpfad entstehen.

In Nord-Süd-Richtung verlaufende Pergolen erhalten auf beiden Seiten gleich viel Licht, also in der Regel genug für jede Rose. Bei Ost-West-Ausrichtung jedoch liegt die eine Seite in der Sonne, während die andere beschattet wird. Besonders bei üppigem Bewuchs gedeihen und blühen manche Rosen auf der Schattenseite deutlich schlechter.

Unbehandelte Pfosten, meist aus Lärchenholz mit Rinde, waren im frühen 20. Jahrhundert sehr beliebt und wurden sowohl für Pergolen als auch für mit Ramblern bewachsene Zäune verwendet. William Robinson bemerkte dazu bissig: »Sie wirken derb und unschön und haben nur den einen Vorteil, dass sie innerhalb weniger Jahre faulen.« Dennoch finden sich in seinem Buch *The English Flower Garden* mehrere Beispiele; eines hat verblüffende Ähnlichkeit mit der noch erhaltenen Pergola in Polesden Lacey in Surrey. Unbehandelte Pfosten werden heute nur noch selten verwendet, vielleicht, weil sie nicht lange genug halten (selten mehr als dreißig Jahre), vielleicht aber auch, weil die schlanken Pfähle, die heute meist angeboten werden, etwas erbärmlich wirken. Für die senkrechten Stützen sollten stärkere Pfosten (oft in Längen von 3 m im Handel) gewählt werden (in 1,8–2,5 m Abstand gesetzt), ebenso für die Querbalken; dünnere Latten eignen sich als nichttragende Füllung.

OBEN An Bögen, Pergolen oder Ketten gezogen, entwickeln Rambler und Climber aus nahezu jedem Auge Blütentriebe. Sorten mit steif aufrecht wachsenden Seitentrieben sind vom Innern einer Pergola aus kaum zu sehen; besser geeignet sind Rosen mit überhängenden Seitentrieben wie die starkwüchsige 'Aglaia', hier in Bagatelle in Paris fotografiert. Die 1896 eingeführte 'Aglaia' war der erste Rambler mit gelben Blüten.

RECHTS Die Pergola in Bagatelle ist großzügig bemessen; sie bietet reichlich Kopffreiheit, und die Bögen haben genau den richtigen Abstand, um ein Gefühl der Abgeschiedenheit zu vermitteln. Niedrige Buchshecken kaschieren die kahlen »Beine« der Rosen, und eine Lutyens-Bank dient als Blickfang und lädt zugleich zum Ausruhen und Schauen ein. Die Schatten der Querbalken lockern die Monotonie des langen Wegs auf und geben dem Entwurf Geschlossenheit.

Henslow erläuterte 1922 zwei Arten von Pergolen, aus naturbelassenen Pfosten bzw. aus Vierkantbalken, und nannte zugleich Bezugsquellen für Fertigkonstruktionen. Für die aus Vierkanthölzern bestehenden Teakholz-Pergolen wurden die Leser an Castle's Shipbreaking Co. verwiesen. Deren Werbung zeigte die Verwandlung eines stattlichen Kriegsschiffs aus dem frühen 19. Jahrhundert in eine bescheidene Gartenbank. Wie viele noch existierende Pergolen aus dieser Zeit mögen wohl ebenfalls auf ein aufregendes Vorleben auf hoher See zurückblicken können, vielleicht sogar in Nelsons Flotte? Für rustikale Pergolen aus unbehandeltem Holz empfahl Henslow seinen Lesern Mr. E. J. Preece aus Caerleon, der mit einem hübschen, aber schlecht proportionierten Ausschnitt eines Zauns warb, mit einem Torbogen von nur 75 cm Breite und 1,5 m Höhe. Henslow betonte ausdrücklich, dass sich Teakholz-Gerüste wegen ihrer stärker architektonischen Note gut für die Gartenfront des Wohnhauses eignen, während rustikalere Konstruktionen eher in Randbereiche des Gartens passen; Teakholz hält ewig, unbehandeltes Holz ist dagegen relativ kurzlebig. Die zunehmende Häufung rustikaler Pergolen in den Vorstadtgärten jener Zeit dürfte nicht zuletzt mit der neuen Mobilität der Mittelklasse zusammenhängen: Man ging nicht mehr unbedingt davon aus, ein Leben lang im selben Haus zu wohnen. Bis das Lärchenholz zu verrotten begann, war man meist schon wieder umgezogen.

Der Wichurana-Rambler 'Dorothy Perkins'.

Die »Füße« der Pfosten wurden üblicherweise angekohlt, wobei konservierender Teer entstand. Die heute im Gartenbau üblichen Imprägniermittel für Nutzholz bieten sehr viel länger Schutz, werden aber nicht absorbiert, wenn das Holz noch zu frisch ist. Ist es dagegen ausreichend abgelagert, löst sich die Rinde häufig vom Stamm; die meisten Gartenfreunde bevorzugen jedoch Pfosten mit Rinde. Sitzt diese noch fest, sollte man sie ebenfalls mit einem Holzschutzmittel behandeln, um sie haltbar zu machen. Wenn nicht, entfernt man die Rinde vollständig und beizt das Holz in einem gedämpfteren Farbton. Die Füllelemente können aus horizontalen und vertikalen Latten bestehen oder noch zusätzliche Diagonalverstrebungen enthalten; schlichte Zieraufsätze oder Kappen schützen die Pfähle vor dem Eindringen von Feuchtigkeit und beugen so dem Aufkommen von Fäulnis vor.

Climber wirken an Pergolen oft etwas plump, zumal die spärlichen, dicken Triebe häufig nahezu kahl sind. Besser eignen sich Rambler, die wesentlich zahlreichere Triebe bilden und dichter belaubt sind. Außerdem lassen sie sich breitflächiger formieren, so dass ein weit größerer Teil der Pergola bedeckt werden kann. Rambler bilden Jahr für Jahr unverdrossen viele neue Triebe, alle etwa gleich lang. Um eine Staffelung zu erreichen, müssen einige davon kräftig eingekürzt werden; nur so können die Stützpfosten in ein attraktives Blütenkleid gehüllt werden. Die Wahl der Sorte richtet sich nach der Größe der Pergola: Im Idealfall erklimmt der Rambler das obere Ende der Pfosten und überspannt noch mindestens die Hälfte der »Überdachung«, was in etwa einer Länge von 4–5 m entspricht. Rambler, die lediglich 2–3 m hoch werden, eignen sich zwar zur Bekleidung von Säulen, für Pergolen sind sie jedoch einfach zu kurz. Umgekehrt sind auch besonders starkwüchsige Rambler meist keine gute Wahl; sie bilden ein dichtes Laubdach, und die Blüten erscheinen oben auf der Pergola, sind also von innen gar nicht sichtbar. Hierauf bezog sich Walter Easlea jr. 1917 bei seiner Kritik an Miss Willmotts Pergola: »Ich habe die massive Pergola in Warley Place gesehen, die so vorzüglich gearbeitet ist, dass sie sich über Jahre halten wird; aber die Mehrzahl der Blüten befindet sich außer Sichtweite und kann nur von den Fenstern des Herrenhauses aus betrachtet werden.«

Die Glanzzeit der Wichurana-Rambler fiel mit dem Boom zusammen, den Pergolen, Bögen und ähnliche Konstruktionen zu Beginn des 20. Jahrhunderts erlebten. Die bekannteste Vertreterin, 'Dorothy Perkins', war selbst Gartenignoranten ein Begriff. Der englische Dichter Alfred Noyes schrieb: »Die englische Rose mit dem hübschesten Namen ist 'Dorothy Perkins'; und Dorothy Perkins selbst, man fühlt es, muss eine bezaubernde Person gewesen sein ... sie ist eine der wenigen Feen-Patinnen des Gartens, die mit ihrem Namen auch ihren persönlichen Liebreiz weiterzugeben scheinen.« Noyes' Worten zum Trotz ist diese Rose amerikanischen Ursprungs und wurde 1901 von Jackson und Perkins eingeführt.

Rosa wichurana wurde schon bald nach ihrer Einführung 1891 von Rosenzüchtern in aller Welt übernommen. Die ersten vier Wichurana-

Hybriden präsentierte 1897 ein Amerikaner, W. A. Manda. Walter Easlea schrieb 1917: »'Dorothy Perkins' ... ist überall präsent und erzeugt – wie eine schöne Melodie, die unaufhörlich auf einer Drehorgel erklingt – irgendwann eine verständliche Abneigung.« Er bescheinigte ihr zunächst eine hohe Krankheitsresistenz, schrieb aber im Jahr 1918, sie sei »in jedem Garten anzutreffen und ... häufig von Mehltau befallen«. 1929 konstatierte der bedeutende Baumschuler Clarence Elliott, es gäbe Gärtner, die »Dorothy am liebsten bis zum letzten Exemplar verbrennen« würden.

Viele Rosen-Cultivare verlieren mit der Zeit an Vitalität, da sie häufig von hoch spezialisierten Pilzen befallen werden, aber auch von einer Reihe kaum weniger tödlicher Viren. Bis zu einem gewissen Grad lässt sich das nicht vermeiden, rückgängig machen schon gar nicht. Selbst wenn es mit den Waffen der modernen Naturwissenschaft gelingt, die Viren zu bekämpfen, dürfte kaum jemand Lust haben, seine Rosen in der Wachstums- und Blütezeit alle zwei Wochen mit Fungiziden zu tränken. Als ich noch für den National Trust arbeitete, musste 'Dorothy Perkins' vielerorts notgedrungen durch andere Sorten ersetzt werden; besonders gut in Erinnerung ist mir Polesden Lacey in Surrey, wo sie nicht einmal mehr das obere Ende der Pergolapfosten erreichte, obwohl sie einst die gesamte Konstruktion mit Blüten überzogen hatte.

Der Wichurana-Rambler 'Elisa Robichon'.

Mancherorts eignet sich 'Debutante' als Ersatz. Auf sauren Böden ist 'Mrs F. W. Flight' eine Alternative, obgleich diese Rose auf kalkhaltigen Böden zu Chlorose neigt und sich die gelbgrün verfärbten Blätter mit den leuchtend rosa Blüten »beißen«. Unter den Wichurana-Ramblern dürfte die Super-Serie von Hetzel, darunter auch Super Dorothy® und Super Excelsa®, die höchste Gewähr für Robustheit bieten, doch steht zu befürchten, dass auch ihre Wuchskraft und Krankheitsresistenz mit der Zeit nachlassen werden. Zweifellos hat die mangelnde Gesundheit einiger der älteren Rambler, zusammen mit dem verwahrlosten Zustand vieler Pergolen nach dem Zweiten Weltkrieg, diese Form der Gestaltung etwas in Verruf gebracht. Erst in den letzten Jahren wird im Zuge des nostalgischen Interesses an den Gärten der Vergangenheit auch versucht, ihnen ihren ursprünglichen Glanz zurückzugeben.

Die Wichurana-Hybriden können in groß- und kleinblütige, früh und spät blühende eingeteilt werden. Einige, wie 'François Juranville' und 'Fräulein Octavia Hesse', tragen relativ wenige, große, in Büscheln stehende Blüten, andere wie 'Dorothy Perkins' und 'Sander's White Rambler' besitzen zahlreiche kleine Blüten. Zu den Frühblühern gehören 'Gerbe Rose', 'Aviateur Blériot' und 'Paul Noël'. Später blühen beispielsweise 'Crimson Shower' und 'Minnehaha'. Viele Multiflora-Hybriden stammen aus der gleichen Zeit; nur einige wenige wie 'Laure Davoust' (1843) und 'Polyantha Grandiflora' (1886) sind älter. Diese besitzen meist helleres, mattes Laub sowie mehr Blüten pro Trieb und duften intensiver.

Einige Wichurana-Hybriden, weder besonders bekannte noch sehr weit verbreitete, sind ungewöhnlich schön und hätten es verdient, dass sich die eine oder andere Rosenschule ihrer annimmt. Ich bin zum Beispiel geradezu versessen auf manche der größerblütigen und formaler wirkenden Wichurana-Hybriden, die in L'Haÿ-les-Roses zu bewundern sind; dazu gehört etwa 'Edmond Proust' mit nickenden Büscheln blassrosa getönter Blüten mit tiefrosa Mitte sowie 'Alexandre Tremouillet' mit Blüten in zart hautfarbenem Rosa, deren äußere Petalen zu Weiß verblassen. Zu meinen Lieblingsrosen gehört aber auch 'Elisa Robichon', die ich aus einem Blütenzweiglein vermehrt habe (zwecks Bestimmung aus Gunby Hall in Lincolnshire im Hochsommer mitgenommen). Das damals vermutlich einzige andere Exemplar auf den Britischen Inseln stand in Mottisfont Abbey; dieses fand bei Graham Thomas wegen seiner wenig beeindruckend geformten Blüten allerdings keine Zustimmung. Gewiss, die Blüten dieser Rose sind nur locker und unregelmäßig gefüllt, aber sie erscheinen in verschwenderischer Fülle, und ihr zartes, lachs- bis kupferrot überlaufenes Rosa ist ausgesprochen reizvoll. Ich kann mir durchaus vorstellen, dass viele Gartenfreunde ihre zwanglos lässige Erscheinung als Vorzug betrachten würden. Wuchsfreudig und mehltauresistent, trägt sie auch nach dem Hauptflor immer wieder vereinzelte Blüten.

Diese Geschichte lehrt, dass wir nie ablehnen sollten, wenn uns Material zur Vermehrung angeboten wird; mag es auch noch so ungeeignet oder der Zeitpunkt ungünstig erscheinen. Rambler lassen sich nämlich oft selbst unter ungünstigsten Voraussetzungen ganz leicht ver-

Ein breiter Laubengang aus eleganten, halb ellipsenförmigen Bögen im südafrikanischen Stellenberg. Die Kletterrose 'New Dawn', ein öfter blühender Sport von 'Dr W. Van Fleet', bringt eine Fülle nickender muschelrosa Blüten hervor. Obgleich die Miniaturbeete am Fuß der einzelnen Pflanzen und die Kiesflächen kaum Möglichkeiten zur Bodenverbesserung bieten, wirkt die Rose kräftig und gesund. Das Buchsparterre links des Laubengangs ließe sich auch mit Beetrosen bepflanzen, die geringe Beetgröße macht Auswechseln oder Desinfizieren der Erde jedoch nahezu unmöglich.

mehren. Dass man sich dieses Prinzip zur Regel machen sollte, beweist eine kleine Begebenheit, ein Hilferuf, der mich aus Sissinghurst erreichte: Im Weißen Garten war 'Cooperi' erfroren, und keine der befragten Rosenschulen war in der Lage, Ersatz zu liefern. Winzige, fleischige Achseltriebe (im Frühling im Garten meiner Mutter genommen), entwickelten sich innerhalb von zwei Wochen zu gut bewurzelten Pflänzchen, so dass sich die Mauer schon bald wieder von Blüten überzogen präsentieren konnte.

Was bei Verwendung für andere Zwecke ein Nachteil mancher Rosen sein mag, kann sich an Pergolen durchaus als vorteilhaft erweisen. So gelten nickende Blüten meist als Manko und sind selten erwünscht; an Pergolen jedoch wirken sie ungemein dekorativ. Rosen wie 'Climbing Ena Harkness' oder – in mildem Klima – 'Climbing Devoniensis' und 'Maréchal Niel' präsentieren sich hier weit besser als ihre Schwestern, die ihren Flor hoch erhoben tragen. Ganz besonders reizvoll sind Rambler mit hängenden Blütenbüscheln, wunderschöne Beispiele sind 'Adélaïde d'Orléans' oder 'Edmond Proust'.

Der Wichurana Rambler 'Edmond Proust'.

Wie überall sonst wirken Rosen auch an Pergolen in Begleitung anderer Pflanzen reizvoller als allein. Unabhängig davon, mit welchen Kletterpflanzen man sie kombiniert, hängt der Erfolg allerdings nicht nur von den Farben ab. Schön sind Kontraste von zwei oder mehr Pflanzen mit unterschiedlichen Blüten, etwa eine großblumige *Clematis* mit einer kleinblütigen Rose (oder umgekehrt), eine kleine Rose mit einer großen oder eine zusätzliche Kletterpflanze mit völlig anderer Blütenform, Geißblatt etwa. Ein weiteres Erfolgsgeheimnis liegt in der genauen Abstimmung der Blütezeiten: Wenn zwei Pflanzen im Abstand von ein bis zwei Monaten blühen, nützt es gar nichts, dass ihre Blüten perfekt miteinander harmonieren. Die Blütezeit hängt aber auch von der geographischen Lage ab: Zwei Kletterpflanzen, die in meiner Heimatstadt in Südengland ein geradezu atemberaubendes Paar abgeben, blühen in Nordengland oder Schottland nicht zwangsläufig zur gleichen Zeit; in Nordamerika, Südafrika oder Australien verschieben sich die Blütezeiten noch mehr. Die genaue Kenntnis der Blütezeiten am eigenen Wohnort ist deshalb unerlässlich. Einige allgemeine Anregungen sollen hier dennoch folgen.

Nur wenige Climber oder Rambler blühen früh genug für wirklich eindrucksvolle Kombinationen mit *Clematis montana* oder anderen früh blühenden *Clematis*, Glyzinen oder auch mit Goldregen und Robinien *(Robinia hispida, R. boyntonii* und *R. kelseyi)*, beide sehr beliebt für Tunnel und Laubengänge. Gartenbesitzer in mildem Weinbauklima könnten es mit weißen oder zartgelben Banksrosen versuchen, mit 'Cooper's Burmese' *(Rosa* 'Cooperi'*)* oder der kupferrot überlaufenen 'Fortune's Double Yellow' *(R. × odorata* 'Pseudindica'*)*. Die Blütezeiten, und damit das Spektrum der Sorten, die zeitlich zusammenfallen, unterscheiden sich von Gegend zu Gegend, doch die in der Regel zwei Wochen später als die Ausgangsart blühende *Clematis montana* var. *wilsonii* ist oft sehr nützlich. Ist die Saison weiter fortgeschritten, fällt die Blütezeit der späten Wichurana-Rambler wie 'Crimson Shower' häufig mit der der Jackmanii- und Viticella-Waldreben zusammen.

Duft ist ein wichtiges Plus für Pergolen und ähnliche Elemente. Manche besonders intensiv duftenden Rambler, zum Beispiel *Rosa mulliganii*, sind ausgesprochen starkwüchsig, und nicht alle Rambler und Climber, die die passende Größe besitzen, verfügen gleichzeitig auch über einen Duft, der weithin wahrnehmbar ist. Man kann sie aber gut mit Geißblatt *(Lonicera)* kombinieren; eine ganze Reihe von Arten und Sorten harmoniert ausgezeichnet mit Rosen. Blassrosa, pfirsich- oder cremefarben blühende Exemplare lassen sich relativ leicht integrieren und verströmen meist einen köstlichen Wohlgeruch. Geißblatt gibt es auch in warmen Farben, die gut zu roten, orangefarbenen, gelben oder feuerroten Rosen passen, zum Beispiel *Lonicera × tellmanniana* (gelb), die scharlachrote *L. sempervirens* (besonders empfehlenswert: die schmalblättrige Variante 'Cedar Lane') oder *L. × heckrotii* (feuerrot); Geißblatt

RECHTS In West Dean (Sussex) bietet diese von Harold Peto entworfene Pergola, bedeckt mit dem Flor des spät blühenden Ramblers 'Crimson Shower' und der *Clematis* 'Victoria' (Jackmanii-Gruppe), ein spektakuläres Bild. Der Effekt beruht auf nicht ganz gleichmäßiger Anordnung von Rose und *Clematis*. Die Rose würde auch zu einer rosa *Clematis* wie 'Hagley Hybrid' passen und 'Victoria' zu einem purpurvioletten oder weißen Rambler.

in flammenden Rottönen duftet allerdings weniger intensiv. Die meisten Arten und Sorten blühen zwischen Früh- und Hochsommer, nur *L. periclymenum* 'Belgica' kommt den meisten Climbern und Ramblern zuvor.

Echter Jasmin *(Jasminum officinale)* ist eine weitere ausgezeichnete Duftpflanze, die gut zu Rosen passt, wenngleich sein erster Flor für manche Rosen etwas zu früh erscheint. Er bringt jedoch den ganzen Sommer über genügend Blüten hervor, um stets einen angenehmen Duft zu verströmen. *J.* × *stephanense* blüht in der Regel um die gleiche Zeit wie die Rosen, allerdings hat man hier mit dem gleichen Problem zu kämpfen wie bei der Rose 'Mrs F. W. Flight': Die cremegelben jungen Triebe und das häufig gelblich verfärbte Laub können sich mit dem intensiven Rosarot der süß duftenden Blüten »beißen«.

Der Rambler 'Albertine' und die Remontant-Rose 'Mrs John Laing' mit Geißblatt und Weinrebe *(Vitis vinifera)* im Garten von Helen Yemm in London.

Wer in einer praktisch frostfreien Gegend gärtnert, dem steht eine weitaus größere Auswahl an kletternden Rosenpartnern zur Verfügung (wenn sich auch nur wenige mit *Clematis* und Geißblatt messen können). Die meisten Maurandien *(Asarina*, früher *Maurandya)* haben blaue, purpurviolette oder karmesinrote Blüten, die aus der Nähe betrachtet zwar reizvoll sind, für eine gute Fernwirkung aber zu dunkel. Sie lassen sich unter Glas überwintern oder früh im Jahr wie Einjährige im beheizten Gewächshaus aus Samen ziehen. Unter ihren Cousinen aus der Gattung *Lophospermum* gibt es mehrere mit zartrosa Blüten (wie *L. erubescens*), die noch eindrucksvoller sind und ähnliche Klima- und Kulturansprüche stellen wie der Rosenkelch *(Rhodochiton atrosanguineus)*, ein naher Verwandter, dessen purpurviolett-schwarze hängende Blüten einzigartig schön sind, obgleich auch sie von weitem kaum sichtbar sind.

Die Gattung *Mutisia* besitzt prachtvolle margeritenähnliche Blüten in Rosa oder Orange, leider aber auch etwas unschönes Laub. Eine Pflanze aus der Familie der Korbblütler würde ich mir jedoch ganz besonders zurückwünschen: die aus Mexiko stammende, frostempfindliche kletternde Dahlie *Hidalgoa wercklei*. Bringt man sie unter Glas etwas früher zur Blüte, ergeben ihre zinnoberroten Blüten vermutlich atemberaubende Kombinationen mit den warmen Farben mancher später Rosen. Dahlien bieten ein reiches Experimentierfeld für Kreuzungen; eine breitere Farbskala wäre ein erstrebenswertes Ziel oder feines, farnartiges dunkles Laub, etwa von *Dahlia laciniata*. Bleibt nur zu hoffen, dass sich nicht stattdessen die schlechtesten Eigenschaften, die Steifheit und Derbheit einiger Dahlien, durchsetzen.

Der Krause Chile-Nachtschatten *(Solanum crispum)* und sein Cultivar 'Glasnevin' passen mit ihren purpurmauvefarbenen Blüten gut zu weißen Rosen. Ebenso wie der Jasmin-Nachtschatten *S. jasminoides* 'Album' sind sie frostempfindlich und müssen in Mitteleuropa im Kalthaus überwintert werden. Unter Glas überwinterte Stecklinge sollten vor dem Auspflanzen bereits recht kräftig sein. Der Jasmin-Nachtschatten passt gut zu Ramblern wie 'Dorothy Perkins' oder 'Debutante'; früher blühende Rosen wie 'Paul Noël' werden aber wohl einige Wochen vor ihm blühen.

In Gegenden mit kühlen Sommern produzieren Passionsblumen *(Passiflora)* oft Laub im Übermaß und nur wenige Blüten; in wärmeren Gebieten lohnt es sich indes, mit einigen der erleseneren unter ihnen wie *Passiflora* 'Amethyst', *P.* × *violacea*, *P.* × *belotii* oder *P. caerulea* 'Constance Elliot' zu experimentieren (in Mitteleuropa Überwinterung unter Glas erforderlich). Mir würde auch *Tweedia caerulea* gefallen, kombiniert mit einer zartgelben oder weißen Rose, der sie mit ihren königsblauen Blüten unzählige Glanzlichter aufsetzt. Voraussetzung ist allerdings ein richtig heißer Sommer, denn nur dann werden die Blütentriebe lang genug. Gärtner in kühleren Regionen können diese Kombination im Gewächshaus ausprobieren. Orange-, gelb-, karmesin-, scharlach- oder lachsrot blühende *Tecomaria* sind in frostfreien Gegenden ebenfalls einen Versuch wert als Partner von Rosen mit spätem, üppigem Flor.

Auch Reben *(Vitis)* findet man häufig zusammen mit Rosen an Pergolen, nicht zuletzt, weil dies von alters her ihr angestammter Platz war. Die meisten sind allerdings zu starkwüchsig, um sich einen Pfosten mit einer Rose zu teilen; die Rebe sollte besser eine eigene Kletterhilfe bekommen und erst über Kopfhöhe auf die Rosen der Nachbarpfosten treffen. Manche, einschließlich der Weinreben *Vitis vinifera* 'Incana' und *V. v.* 'Purpurea', tragen den ganzen Sommer über attraktives Laub. Die meisten Reben, besonders *V. v.* 'Purpurea', *V. belaii*, *V.* 'Brant' und der Rostrote Wein *(V. coignetiae)* sind jedoch vor allem wegen ihrer prächtigen Herbstfärbung beliebt. Die unter dem Namen *V. belaii* bekannte Rebe (so hieß sie in Kew lange Zeit; möglicherweise handelt es sich jedoch nur um einen Klon von *V. vinifera*, der viel Ähnlichkeit mit *V. v.* 'Spetchley Red' hat), zeigt die vielleicht schönste scharlachrote Herbstfärbung; 'Purpurea' kann sich aber beinahe mit ihr messen. Sie bezaubert außerdem im Sommer durch zartgraue Triebe und Blätter, die sich später erst violett, dann feuerrot verfärben. Der Rostrote Wein *(Vitis coignetiae)* besitzt das wohl schönste und farblich interessanteste Laub aller Reben, besonders während der herbstlichen Apotheose in rahmgelben, orange- und rostfarbenen, roten und braunen Tönen. Weniger kompakt ist die frostempfindliche Jungfernrebe *Parthenocissus henryana*, deren zierliche handförmig gegliederte Blätter sich im Herbst ebenfalls scharlachrot färben. Nur wenige Rosen können sich in dieser Jahreszeit mit den Reben messen; die Hagebutten der aus China stammenden Wildrosen *Rosa helenae* und *R. multiflora* könnten jedoch an üppig bepflanzten Pergolen oder im naturnahen Garten eine attraktive Ergänzung der Reben sein.

'Climbing Schneewittchen' und Krauser Chile-Nachtschatten *(Solanum crispum)*.

Kaum Ansprüche stellt die einjährige Kapuzinerkresse *(Nasturtium)*. Sie eignet sich vor allem zur Bekleidung der unteren Bereiche der Pfosten, zumal sie gut mit Rosen in warmen Rottönen harmoniert. Besonders in kühlen und niederschlagsreichen Sommern produziert sie bei guter Nährstoffversorgung wahre Blattmassen und nur spärliche Blüten – mit Stickstoff und Wasser sollte man daher sparsam sein. In frostfreien Gegenden ist auch der Korallenstrauch *(Berberidopsis corallina)* denkbar, um die unteren Pfeilerabschnitte auf der Schattenseite zu schmücken und die kahle Basis der Rosentriebe zu kaschieren. Ähnliche Bedingungen braucht das Australische Blauglöckchen *(Sollya heterophylla)* mit Blüten in ebenso reinem Blau wie die der Prunkwinde.

Unter den ausdauernden krautigen Kletterpflanzen gibt es nur wenige, die sich mit Rosen an Pergolen kombinieren lassen. Die farbenfrohen Staudenwicken wie *Lathyrus latifolius* oder *L. rotundifolius* bieten jedoch einen herrlichen Anblick. Möglicherweise finden sich aber auch unter den Kletterformen der aus Südostasien stammenden Eisenhüte Exemplare mit so leuchtenden und reinen Blütenfarben, dass sie zu Rosen passen. Von allen Kletterpflanzen, die zur Kombination mit Rosen in Frage kommen, würde ich persönlich jedoch am liebsten einige der Einjährigen sehen. Die Prunkwinden (Gattung *Ipomoea*, zu der inzwischen auch Pflanzen zählen, die einst als *Pharbitis*, *Quamoclit*, *Mina* oder *Convolvulus* bezeichnet wurden) bieten die spannendsten Möglichkeiten, was Gestalt, Farbintensität und kontrastierende Blütenformen angeht. *Ipomoea lobata (Mina lobata)* hat Ähren mit kleinen Blüten, geformt wie Peperoni, die alle im exakt gleichen Winkel entlang der Ähre stehen und gleichmäßig kleiner werden. Die Farbskala der Einzelblüten reicht von Creme über Gelb und Korallenrot bis zu Feuerrot; sie harmonieren deshalb ausgezeichnet mit scharlach-, lachs- und aprikosen-, aber auch cremefarbenen und weißen Rosen. Alle anderen beliebten Gartenformen haben trichterförmige Blüten. *I. coccinea (Quamoclit coccinea)* hat rein rote Blüten; ihre erlesensten Formen besitzen, ebenso wie die Hybride *I.* × *multifida*, fein zerteilte Blätter. Sie passt sehr gut zu Rosen in ähnlichen Farben, wirkt aber noch besser neben deutlich helleren oder dunkleren Tönen. *I. nil (Pharbitis nil)* ist inzwischen in mehreren einfarbigen Versionen erhältlich, es gibt aber auch Formen mit andersfarbigem Rand. 'Chocolate' hat den Farbton heller Milchschokolade mit einem Hauch Lachsrosa; ich könnte sie mir gut mit der pfirsich-lachsfarbenen 'François Juranville' vorstellen oder mit 'Phyllis Bide', deren kleinere, cremeweiß, zartgelb, pfirsichfarben und lachsrosa getönte Blüten ihr schmeicheln würden.

Die *Ipomoea*-Early-Call-Mixed-Hybriden sind Züchtungen aus *I. nil* in Zinnober-, Scharlach-, Kastanien- und Lachsrot sowie jenem seltsamen, rosa überlaufenen Grauton, den auch einige Mohnblumen zeigen. Die bekannteste Vertreterin der Prunkwinden, *I. tricolor*, dürfte wohl in ihrer azurblauen Form 'Heavenly Blue' am schönsten sein, die eine der seltensten und ausdrucksvollsten Blütenfarben besitzt – besonders schön neben zarten Gelb- oder Weißtönen. Wer seinen Garten allerdings nur am Nachmittag oder am frühen Abend betritt, wenn ihre

1910 entstand das Herz des Rosariums in L'Haÿ-les-Roses, die so genannte »Roseraie décorative« mit ihrem Mittelpavillon und Laubengängen zu beiden Seiten. Um die gleiche Zeit kam für Sorten, deren Einzelblüten für Ausstellungen nicht spektakulär genug waren, der Begriff »Dekorative Rose« auf. Ohne den starkwüchsigen Wichurana-Rambler 'Alexandre Girault' wäre ein Bild wie dieses kaum denkbar; wenige Rosen vermögen ein so großes Gerüst mit Blüten zu überziehen. Durch die locker stehenden Triebe der Rosen bleibt das Gitterwerk sichtbar, vor dem die Blüten im Gegenlicht transparent wirken. Buchseinfassungen und gepflegte Rasenflächen unterstreichen die Formalität der Gestaltung.

Blüten bereits welken, wird nicht viel davon haben. Alle, die wie Vita Sackville-West einen weißen Garten bei Dämmerung genießen möchten, sind mit *I. alba* gut beraten, die in England als *moonflower* und in Frankreich als *belle de nuit* bezeichnet wird, weil sich ihre Blüten in den Sommernächten entfalten und gegen Morgen welken.

Die Schwierigkeit bei solchen einjährigen und frostempfindlichen, unter Glas überwinterten Kletterpflanzen ist, sie zeitgleich mit den Rosen zur Blüte zu bringen. Sie sollen schon früh möglichst kräftig sein, dürfen aber erst ausgepflanzt werden, wenn die Nächte nicht mehr kalt sind. Sie alle brauchen, im Topf wie an der Pergola, optimale Kulturbedingungen. Unter einer Pergola ist allerdings meist nur Platz für ein schmales und ziemlich unzureichendes Beet. Es lässt sich daher kaum vermeiden, dass es zur Konkurrenz zwischen den Einjährigen und den Rosen kommt; in der Regel gewinnen zwar die Rosen, aber auch sie entbehren Nährstoffe und können sich nicht voll entfalten. So entsteht eine etwas unbefriedigende Situation: Pergolen rechtfertigen den Aufwand für Erstellung, Bepflanzung und Pflege nämlich nur, wenn sie in Kaskaden prachtvoller Blüten gehüllt sind. Dazu brauchen jedoch die Wurzeln genügend Platz, sonst können sich die Rosen und ihre Begleiter nicht optimal entwickeln. Kletterpflanzen gleich welcher Art dürfen auf keinen Fall in Wurzelkonkurrenz mit den Rosen treten – sie sollten deshalb mit mindestens 50 cm Abstand gesetzt werden, eventuell auf der anderen Seite des Pfostens.

Die Beete zu Füßen der Pergola sind oft erhöht und durch kleine Stützmauern befestigt. In der Regel sollten sie mindestens 1 m breit sein (besser mehr), um den Rosen und ihren Begleitern beste Bedingungen zu bieten und Raum für einen Teppich aus Blüten und Laub zu schaffen. Eine großzügige Bepflanzung mit Sträuchern oder höheren Stauden (1 m oder höher) würde die Innenseiten der Beete in Schatten tauchen, was die Möglichkeiten für eine abwechslungsreiche Gestaltung stark einschränkt. Bei einer niedrigeren Bepflanzung (nicht höher als 50 cm) wird der Lichteinfall indes kaum beeinträchtigt. Empfehlenswert sind Pflanzen mit klaren, markanten Formen wie Bergenien oder Funkien, denn sie vertragen etwas Schatten und lassen die harten Linien des Wegs unterhalb der Pergola weicher erscheinen. Wenn die Kletterpflanzen an der Pergola nicht zu viel Schatten werfen, wäre auch ein Teppich aus Bodendeckerrosen möglich (ein reizvolles Pendant zu den Rosen in luftiger Höhe). Zwischen den bodendeckenden Rosen könnten hier und da andere Pflanzen auftauchen: einjährige oder frostempfindliche Stauden wie Strohblume *(Helichrysum petiolare)* oder Greiskraut *(Senecio viravira)*, beide silberblättrig, ergänzt durch Hängepetunien, beispielweise aus der Surfinia®-Reihe.

Das nächste Kapitel wird auf die Vorteile von spiralförmig um Säulen gezogenen Ramblern eingehen, die aus praktisch jedem Auge Blütentriebe entwickeln. Für Pergolen kommt das spiralförmige Aufleiten allerdings kaum in Frage, denn erstens gelingt es nur, wenn die Pfosten dick und im Querschnitt rund sind (in der Regel sind sie jedoch quadratisch); zweitens müssten die Rambler bedeutend längere Triebe entwickeln, um sich über die volle Höhe der Säulen winden und zusätzlich noch die Eindeckung überziehen zu können; drittens gestaltet sich die spiralförmige Erziehung ausgesprochen schwierig, wenn Rosen mit *Clematis* oder anderen Kletterpflanzen kombiniert werden.

Wenn die Pfeiler der Pergola aus Natur- oder Ziegelstein bestehen, braucht man eine Befestigungsmöglichkeit für die Rosen. Bei runden Pfeilern sind vertikal verspannte, verzinkte oder kunststoffummantelte Drähte (in Schwarz, Braun oder Mattgrün), durch Ringschrauben geführt, die einzige Möglichkeit; lockere und durchhängende Drähte wirken sehr unordentlich. Die Ringschrauben sollten aus Messing, verzinktem Stahl oder Edelstahl bestehen, damit sie nicht rosten und Risse im Mauerwerk verursachen. Um den Kletterpflanzen ausreichend Halt zu bieten, ist eine größere Anzahl erforderlich. An Pfeilern mit quadratischem Querschnitt spannt man die Drähte horizontal, in Abständen von 30–40 cm. Bei Pfeilern aus Ziegelsteinen sollten die Drähte entlang der Mörtelfugen verlaufen, wobei sich der Abstand zwischen den einzelnen Drähten nach der Dicke der Ziegel richtet (in der Regel ein Draht alle drei bis vier Reihen).

Bei Pergolen aus Spalieren (Treillagen) ist die Befestigung kein Problem; die Gitterstäbe sind ideal zum Aufbinden. Triebe, die durch die Maschen des Gitters hindurchwachsen, können allerdings beim Schnitt Schwierigkeiten bereiten. Deshalb sollte man die Triebe stets auf der Außenseite anbinden und darauf achten, dass sie sich nicht durch das Gitter schieben. Holzgitter wirken leichter als Mauerwerk, besonders wenn sie in einem dezenten Farbton gestrichen sind, der mit dem Laub der Kletterpflanzen harmoniert. Die Gitterstäbe sind in der Regel in gleichmäßigen Abständen horizontal und vertikal oder rautenförmig angeordnet.

Eines der großartigsten Spaliere schuf der Zweite Lord Aberconway zu Beginn des 20. Jahrhunderts in Bodnant im Norden von Wales. Von einer mächtigen, halbkreisförmigen Bastion, gesäumt von einer Treillagen-Pergola, bietet sich ein herrlicher Blick auf das weite Tal auf der anderen Seite. Die Pergola wird von durchbrochenen Urnen gekrönt und ist in einem bläulichen Grün, dem so genannten *vert anglais* gestrichen, das sich gerade genug vom Laub abhebt, um die Konstruktion erkennen zu lassen, aber doch so dezent ist, dass diese nicht zu dominant wirkt. Eine zweite gebogene Pergola zieht sich entlang der Basis der Bastion auf dem Parterre darunter, der so genannten »Lower Rose Terrace«. Wie Graham Stuart Thomas bemerkt: »In Bodnant ... sind Kletterrosen und Rambler mit anderen Elementen kombiniert, ganz wie ich es mir vorstelle.« Bodnants geschwungene Pergolen widersprechen Gertrude Jekylls Empfehlung einer schnurgeraden Ausrichtung, dennoch halte ich sie für äußerst gelungen. Der phantastische, gekrümmte Spalier-Laubengang mit dem kuppelförmigem Mittelpavillon in L'Haÿ-les-Roses beweist ebenso überzeugend, dass selbst Miss Jekyll nicht immer Recht hatte.

Schnitt und Formierung der Rosen in Bodnant sind beispielhaft; das Muster der Triebe ist in winterlicher Kahlheit fast ebenso auffallend und reizvoll wie in der Blüte im Sommer. Aus Mauerwerk oder Ziegelsteinen erbaut, würde die Konstruktion erdrückend wirken und sich kaum in einen Gartenbereich etwas abseits des Hauses einfügen, mit der angrenzenden Landschaft als einziger Konkurrentin. Dass das Spalier über all die Jahre erhalten blieb, verdanken wir Lord Aberconways Weitblick: Er entschied sich seinerzeit nicht für preiswertes Nadelholz, sondern für eine Konstruktion aus witterungsbeständigem Teak.

Die Rosen in L'Haÿ-les-Roses und Bagatelle werden noch heute mit Weidentrieben aufgebunden.

Bogengänge und Girlanden wirken insgesamt leichter, luftiger und weniger architektonisch als Pergolen. Sie strahlen bei aller Formalität eine gewisse Zwanglosigkeit aus und passen daher eher in Gartenbereiche, in denen die Architektur weniger dominiert als in unmittelbarer Nähe des Hauses.

Bogengänge können aus leichtem Holz erstellt werden oder aus Metall gearbeitet sein. Der Handel bietet fertige Bögen an, der besseren Haltbarkeit wegen oft mit Kunststoff überzogen und manchmal aus zusammensteckbaren Einzelsegmenten bestehend. Unschön sind meist die hässlichen »Knubbel« an den Verbindungsstellen zwischen den senkrechten und den bogenförmigen oder horizontalen Steckelementen; außerdem sind die senkrechten Stücke oft zu kurz, um ein angenehmes Raumgefühl zu vermitteln. Ich habe noch nie ein wirklich schönes Stecksystem gesehen, kann mir aber nicht vorstellen, dass sich diese Mängel nicht leicht ausmerzen ließen.

Bögen aus Baustahl kann man vom ortsansässigen Schmied oder in einem Metallbaubetrieb anfertigen lassen. Eisenbögen haben den Nachteil, sich im Sommer derart aufzuheizen, dass die Rosentriebe an den Stellen, an denen sie mit dem heißen Metall in Berührung kommen, verbrennen; im Winter können sie hingegen so kalt werden, dass an den Kontaktstellen Frostschäden auftreten (insbesondere in Gegenden mit strengen Frösten von mehr als etwa – 15 °C). Walter Easlea schrieb 1912, man könne zwar nicht auf sie verzichten, solle aber zumindest schwarz gestrichene Bambusstöcke zwischen Bogen und Trieb schieben, um »Frostschäden und andere Verletzungen zu verhindern, die im Winter durch den direkten Kontakt mit dem Eisen entstehen.« Ein weiteres Problem von Metallbögen ist die Behandlung der Oberfläche. Man kann sie nach der Fertigung zwar verzinken lassen, auch grundieren und dann mit einer hellen Farbe streichen, wenn es etwa gilt, Frost- oder Verbrennungsschäden vorzubeugen. Ungestrichen nimmt die grell glänzende, verzinkte Oberfläche mit der Zeit einen weicheren, dumpfen Grauton an; das ungeschützte Zink ist jedoch unter Umständen für die Pflanzen am Fuß des Bogens giftig. Entscheidet man sich für die einfachste Lösung, unbehandelten Stahl, der mit der Zeit rostet und eine unauffällige braunschwarze Tönung annimmt, dürften weder Hitze- noch Kälteschäden auftreten, vorausgesetzt, man pflanzt starkwüchsige Rambler, die den Metallbogen bald schon überschatten. Allzu zarte Pflanzen, die lediglich ein bis zwei Triebe und kaum Blattwerk bilden, sind stärker gefährdet. Im Übrigen hält unbehandelter Baustahl mehre-

SEITE 74–75 Gotisch anmutende Bögen im Garten von The Old Chapel in Chalford (Gloucestershire). Das Motiv wiederholt sich in der Rückenlehne der weiß gestrichenen Bank. Der Multiflora-Rambler 'Veilchenblau' bekleidet die linke Seite der Bögen, und Katzenminze *(Nepeta* 'Six Hills Giant') überwuchert den Weg.

re Jahrzehnte, bevor er verrostet. Im Garten meiner Mutter stehen noch heute ein paar solcher Bögen; sie stammen vermutlich aus demselben Jahr wie das Haus selbst – 1908.

Bogengänge können parallel zu Wegen verlaufen, sie queren oder überwölben. Halbrundbögen dürften die Regel sein. Ein Karnies (Bogen mit S-förmigem Querschnitt) ist ebenfalls möglich, ich persönlich habe jedoch eine Vorliebe für Halbellipsen, wie sie in der Architektur des Regency-Stils, insbesondere in Irland, beliebt waren. Sie erscheinen mir wesentlich großzügiger, anmutiger und einladender; außerdem würde ein Weg, der so breit ist, dass zwei Personen nebeneinander hergehen können, unverhältnismäßig hoch werden, wenn er von Halbrundbögen überwölbt wäre, ganz zu schweigen von den Schwierigkeiten beim Schneiden und Erziehen. Wo eine Abgrenzung nur angedeutet werden soll, etwa zur offenen Landschaft hin, da könnte ein girlandengesäumter Weg oder ein schmaler Bogengang – gerade breit genug für eine Person – eine gute Lösung sein.

In Bagatelle sind die Metallketten zum Schutz der Pflanzen mit Schnur umwickelt. Die naturbelassenen Pfosten verschwinden in der Blütezeit unter der Fülle der Rosen.

Gertrude Jekyll empfahl für Wegekreuze von besonderer Bedeutung eine kurze Pergola mit quadratischem Aufriss; außerdem schlug sie vor, Rosenbögen aus Holz oder Eisen im Abstand von etwa 7,5 m entlang der Blumenrabatten des Gemüsegartens aufzustellen – eine Idee, die stark an die Hauptachse von Monets Garten in Giverny erinnert. Geschlossene Tunnel aus enger gesetzten Bögen, zwischen Stauden, Sträuchern oder Strauchrosen von 1,5 m oder mehr Höhe platziert, vermitteln ein angenehmes Gefühl der Abgeschiedenheit; sie heben sich aber nicht mehr so deutlich von der Bepflanzung ab und schränken auch die Sicht nach außen ein. Wenn sowohl die Sonderstellung der Bogenkonstruktion als auch der Ausblick gewahrt bleiben soll, darf die Bepflanzung entlang des Wegs wie bei Pergolen nicht mehr als 1 m hoch sein. Im Gegensatz zu Pergolen lassen Bogengänge meist so viel Licht durch, dass sie die Bepflanzung kaum einschränken. So können in den Beeten kleine bis mittelgroße Busch- oder Bodendeckerrosen gepflanzt werden, ergänzt durch verschiedene Begleitpflanzen für den Beetrand.

Girlanden bestehen aus zwischen Pfosten aufgehängten Ketten, die von Kletterrosen berankt sind. Oft werden auch Seile verwendet, Ketten haben jedoch den Vorteil, dass sie dank ihres hohen Eigengewichts selbst unter der Last der Rosentriebe die perfekte Parabelform beibehalten. Sie bergen allerdings die gleichen Nachteile wie Metallbögen, nämlich die Gefahr von Überhitzung in der Sonne und von Frostschäden bei großer Kälte. Von alters her hat man sie deshalb vorbeugend mit dünnem Seil umwickelt – so bleibt die makellose Form erhalten, jedoch ohne die Gefahr der Schädigung der Rosen bei extremer Witterung.

Wie Bögen werden auch Girlanden häufig beiderseits entlang einer Hauptachse platziert. Besonders raffiniert wirkt eine Kombination aus Girlanden und Bogengang: Ein von Bögen überspannter Weg wird zu beiden Seiten von Girlanden gesäumt. Girlanden können aber auch als einzelne Reihe um den Garten herum geführt werden, wie man es häufig in kleineren runden Rosengärten sieht.

Wie tief man die Girlanden durchhängen lässt, das hängt davon ab, aus welchem Blickwinkel der Garten betrachtet werden soll. Girlanden »zerschneiden« den Ausblick, um ihn in regelmäßigen Abständen wieder ganz freizugeben. Dieser Effekt wird meist dadurch erreicht, dass ihr tiefster Punkt unterhalb der Augenhöhe des Betrachters liegt. In größeren Gärten sind auch höher (über Augenhöhe) aufgehängte Girlanden möglich, mit einer zweiten, niedrigeren Reihe darunter. Bei einer solchen Anordnung sollte die obere Girlande stärker durchhängen als die untere, die an ihrem tiefsten Punkt allerdings nicht die Unterpflanzung beeinträchtigen darf (für Buschrosen wird wohl kaum Platz bleiben).

Bogengänge und Girlanden lassen deutlich mehr Licht durch als Pergolen, deshalb kann man zwischen den flankierenden Ketten oder unterhalb der Bögen meist problemlos einen Rasenweg anlegen. Die Begehbarkeit des Wegs sollte allerdings nicht dadurch eingeschränkt sein, dass er seitlich von Pflanzen überwuchert wird oder die Bögen derart schmal sind, dass man nur in der Mitte bequem gehen kann – nichts wirkt unschöner als ein nahezu kahler Trampelpfad.

Der schlanke Bau von Bögen und Girlanden erlaubt selten mehr als eine Pflanze pro Pfosten, obgleich einige der zarteren Kletterer *(Lathyrus*, *Ipomoea* oder *Solanum jasminoides* 'Album'*)* sehr wohl zwischen den

Rosen hindurchranken könnten. Starkwüchsigere Kletterpflanzen wie Reben und die meisten *Clematis* brauchen einen Pfosten für sich allein; setzt man sie aber in Wegrichtung und quer dazu jeweils im Wechsel mit einer Rose, kommt es im Bereich der Eindeckung dennoch zur gewünschten Begegnung zwischen den Rosen und ihren Partnern. Relativ schlanke Stützen lassen die »Hochbeinigkeit« mancher Climber nur allzu augenfällig werden; eine ganze Reihe von Ramblern produziert jedoch Triebe in der richtigen Länge und Zahl. Generell sind Bögen und Ketten nicht so belastbar wie Pergolen – ausgesprochen starkwüchsige Rosen und andere üppig wuchernde Kletterpflanzen kommen daher kaum in Frage.

Zum »Gerüst« eines Gartens gehören auch Hecken – Wände aus Sträuchern, die meist durch entsprechenden Schnitt in Form gehalten werden. Das Spektrum reicht von sauber gestutzten Einfassungen aus Zwergrosen von nur 15 cm Höhe bis zu Sichtwänden von mehr als 2 m, die das Blickfeld begrenzen und den Gartenraum nach außen abschließen. Man sieht zwar gelegentlich Hecken aus Rugosa- oder so beliebten Floribunda-Rosen wie Schneewittchen®, doch darin erschöpfen sich die Möglichkeiten für Rosenhecken noch lange nicht. Rosen mit »wildem« Charakter, etwa Weinrose *(Rosa rubiginosa)*, 'Andersonii', 'Complicata' oder *R.* × *hibernica* und einige Rambler, lassen sich mit Sträuchern wie Gemeinem Schneeball, Holunder, Flieder und Pfeifenstrauch kombinieren – durchrankt von Geißblatt geben sie eine üppige und köstlich duftende Grenzhecke ab. Solche Hecken säumten den Blütenweg nahezu aller britischen Landschaftsgärten des späten 18. und frühen 19. Jahrhunderts. Man fragt sich, warum solche Ideen nicht längst wieder aufgegriffen wurden, und zwar mit modernen, effektvolleren Rosen vergleichbaren Charakters, die jedoch länger blühen. Diese Art der Pflanzung ähnelt den im Kapitel »Naturnahe Gärten« (S. 144) vorgestellten Konzepten, lässt sich aber auch auf edlere Rosenzüchtungen anwenden, wie man sie für Hecken im eigentlichen Garten verwendet.

Jasmin-Nachtschatten *(Solanum jasminoides* 'Album').

Wo Rosen die Hauptrolle spielen, birgt eine Mischung von einmal und öfter blühenden Rosensorten die Gefahr von Fehlschlägen in sich: Solange ausschließlich einmal blühende Sorten verwendet werden, ist alles bestens, vorausgesetzt, man begnügt sich mit einem Blütenschauspiel von etwa sechs Wochen Dauer. Ersetzt man ein Viertel oder auch die Hälfte der Rosen durch öfter blühende Sorten, ist die Zahl der im Spätsommer und Herbst erscheinenden Blüten einfach zu spärlich, um überzeugen zu können. Wenn die Hälfte oder ein noch größerer Teil der dominierenden Pflanzen nicht in Blüte steht, geht die gewünschte Wirkung verloren. Gemischte Rosenhecken verlangen eine klare Entscheidung: Entweder man verwendet ausschließlich im Frühsommer blühende Sorten und lässt vielleicht eine *Clematis* oder ein Geißblatt hindurchranken, oder man pflanzt öfter blühende Rosen, eventuell kombiniert mit Kletterern, die zur gleichen Zeit blühen.

Für den Frühsommer bieten sich viele der älteren Rosensorten an, etwa Gallica- und Alba-Rosen, sommerblühende Damaszener-Rosen, Moosrosen und Zentifolien. Bis in den Sommer und Herbst hinein ausdehnen lässt sich die Pracht mit China- und größeren Polyantha-Rosen, Moschata-Hybriden, Portland-Damaszener-, Remontant- und David Austins Englischen Rosen. Für Hecken ist meist nur ein schmaler Streifen Raum vorgesehen, deshalb sollte man von ausladenderen Sorten absehen; so ist etwa eine stark in die Breite wachsende Moschata-Hybride wie 'Penelope' weniger geeignet als Sorten mit aufrechtem Habitus wie 'Prosperity'. (David Austins Buch *English Roses* enthält Illustrationen, die die Wuchsform der einzelnen Sorten veranschaulichen und so die Auswahl erleichtern.)

Gegen eine niedrige Hecke aus Buschrosen ist an sich nichts einzuwenden, doch in der Regel sollen Hecken für Unterteilung oder Abgeschlossenheit sorgen und müssen daher etwas höher sein. Verschiede-

SEITE 78–79 In Newby Hall im Norden Yorkshires ziert der Multiflora-Rambler 'Apple Blossom' (die einzige noch erhältliche Rose des großen amerikanischen Züchters Luther Burbank) eine Girlande mit Pfeilern aus Ziegelstein. Der purpurviolette Perückenstrauch bildet eine perfekte Kulisse für die Rosen und die lavendelblaue Glockenblume *(Campanula lactiflora)*.

ne Polyantha- und Floribunda-Rosen wie 'Mevrouw Nathalie Nypels' und Schneewittchen® erfüllen diesen Zweck, wenn man sie nur so leicht zurückschneidet, dass eine etwa 1,8 m hohe Hecke entsteht. Ausnehmend gut würde mir eine Schneewittchen®-Hecke gefallen, durchwebt von der Prunkwinde *Ipomoea lobata*. In einem formalen Rahmen oder bei beschränkten Platzverhältnissen sollte der Schnitt auf eine gleichmäßige Hecke in passender Höhe und Breite abzielen, nicht nur auf möglichst reiche Blütenbildung. Henslow war der Ansicht, mehr Aufwand als alljährliches Schneiden und Entfernen des toten Holzes sei bei Rosenhecken nicht erforderlich – was heute dank elektrischer Heckenscheren und Sägen zum Auslichten noch einfacher geworden ist. Er empfahl auch, in einer versetzten Reihe zu pflanzen (Mittenabstand 75 cm), was die Hecke sehr dicht erscheinen lässt. Er riet zu Weinrosen *(Rosa rubiginosa)*, besonders die der Penzance-Reihe, Rugosa- und China-Rosen, Bibernellrose *(Rosa pimpinellifolia)*, Polyantha-Rosen und Moschata-Hybriden, von einer Mischung verschiedener Rosenklassen hielt er allerdings nichts. Rugosa-Rosen geben hervorragende Hecken für ländliche Umgebungen ab; verwendet man wurzelechte Pflanzen, treiben sie Ausläufer und lassen mit der Zeit ein undurchdringliches Dickicht entstehen, das ungebetene »Gäste« abhält.

Die größeren Beet- oder Buschrosen (in den Vereinigten Staaten als Grandiflora-Rosen klassifiziert), zu denen so bewährte Sorten wie 'The Queen Elizabeth' und 'Fred Loads' zählen, sind wie geschaffen für Hecken bis zu 1,8 m Höhe. Die amerikanischen Gärtner haben die zusätzlichen Möglichkeiten, die diese Höhe bietet, erkannt und mit großem Geschick umgesetzt – zu wünschen wäre, dass die Briten ihrem Beispiel folgen. Eine andere Methode, Buschrosen für Hecken dieser Höhe zu verwenden, besteht darin, abwechselnd eine Buschrose und einen Halbstamm (der gleichen oder einer kontrastierenden Sorte) zu pflanzen. Buschrosen und Halbstämme können auf einer Linie gesetzt werden; dabei springt der obere Bereich der Stämme samt ihrer Befestigung an der Stützhilfe unter Umständen jedoch zu sehr ins Auge. Um die Stämme etwas zu kaschieren, könnte man die Buschrosen in einer Doppelreihe pflanzen und dazwischen – auf Lücke – eine Reihe Halbstämme. Eine solche Anordnung (mit der Teehybride 'Pink Suprême') ist in Hyde Hall, einem Garten der Royal Horticultural Society in Essex, zu sehen.

Eine Hecke allein aus Rosen kann allerdings nicht immer die erforderliche Struktur und Form geben. In solchen Fällen lässt sich mit Gestaltungselementen wie Buchseinfassungen und/oder wiederholten architektonischen Komponenten wie Formschnittsäulen (mit quadratischem oder rundem Querschnitt), Kegeln oder Pyramiden nachhelfen. Wo es auf Struktur und formale Wirkung nicht ankommt, wird es dennoch erforderlich sein, die Basis der Rosen durch geeignete Begleitpflanzen zu kaschieren (s. S. 42–45). Eine Rosenhecke lässt sich aber auch mit Hilfe eines völlig anderen Strauches variieren, der in Blattfarbe oder Textur kontrastiert. Bronzelaubige Pflanzen wie die Berberitze *Berberis × ottawensis* 'Superba' oder der Perückenstrauch *Cotinus coggygria* 'Royal Purple' machen sich großartig zwischen feuerroten oder orangefarbenen Rosen, harmonieren aber auch mit dem blassen Pfirsichton von 'Perle d'Or'. Blaugrün-, silber- oder goldlaubige Sträucher wären ebenfalls denkbar; allzu lebhafte Panaschierung wirkt allerdings schnell unruhig.

Wo eine Einfassung nur angedeutet werden soll, macht sich eine Hecke aus Buschrosen sehr gut. Ein bekanntes, schon etwas älteres Beispiel hierfür fand sich in Portland (Oregon), wo drei Millionen Exemplare von 'Mme Caroline Testout' die Spazierwege der Stadt säumten. Ein Foto im *Rose Annual* von 1916 zeigt eine der Hecken in voller Blüte; noch dekorativer hätte sie zweifellos mit einer abwechslungsreichen Unterpflanzung gewirkt.

Anders als die gewöhnlich massiven und dreidimensionalen Hecken bieten Zäune dank ihrer linearen Gestalt eine klare und Platz sparende Begrenzungsmöglichkeit. Der Unterschied soll anhand zweier konkreter Beispiele beleuchtet werden; als Bepflanzung dient in beiden Fällen die Weinrose *(Rosa rubiginosa)*: In Hardwick Hall in Derbyshire bildet sie eine große, wogende Hecke, wenn auch durch rigorosen Rückschnitt mehrmals im Jahr in ihrer natürlichen Wuchsfreude gebremst. In Sissinghurst hingegen finden wir sie an einem sehr einfachen Zaun – einer Reihe horizontaler Drähte – in Form hübscher, gleichmäßiger Bögen erzogen; dadurch wird nicht nur verhindert, dass sie zu ausladend wird, sondern auch, dass sie auf den angrenzenden Weg übergreift.

Die Weinrose hat eigentlich etwas zu starre Triebe, um sie an einem Zaun zu formieren; die kaum biegsameren Moschata-Hybriden wurden

LINKS Der schmale hölzerne Bogengang in diesem für die Chelsea Flower Show entworfenen Garten ist in einem zarten Blaugrauton lasiert, der gut mit den zurückhaltenden Blütenfarben der Rosen, darunter 'Climbing Schneewittchen', harmoniert. Buschrosen und Stauden wie Frauenmantel *(Alchemilla)*, Akelei *(Aquilegia vulgaris* 'Nora Barlow') und Gartenveilchen *(Viola* 'Bowles' Black') bilden eine dekorative Unterpflanzung. Die Urne, die sich effektvoll von dem einfarbigen Hintergrund aus dunklem Laub abhebt, weckt Assoziationen an das 18. Jahrhundert.

Die als Rosa Mundi bekannte *Rosa gallica* 'Versicolor', hier in einem Gemüsegarten in Combe (Oxfordshire), ist eine beliebte Heckenrose. Sie fällt häufig in die einfarbige *R. gallica* zurück, was einen Teil ihres Reizes ausmacht.

in Wisley jedoch bis vor kurzem auf die gleiche Art verwendet. Häufiger nimmt man allerdings Rambler oder Climber, obwohl an sich jede Rose, die groß und biegsam genug ist, in Frage kommt. Sehr gut eignen sich auch Remontant- und Bourbon-Rosen, insbesondere für 1,5 m hohe oder etwas niedrigere Zäune. Unter den Remontant-Rosen hat sich 'Reine des Violettes' bewährt, aber auch 'Souvenir du Docteur Jamain', 'Baron Girod de l'Ain', 'Roger Lambelin' und andere Blütenwunder; an Mauern würden sie, von Krankheiten geplagt, dahinvegetieren. Unter dem Namen 'Reine des Violettes' bekommt man häufig einen schmutzig magentaroten Sport, es lohnt sich aber, nach dem schiefergrau-violetten Original zu suchen. Da diese Rose jedes Jahr zahlreiche neue Triebe ausbildet, schneidet man sie wie einen Rambler und entfernt alles alte Holz. Wie geschaffen für Zäune sind auch die ausgezeichneten Bourbon-Rosen 'Reine Victoria', 'Mme Pierre Oger' und 'Souvenir de Mme Auguste Charles', die in der trockenen Wärme einer Mauer in Gefahr wären, Opfer von Mehltau und Sternrußtau zu werden.

Zäune können unter Rosen und anderen Kletterpflanzen so vollkommen verschwinden, dass das Ganze wie eine Hecke wirkt. Gertrude Jekyll schlug einen Sichtschutz in dieser Art vor, einen mit Maschendraht versehenen Rahmen aus Lärchen- oder Eichenpfosten; der Draht – und was immer Hässliches dadurch zu sehen war – verschwand unter der Fülle der Rosen. (Einige Rosenfreunde raten jedoch von Maschendraht ab, weil sich die Triebe nur schwer daraus befreien lassen.) Der Zaun kann auch nur teilweise bekleidet werden und als Gestaltungselement sichtbar bleiben, so wie beispielsweise die Spalierzäune in Bodnant. Sie erinnern stark an mittelalterliche Exemplare, etwa den von roten und weißen Rosen umrankten Zaun, der in einer französischen Übersetzung von Boccaccios *La Teseida* (1460) dargestellt ist.

Selbst so leichte Konstruktionen wie Zäune oder Lattengerüste bieten merklichen Schutz gegen den Wind; sie sollten in der Regel aber nicht mehr als 2,2 m hoch sein. Da sie im Vergleich zu einem Sichtschutzzaun aus dicht an dicht stehenden Bohlen viel Licht durchlassen, besteht auch nicht die Gefahr, dass die Rosen zu wenig Sonne bekommen.

Koppelzäune eignen sich als Grundstücksbegrenzung oder zur Abteilung unterschiedlicher Gartenbereiche. Solche offenen Zäune bieten indes keinen absoluten Sichtschutz; sie sollten daher nur dort eingesetzt werden, wo der »Blick über den Zaun« kein Problem darstellt oder sogar erwünscht ist. Auch ein Torbogen kann integriert werden – meist mit einem flachen oder nur leicht schrägen Dach (Neigungswinkel etwa 30 Grad); dramatischer wirkt ein gotisch anmutendes Steildach mit einem Neigungswinkel von etwa 60 Grad. Architekturkritiker wie Sir John Betjeman wiesen darauf hin, dass ein Dach mit dem heute üblichen Neigungswinkel von 45 Grad selten ansprechend wirkt. Rustikale Rosenbögen können den Eingangsbereich zu einem Landhaus überwölben oder einzeln einen Weg überspannen; lächerlich wirken sie allerdings, wenn sie einsam und verlassen irgendwo im Garten stehen. Ihre eigentliche Funktion ist die eines Durchgangs – sei es in einer Hecke, einem Zaun oder einer zwanglosen Pflanzung.

Ich habe an sich nichts gegen rustikale Gestaltungselemente, insbesondere nicht in ländlichen Gärten. Ihnen haftet allerdings der Geruch des Kleinbürgerlichen an, vielleicht, weil sie häufig falsch platziert oder unschön gestaltet sind. Warum müssen es auch immer gerade Pfosten aus dem Gartencenter oder dem Baumarkt sein? Eifern wir doch dem Einfallsreichtum und der Phantasie eines Thomas Wright (1711 bis 1786) nach, der in seinen Entwürfen für ländliche Grotten, Tempel und Teehäuser bizarr geformte, knorrige, gabelartig verzweigte und spiralförmig gedrehte Hölzer verwendete; die Ergebnisse rufen Entzücken, Heiterkeit und bisweilen gar einen Anflug des Schauderns hervor.

In Birlingham Manor in Worcestershire bildet die graugrün belaubte *Rosa soulieana*, durchwoben von der Staudenwicke *Lathyrus latifolius*, einen bezaubernden, zwanglosen Sichtschutz. Unter den Pflanzen verbirgt sich die Umzäunung eines Tennisplatzes. Oft sollen Kletterpflanzen die Struktur des Zauns unterstreichen, hier jedoch wird eine wenig ansehnliche Stütze durch eher lockere Erziehung kaschiert.

Zäune aus dicht an dicht stehenden Latten oder Bohlen bieten zwar Sichtschutz, sind an sich aber wenig reizvoll und bedürfen einer ansprechenden Begrünung. Selbst ein der Sonne abgewandter Zaun kann vollständig mit Rosen und anderen Kletterpflanzen bekleidet werden (sofern er nicht unter Bäumen verläuft), wenn man die Triebe an horizontalen Drähten (im Abstand von etwa 45 cm gespannt) festbindet. Um den Zaun vollständig zu kaschieren, braucht man Rosen mit so zahlreichen Trieben, dass sie sich über die gesamte Fläche formieren lassen. Außerdem müssen die Triebe so lang sein, dass sie bis zum oberen Ende des Zauns reichen. Für Zäune braucht man also ganz ähnliche Rosen wie zur Bekleidung von Mauern. Zäune bereiten jedoch nicht die für Mauern typischen Probleme wie Krankheiten und Trockenheit, so dass durchaus Sorten wie die auf Seite 82 erwähnten Remontant- und Bourbon-Rosen verwendet werden können, die an einer Mauer regelmäßig gespritzt werden müssten.

Die Rosenexperten der Vergangenheit waren sich keineswegs einig darüber, welches die geeignetsten Rosen für Mauern seien. Henslow beharrte darauf, dass an die Hauswand nur großblumige Climber gehörten und an Gartenmauern ausschließlich Rambler. Er bleibt uns die Begründung allerdings schuldig, zumal an Gartenmauern und Hauswänden in etwa gleiche Kulturbedingungen herrschen. Möglicherweise meinte er, am Haus sei Erleseneres, Komplexeres und Prachtvolleres erforderlich. Henslow empfahl auch, sonnige Mauern für frühe und frostempfindliche Sorten wie 'Climbing Devoniensis' und 'Maréchal Niel' zu nutzen. Robinson hingegen bedachte jeden mit beißendem Spott, der mit diesen beiden Sorten an Standorten experimentierte (und scheiterte), die nicht unbedingt ideal waren. Er empfahl stattdessen unter anderem die Noisette-Rosen 'William Allen Richardson', 'Céline Forestier' und 'Bouquet d'Or' sowie zahlreiche Rambler.

Viele Multiflora- und Wichurana-Rambler gedeihen jedoch nicht an Mauern. 1917 empfahl Herbert Oppenheimer seinen Lesern »nur die krankheitsresistentesten Rosen für Mauern oder andere ›eingeschränkte‹ Standorte; an Mauern muss von sämtlichen Wichuraiana- oder Multiflora-Kletterern abgeraten werden.« H. H. Thomas stimmte ihm bei: »Wie schwierig es ist ... mit Crimson Rambler und ähnlichen Rosen an einer warmen Mauer Erfolg zu haben ... Wie bezaubernd wirken hier die kletternden Teerosen ... so schwierig sie sonst auch sind ... die winterharten Rambler ... dürsten an den kostbaren Mauern nach einem frischen Luftzug um ihre Triebe, während andere, weit lieblichere Rosen, die sich hier äußerst wohl fühlen würden, ignoriert und vergessen werden.«

So unterschiedlich die Meinungen auch sein mögen, alle sind sich darin einig, dass der Gesundheit der Pflanzen eine Schlüsselrolle zukommt. Mauern begünstigen das Auftreten von Sternrußtau und Mehltau, ebenso von Rosenrost und Spinnmilben; und bis auf die allerrobustesten müssen an so problematischen Standorten schlichtweg alle Rosen als krankheitsanfällig gelten. Empfindliche Sorten sollte man daher meiden – besonders wenn man auf Pestizide verzichten will. Oppenheimers und Henslows Meinung zum Trotz gibt es jedoch auch unter den Ramblern einige, die an einer sonnigen Mauer gedeihen – auffälligerweise solche, die einen hohen Anteil China- (wie die Noisette-Rosen) oder Teerosen-»Blut« (wie 'Albertine' und 'New Dawn') mitbekommen haben.

Rosen vermögen Hauswände bis zum zweiten Obergeschoss oder noch höher zu überziehen. Die gewählte Höhe hängt nicht selten von der Gelenkigkeit des Gärtners ab, denn nicht nur der alljährliche Schnitt, sondern auch Aufbinden und Spritzen können zum Problem werden. (Mit Sprühgeräten lassen sich die Spritzmittel zwar vom Boden aus bis unters Dach nahezu jedes Hauses ausbringen, dabei wird jedoch viel unnütz verstäubt und unter Umständen die Umwelt geschädigt – man denke nur an zwischen den Trieben nistende Vögel.) Der Bereich der Wand, der mit Rosen bekleidet werden soll, wird ebenso wie bei steinernen Pergolen zunächst mit waagerechten, kunststoffüberzogenen oder verzinkten Drähten bespannt, die durch Ringschrauben gehalten werden (im Abstand von etwa 45 cm, bei Backstein-, Ziegelstein- oder Schindelhäusern werden die Drähte entlang der Fugen geführt). Bei verputzten Wänden richtet man die Drähte am besten mit einer Wasserwaage horizontal aus.

Wer die Rosen nicht direkt an der Mauer befestigen will, kann auf

RECHTS Die Rambler 'Veilchenblau' und 'Félicité et Perpétue' vermischen sich in Stellenberg mit windendem, süß duftendem Sternjasmin *(Trachelospermum asiaticum)* über den Blütenständen von Fingerhüten der Foxy-Gruppe. Der Sternjasmin verträgt zwar Frost bis –15 °C, braucht aber sehr warme Sommertemperaturen, um zu blühen. Zum Streichen der Wand muss er abgenommen und anschließend gestützt werden.

SEITE 86–87 Der Wichurana-Rambler 'Crimson Shower' an einer Mauer in Heale House (Wiltshire). Verzinkte Drähte, durch Ringschrauben geführt, ermöglichen die horizontale Erziehung der Rosentriebe, so dass aus jedem Auge ein Seitentrieb und somit ein ganzes Büschel Blüten sprießen kann – was besonders eindrucksvoll aussieht, wenn die Blüten die Mauerkrone überwachsen und im Gegenlicht der Sonne leuchten. Die Drähte würden allerdings besser wirken, wenn sie sachgemäß gespannt und gerade wären. Die Triebe wurden mit teergetränkten Schnüren aufgebunden, in einer Achterschleife um Trieb und Draht (um die Triebe doppelt), um Druck und Reibung zu verringern.

die altbewährten Spaliergitter zurückgreifen, wie man sie manchmal an alten Häusern in Frankreich oder an Gebäuden im Regency-Stil in England sieht. Am besten wirken sie an formalen, klar gegliederten Bauten. Die Gitter sollten in etwa 2,5 cm Abstand zur Wand angebracht werden, damit man die Rosentriebe an den Stäben festbinden kann. Die Triebe sollten stets auf der Vorderseite des Gitters befestigt werden und nicht durch die Maschen hindurchwachsen, sonst wird der Schnitt erschwert. Die kleine Lücke zwischen Wand und Spalier sorgt für ausreichende Luftzirkulation und entscheidet über Erfolg und Misserfolg. Die Gitter lassen sich durch entsprechende Umrandungen, ausgesparte Ecken und andere Details noch verschönern; quadratische und rautenförmige Gitter im Wechsel sind ebenfalls möglich. Solche Varianten kommen allerdings nur zur Geltung, wenn das Pflanzenkleid nicht allzu dicht ist.

Lange und hohe Mauern bieten Platz für die starkwüchsigsten Rosen, aber auch für andere kräftige Kletterpflanzen, die die Rosen nicht nur ergänzen, sondern auch die »Hochbeinigkeit« mancher Climber kaschieren. Auf so großen Flächen sind auch Pflanzenkombinationen möglich, die für Pergolen entschieden zu ausladend wären wie etwa Rosen mit Reben oder *Actinidia kolomikta*. Im Garten von Freunden in Yorkshire webt sich durch Letztere die Rose 'Mme Grégoire Staechelin'; die Farbe ihrer Blüten wird von den rosa getönten Spitzen des *Actinidia*-Laubs aufgenommen. Im Gemüsegarten können Rosen und andere Kletterpflanzen die Lücken zwischen und über dem Spalierobst füllen und so für einen reizvollen Anblick sorgen, vom Ende der Obstblüte im Frühling bis zum Herbst, wenn die Früchte reifen.

Die Kletterrose 'Mme Grégoire Staechelin' mit *Actinidia kolomikta*.

Die Gelegenheit, eine ganze Hauswand mit spektakulärer Blütenfülle zu überziehen, sollte man sich nicht entgehen lassen: Der Anblick der mit 'Mme Alfred Carrière' bewachsenen Wand am Süd-Cottage in Sissinghurst ist schlicht atemberaubend. Kletterpflanzen, die für Pergolen zu groß werden, können an solchen Standorten zusammen mit Rosen erfrischend neue, eindrucksvolle Kombinationen bilden.

Mauern sind aber nicht nur Stützen für starkwüchsigere Kletterpflanzen. Wenn sie sonnig genug sind, bieten sie geeignete Bedingungen für Rosen und andere Sträucher, die eigentlich auf ein wärmeres Klima angewiesen sind. So lassen sich etwa auf den Britischen Inseln an sonnigen Mauern viele Rosen ziehen, die für exponierte Standorte im Garten nicht ausreichend hart sind oder für eine reiche Blütenbildung etwas mehr Wärme benötigen, etwa 'Cooperi' oder die frostempfindlicheren Noisette-Rosen, Teerosen und China-Climber. Eine Banksrose *(Rosa banksiae* 'Lutea'*)* ergibt zusammen mit einer Säckelblume *(Ceanothus impressus*, *C. dentatus*, *C. arboreus* oder ihre Hybriden*)* eine klassische Kontrastkombination, während sie mit einem goldlaubigen Flanellstrauch *(Fremontodendron)* ein sehr harmonisches Bild bietet. (Vorsicht beim Schneiden und Erziehen: Die Haare des Flanellstrauchs verursachen Hautreizungen.)

Sträucher wie Säckelblume und Flanellstrauch sind in der Regel etwas zu steif, als dass sie sich problemlos an einer Pergola ziehen ließen; mit etwas Geduld gelingt es aber, sie über einen größeren Bereich der Mauer auszubreiten.

Selbst wenn man mit Henslow übereinstimmt, dass die größeren und edleren Blüten eher an die Hauswand als an die Gartenmauer gehören, kann die Blütenqualität allein nicht auschlaggebend für die Wahl der Rosensorte sein. Entscheidend ist vielmehr, ob der Standort und das Wuchsverhalten der »Kandidaten« zueinander passen. Climber müssen sich in der Regel horizontal beträchtlich ausdehnen können, wenn ihre Triebe im Lauf der Jahre tiefer und tiefer gezogen werden sollen; nur so lassen sich eine reiche Blüte und dichte Belaubung erzielen und die Zahl kahler Stämme zugleich auf ein Minimum reduzieren. Das bedeutet, dass sich Climber nicht unbedingt für schmale Flächen zwischen zwei Fenstern eignen. Solche Stellen sind indes wie geschaffen für Rambler oder selbst Säulenrosen, vorausgesetzt, es handelt sich, wie bereits angesprochen, um krankheitsresistente Sorten. Grundsätzlich gilt, dass Größe und Wuchskraft der Rose dem Raum entsprechen sollten, der auszufüllen ist. Ein Musterbeispiel dafür findet sich in Haddon Hall in Derbyshire: 'Albertine' passt genau auf die Wandflächen unter und über dem antiken Erkerfenster.

Zu bedenken ist auch, ob die Farbe der Rose zum Hintergrund passt. Ziegelstein, insbesondere der glänzende und feuerrote Hartbrandziegel, der selbst nach vielen Jahren kaum gedämpfter wirkt, »beißt« sich entsetzlich mit manchen Farben. Selbst Rosen in einem ähnlichen Rotton profitieren nicht unbedingt von so einem Hintergrund, der ihre Blüten regelrecht »zu schlucken« scheint. Vor weiß getünchten Mauern kommen hingegen Rosen in zarten Pastelltönen nicht zur Geltung. Aber auch intensiv farbiger Naturstein und grell gestrichene Holz- oder Aluminiumverkleidungen schmeicheln nicht jeder Rosenfarbe.

Auch bei Spalieren, die teilweise sichtbar bleiben sollen, spielt die Farbe eine wichtige Rolle. Früher wurden diese Elemente regelmäßig gestrichen, meist im so genannten *vert anglais*, einem dunklen, gedämpften Grün oder Blaugrün. Durch abnehmbare Gitter lässt sich verhindern, dass die Wand dahinter jedes Mal mitgestrichen wird. Spaliere können aber auch rein funktionaler Natur sein, ohne dekorative Wirkung: Im Jardin des Présentateurs in Bagatelle ist eine komplette Wandfläche mit einem schlichten Gitter überzogen, das lediglich als Kletterhilfe dient und unter den mit Waldreben kombinierten Rosen vollkommen verschwindet.

Die Noisette-Rose 'Mme Alfred Carrière', hier am Süd-Cottage in Sissinghurst.

Gelegentlich wird empfohlen, Rosen etwa 40 cm von der Wand entfernt zu pflanzen, damit sie nicht im Regenschatten des Hauses stehen. Von Bedeutung ist dieser Pflanzabstand besonders bei sonnigen Mauern, während er an Wänden im Schatten oder auf der Wetterseite kaum eine Rolle spielt. Rosen, die am Fuß einer Mauer unter Trockenheit leiden, müssen selbstverständlich regelmäßig gewässert werden.

Rosen können aber auch die Innenwände oder, noch attraktiver, das Dach eines Gewächshauses oder Wintergartens überziehen. In den gemäßigten Zonen bietet sich damit die Möglichkeit, Sorten zu kultivieren, die wie kletternde Teerosen, China- und Noisette-Rosen wärmere, trockenere Bedingungen brauchen. An erster Stelle ist hier 'Maréchal Niel' zu nennen mit ihren zartgelben, edel geformten Blüten. Ich arbeitete einmal in einem Gewächshaus, das ganz im Zeichen dieser Rose stand; Pfirsichbäume als »Nebenakteure« durften die Rückwand des Glashauses bekleiden. Üblicher war es, die Rosen die hintere Wand und von da aus das Dach bedecken zu lassen; hier jedoch waren die wie Weinreben gezogenen Haupttriebe der Rosen entlang der Giebelseite des Gewächshauses horizontal ausgebreitet und die jüngeren Schosse kordonartig bis zur Spitze des Daches geführt. Wenn der Wurzelstock der Rosen außen gepflanzt und durch Öffnungen in der Vorderwand eingeführt wird, wie bei Reben üblich, erleichtert das das Wässern und die gelegentliche Gabe von Flüssigdünger beträchtlich. Die Rosenkultur, wie ich sie hier im Zug einer Ferienarbeit kennen lernte, war beispielhaft, und das gesamte Dach präsentierte sich mit sattgrünem Laub und – gegen Frühjahrsende – mit nickenden gelben Blüten überzogen.

'Maréchal Niel' war lange die beliebteste unter Glas gezogene Kletterrose, doch auch andere wie 'Climbing Niphetos' und 'Climbing Devoniensis' wurden häufig kultiviert, obwohl sie oft zu starkwüchsig sind. Die Buschformen sind deshalb oft die bessere Wahl; sie können eine Fläche von 9 m^2 oder mehr überziehen. Weitere Rosen, die sich unter Glas bewährt haben, sind 'Climbing Ophelia', 'Climbing Mme Abel Chatenay' und, obgleich sie lediglich im Frühjahr für einige Wochen blüht, 'Fortune's Double Yellow' (*Rosa* × *odorata* 'Pseudindica').

Wie Walter Easlea und andere Autoren aufzeigten, besteht die Kunst der Rosenkultur unter Glas nicht vorrangig im Beheizen, das – außer in extrem kalten Gebieten – nicht unbedingt erforderlich ist. Das Erfolgsgeheimnis heißt vielmehr: Ventilation. Ist die Luftfeuchtigkeit zu hoch, breitet sich der Mehltau aus; ist sie zu niedrig, saugt die Spinnmilbe den Saft aus den Blättern; bröckelig und braun erinnern die in ein feines Spinnennetz eingehüllten Rosen an das unglückliche Opfer in einem Horrorfilm. Gegen zu viel Feuchtigkeit hilft nur reichliche Frischluftzufuhr; bei extrem trockener Atmosphäre muss zusätzlich befeuchtet werden. Dennoch ist kaum ein im Handel erhältlicher Wintergarten ausreichend belüftbar. Wer darin Pflanzen ziehen will – nicht nur Rosen, sondern auch andere Gattungen –, lässt das Glashaus am besten anfertigen. Bei serienmäßig gefertigten Wintergärten sollte man darauf gefasst sein, dass zusätzliche Belüftungsmechanismen eingebaut werden müssen.

Weitere Gestaltungselemente, die zum »Gerüst« des Gartens beitragen, sind Pavillons, Lauben, Loggien, Sommerhäuser und überdachte Sitzplätze.

Paul und Hibberd empfahlen Rosenpavillons als Aussichtspunkte, die den Blick über den ganzen Garten eröffnen sollten. Mit ihrem meist quadratischen oder runden Fundament und umgeben von Säulen oder Bogengängen, mit oder ohne Überdachung, bildeten sie zugleich eine Art Brennpunkt des Gesamtbildes.

Rosenpavillons aus filigranem Drahtgeflecht waren im ausgehenden 19. und frühen 20. Jahrhundert sehr beliebt. Ein paar wenige sind erhalten, beispielsweise in Waddesdon Manor (Buckinghamshire) und Arley Hall (Cheshire). Gut gestaltet und harmonisch proportioniert, wirken sie ungemein hübsch, wenn sie von den Trieben zierlicherer Rambler nur locker überzogen werden. Solch zarte Konstruktionen müssen verzinkt und gestrichen werden, wenn sie längere Zeit halten sollen; am besten passt eine relativ helle Farbe wie ein blasses *vert anglais* oder gebrochenes Weiß.

William Paul zeigt eine schlichte Eisenkonstruktion im Garten von John Warner in Hoddesdon, basierend auf acht Karniesen, S-förmigen Bogenelementen, die einen kleinen Hügel einfassen und überspannen. Bei einem Durchmesser von etwa 6 m diente der Mittelpfosten offenbar zugleich als tragendes Element einer runden Sitzbank. Der Entwurf erinnert auf den ersten Blick an Nigel Nicolsons Laube im Weißen Garten in Sissinghurst. Mir wäre ein solcher Sitz allerdings zu exponiert; ich würde lieber etwas abseits in einer Laube oder einem Aussichtstürmchen Platz nehmen, um den Blick über den Garten schweifen zu lassen – wie etwa in Bagatelle oder im Rosarium in L'Haÿ-les-Roses.

Rosa multiflora mit herbstlichem Hagebuttenschmuck.

Obgleich nicht erhöht, dürfte die Laube im weitläufigen Rosengarten von Mottisfont Abbey ursprünglich auf Pauls Entwürfe zurückgehen: Massive, achteckige Holzpfosten mit eisernen Bögen, die etwa 40 cm unterhalb der Pfostenspitzen entspringen, dienen abwechselnd den Ramblern 'Debutante' und 'Bleu Magenta' als Stütze. In einem guten Gartenjahr mit reichlich Regen genügen bereits ein paar Triebe, die über die Spitze jedes Bogens hinausragen, um im Folgejahr die gesamte Konstruktion mit einer Fülle von Blüten zu überziehen. Andererseits kann es in einem trockenen Sommer auf dem nährstoffarmen Kalkboden von Mottisfont leicht passieren, dass die Laube etwas kahl wirkt. Hinzu kommt, dass das entlang ihrer Basis angelegte Beet so schmal ist, dass sich der Boden kaum aufbereiten lässt.

Unter einer Laube versteht man im Allgemeinen ein schattiges Refugium, meist aus gitterartig verarbeiteten Latten errichtet und mit Kletterpflanzen überwachsen. Lauben und überdachte Sitzplätze spielen eher eine Nebenrolle im Garten; manchmal bilden sie einen Brennpunkt am Ende einer Blickachse oder eines Wegs, stehen aber selten im Mittelpunkt der Gestaltung. Gertrude Jekyll hob sich eine besondere Empfehlung auf für »die schlichte alte Rosenlaube, die bei weitem nicht so oft zu sehen ist, wie man annehmen sollte, eigentlich aber in keinem noch so bescheidenen Garten fehlen dürfte. Ein Dundee Rambler auf der einen Seite, um das Dach zu überziehen, und eine Aimée Vibert oder eine Alba-Rose, in Säulenhöhe gehalten, um die andere zu bedecken, dürften ausreichend Bekleidung sein.« Sie fügt hinzu, dass eine Mauer oder eine Buchs- oder Eibenhecke als Hintergrund empfehlenswert sei und auch bei »einem bedeutenderen Element ... einige frei stehende Rosen am Eingang auf reizende Weise zum Eintreten und Ausruhen im wohltuenden Schatten einladen«. Lauben, Loggien und Sommerhäuser sind also eher Orte der Ruhe und weniger zur Beobachtung eines Schauspiels gedacht. Ein bezauberndes Beispiel findet sich in Villandry, wo nach mittelalterlichem Vorbild vier runde Lauben das zentrale Wegekreuz des Gartens umgeben. Das gleiche Gestaltungsschema ist auf einer Tafel von Kip und Knyff für Tortworth zu sehen, in Sir Robert Atkyns' Werk *The Ancient and Present State of Glocestershire* (1712), das achtundfünfzig Herrenhäuser und die zugehörigen formalen Gärten vorstellt.

RECHTS Der Rambler 'Polyantha Grandiflora' an einem Holzhaus im neuseeländischen Motveka, davor Päonien, Rittersporn und Zitronenverbenen. Die 1886 von Bernaix eingeführte Rose ist eine von mehreren, die unter dem unklaren Namen *Rosa gentiliana* bekannt sind. Von der sehr ähnlichen 'Wedding Day' unterscheidet sie sich durch ausgezogene Blattspitzen, leicht überlappende Blütenblätter und Orangenduft; außerdem wirkt sie nach Regen nicht so unansehnlich fleckig wie diese.

Zur Bekleidung jedweder Gestaltungselemente im Garten ist keine andere Rosengruppe so wertvoll wie die Rambler. Man fragt sich, warum bisher so wenige von ihnen als Stammeltern für neue Rosen genutzt wurden. Selbst *Rosa wichurana*, *R. multiflora*, *R. sempervirens* oder Ähnliche wurden nur selten mit Teehybriden oder Floribunda-Rosen in leuchtenden, modernen Farben gekreuzt. Gewiss, Rambler in solchen Farben würden nicht jedem gefallen und sie würden sich nicht besonders gut mit älteren Sorten in zarteren Tönen vertragen. Sie könnten aber zweifellos Impulse für ganz neue Verwendungsmöglichkeiten geben und einmal mehr beweisen, wie vielseitig Rosen sind. Und noch immer fehlen Rambler, die wirklich zuverlässige Dauerblüher sind.

Darüber hinaus sind die drei genannten Rambler nicht die einzigen mit so wünschenswerten Eigenschaften, dass sie durch Einkreuzung von Beetrosen erstklassige neue Rosen ergeben könnten. Wie steht es etwa mit dem blaugrauen Laub von *Rosa brunonii* 'La Mortola' oder *R. soulieana*, den fedrigen Blättern von *R. multiflora* 'Watsoniana' oder der üppigen Blütenpracht und dem Duft von *R. mulliganii*? Schon jetzt gibt es keine Gattung, die so eindrucksvoll wie die Rose die Gestaltungselemente unserer Gärten schmückt. In den kommenden zehn bis zwanzig Jahren könnten die Rosenschulen und selbst die Amateure diese Vielseitigkeit noch erheblich steigern. Die nächsten Jahrzehnte könnten für Rosenliebhaber die spannendsten seit der Zeit von Josephine und Malmaison werden, dem Garten, der als erster die der Rose innewohnenden Möglichkeiten aufs Schönste offenbarte.

LINKS Ein elegantes Sommerhaus in Hailsham Grange in East Sussex mit dem Rambler 'Goldfinch'. Die überhängenden Blütengirlanden wirken zwar sehr romantisch, doch die Rose ist bereits so groß, dass sie die Architektur zu verdecken droht und den Blick in den Garten einschränkt. Die Grün- und Gelbtöne der Begleitpflanzen – Wolfsmilch, Kamille und Frauenmantel – halten sich dezent zurück.

SEITE 94–95 Der Rambler 'Adélaïde d'Orléans' überzieht zusammen mit *Clematis* ('Perle d'Azur' und 'Beauty of Worcester') die Laube im Mittelpunkt eines Gartens in Monmouthshire. Riesenfedergras *(Stipa gigantea)* und die Rose 'Fantin-Latour' rahmen den Blick ein. Im Hintergrund der Rambler 'Goldfinch', an Säulen gezogen.

Akzente setzen

Wie ein Text braucht auch ein Garten eine Art Interpunktion, die das Verständnis von Struktur und Inhalt erleichtert. Ein Garten ohne Akzente ist wie Prosa ohne Satzzeichen oder Musik ohne Takte.

Vergleicht man den Garten mit einem Buch und jeden seiner Bereiche mit einem Kapitel dieses Buches, so wird jedes Kapitel noch einmal durch Absätze gegliedert – Gestaltungselemente mit eigenem Zusammenhang, so wie eine Blickachse, eine Rabatte oder ein Beet. In jedem davon sind Anfang und Ende von Pflanzthemen erkennbar, die, gleich einzelnen Sätzen durch Punkte getrennt, ganz unterschiedliche Aussagen vermitteln. Komplexere Gartensentenzen lassen sich durch schwächere Akzente wie Semikolon oder Komma untergliedern.

Jeder kennt das gärtnerische Ausrufezeichen, das den Abschluss eines kühnen Entwurfsschemas markiert und unwillkürlich selbst zum Blickfang wird – ein bewährter Kunstgriff. Zu sehr strapaziert, wirkt es allerdings, wie in der Prosa, mit seiner herrischen Forderung nach Aufmerksamkeit ermüdend und unruhig zugleich. In Anlagen wie öffentlichen Parks oder Stadtgärten, die man nur hin und wieder besucht, hat es als Überraschungsmoment jedoch durchaus seine Berechtigung. Wo der Abschluss eines Gestaltungselements nicht solch nachdrücklicher Aufmerksamkeit bedarf, kann anstelle des Ausrufezeichens ein Punkt treten.

Den Anfang der im Folgenden behandelten »Satzzeichen« machen die emphatischsten von allen, die Ausrufezeichen in Form von Kegeln, Säulen oder Pyramiden, gefolgt von weniger bedeutenden Strukturelementen wie Hochstamm- oder Topfrosen, die je nach Situation dem Punkt, dem Semikolon oder dem Komma entsprechen. Sie können innerhalb eines Gestaltungselements – entlang einer Rabatte oder Terrasse etwa – wiederholt auftreten und für Zusammenhalt sorgen, ohne den Fluss des Ganzen zu unterbrechen. Auch weniger auffallende Objekte können auf ähnliche Weise Akzente setzen, sofern sie sich deutlich von der übrigen Bepflanzung abheben.

Die ersten Rosarien enthielten Zierelemente, die auch in heutigen Gärten für Akzente und Blickpunkte sorgen könnten: Im 19. Jahrhundert waren es die Korbbeete von Humphry Repton, Loudons kegelförmig erzogene Rambler, die bis zu 12 m lange Triebe bildeten, die 5,5 m hohen Hochstämme von Versailles, auf die zwanzig verschiedene Sorten veredelt waren, William Princes mit Rosen bekleidete Drahtpyramiden und die 9 m hohen Rosensäulen, die sein Freund in Genf aus 'Laure Davoust' schuf. Verglichen mit derart virtuosen Auftritten sind die heutigen Gestaltungsideen brav und einfallslos und nutzen nicht einmal einen Bruchteil des enormen Potentials der Rose.

Natürlich sieht man überall Spaliere, Obelisken und Weiden-Wigwams, aber sie scheinen sich regelrecht zu verstecken, denn ihre dürre Spitze ragt oft kaum über die Nachbarpflanzen hinaus. Was in Josephines oder Loudons Tagen 6 oder 7 m hoch war, ist heute auf kaum mehr als 1 m Höhe zusammengeschrumpft. Ich halte es für schade, für eine ungenutzte Chance, wenn vom Pflanzen bis zum sachgemäßen Erziehen ein Großteil der Mühe darauf verschwendet wird, eine dünne, kaum mehr als einen halben Meter messende Spitze zu produzieren, die furchtsam über ihre Nachbarn hinauslugt. Anscheinend werden die Gartenfreunde immer zaghafter und trauen sich aus lauter Angst, gegen irgendwelche Regeln des guten Geschmacks zu verstoßen, an kühnere Effekte erst gar nicht heran.

Um einen wirkungsvollen Blickfang abzugeben, den nötigen Schauder zu erzeugen, müssen solche pflanzlichen Ausrufezeichen auf die Maße des Betrachters abgestimmt sein und diese so gut wie immer übersteigen. Bei einer Körpergröße von 1,8 m müssten solche Akzente mindestens 2,2 m messen; mindestens die Hälfte ihrer Höhe sollte über die unmittelbare Umgebung hinausragen.

In Bagatelle hat man sich nicht gescheut, mit an die 3 m hohen Säulen, die bis zur Spitze in Blüten eingehüllt sind, aufzutrumpfen. Die eindrucksvollste Sorte dürfte Climbing Gold Bunny (syn. Climbing Gold Badge, Climbing Rimosa®) sein, die große, leuchtend gelbe Blüten hervorbringt.

Eine Höhe von 3 m erscheint mir im Übrigen als Optimum, um ein unübersehbares Zeichen zu setzen: hoch genug, um imposant zu wirken, und doch nicht so hoch, dass die Erziehung nur von Leitern aus möglich ist. Wer kühnere Effekte schätzt und über entsprechenden Platz verfügt, könnte sogar noch höhere, mit mehreren Rosen bepflanzte Säulen einsetzen und das Aufleiten von einer Art Gerüst oder Arbeitsbühne aus vornehmen.

Es wird wohl noch eine Weile dauern, bis sich herumgesprochen hat, welch ungeahnte neue Gestaltungsmöglichkeiten die moderne Technik im Garten eröffnet. Das bislang gelungenste Beispiel für die effektive Nutzung dieses Potentials dürfte wohl der einzigartige Schottische Garten sein, den Charles Jencks in den 90er Jahren anlegte. Für die umfangreicheren Erdarbeiten wie Ausbaggern von Teichen und Erschaffung komplexer Erdlandschaften setzte er einen ganzen Maschinenpark ein – ein Bruchteil des Aufwands, der zu Lebzeiten Capability Browns erforderlich gewesen wäre. Inzwischen haben wir uns auch an den Anblick von Hebebühnen im Garten gewöhnt, die das Trimmen von schier hoffnungslos aus der Fasson geratenen Formschnittbäumen erleichtern. Warum nutzen wir solche Maschinen nicht auch für neue Formschnittkreationen, ob an Stützelementen erzogen oder kunstvoll gestutzt, formal oder zwanglos gestaltet? Ein Wechselspiel von Formen, geometrischen oder freier anmutenden, die sich harmonisch und attraktiv ins Gesamtbild einfügen, lässt sich viel kostensparender und einfacher durch Formschnittpflanzen oder an Stützen aufgeleitete Kletterpflanzen verwirklichen als durch steinerne oder gemauerte Objekte. Die moderne Technik macht es möglich, mit relativ geringem Aufwand spektakuläre Effekte zu erzielen, die den Vergleich mit den riesigen Hochstammrosen in Versailles oder den turmartig aufragenden Rosenkegeln eines Loudon nicht zu scheuen brauchen. Kein Zweifel, Viktorianer von der Kreativität eines Joseph Paxton hätten die Möglichkeiten dieser Maschinen bis ins Letzte genutzt und damit grandiose Werke von strahlender Schönheit geschaffen.

Die Platzierung von Kegelelementen, Säulen oder Pyramiden will gut überlegt sein: Ist eine ganze Sequenz von Akzenten erforderlich, um einzelne Themen miteinander zu verbinden, oder reicht ein einzelner Blickfang? Sollen diese Elemente Teil der Bepflanzung sein oder eine Sonderstellung auf dem Rasen einnehmen? In letzterem Fall wäre wohl eine Art Einfassung erforderlich, etwa eine Art Sockel aus Buchs, quadratisch, rund oder wie auch immer gestaltet. Die umschlossene Fläche bleibt offen, um die ungehinderte Entwicklung der Rosen zu gewährleisten und bodenverbessernde Maßnahmen zu ermöglichen. Die genannten Elemente können auch in formaler Manier verwendet werden, etwa entlang einer Blickachse platziert mit kontinuierlich abnehmenden Höhen – ein Gestaltungstrick, der die Tiefenwirkung verstärkt.

Climbing Gold Bunny in Bagatelle.
Seite 96–97 Der Multiflora Rambler 'Laure Davoust'.

Für Gerüste kommen verschiedene Materialien in Frage. Eine einfache Konstruktion aus Pfosten reicht oft vollkommen aus, zumal diese die meiste Zeit des Jahres von Rosen überwachsen sind. Ich bin allerdings kein Freund von einzelnen Pfosten: Selbst wenn noch gekürzte Seitenäste daran sind, geben sie reichlich magere und blasse Betonungszeichen ab. Ein einziges Exemplar der meisten Rambler oder Climber überzieht unschwer eine voluminösere Konstruktion aus drei oder mehr senkrechten Stützen und wirkt viel markanter und architektonischer. Auch ein Metallgerüst ist möglich, allerdings mit den gleichen Vorbehalten, wie bereits in Verbindung mit Bögen (s. S. 73) angesprochen, insbesondere bei Gerüsten mit dunkler Oberfläche, die nur spärlich mit Rosen überwachsen sind. Die Pyramiden aus Draht, die Prince empfiehlt, sind sicher reizvoll, dürften aber, solide verarbeitet und entsprechend hoch, recht kostspielig sein. Eine beliebte Alternative sind Holzspaliere. Sie könnten allerdings wesentlich kreativer gestaltet werden als heute meist üblich, vielleicht sogar nach Jahrhunderte alten Vorlagen wie einem der einfachen Entwürfe in Jan van der Groens Werk *Den Nederlandtsen Hovenier* (1669). Ein Gerüst, das aufgrund seiner architektonischen Wirkung selbst ein Blickfang ist, sollte nicht gänzlich von Rosen zugedeckt werden, sondern zumindest teilweise sichtbar bleiben.

Über die Wahl der Rosen sollte man sich eingehend Gedanken machen. Sofern nicht eine eher lockere Bekleidung mit Laub und vereinzelten Blüten ausdrücklich erwünscht ist, leitet man die Triebe am besten spiralartig um die Stütze, um möglichst viele Knospen zur Entwicklung von Blütentrieben anzuregen. Die ausgewählte Sorte sollte daher ungefähr zwei- bis dreimal so lange Triebe entwickeln können, wie die Höhe der Stützhilfe beträgt. Eine der kürzlich eingeführten kletternden Miniaturrosen dürfte für einen kleinen Garten groß genug sein; manche davon sind allerdings ein wenig zu kurz, um ganze Pfeiler, Kegel oder Pyramiden zu überziehen. Spiralförmige Erziehung erschwert die Kombination mit *Clematis*, zumal diese die ganze Vegetationsperiode über alle zwei Wochen aufgebunden werden müssen. Sehr reizvoll ist es indes, wenn an den Stützen abwechselnd Rosen und *Clematis* gezogen werden, insbesondere gleichzeitig blühende Sorten. Einjährige Kletterpflanzen, vor allem Prunkwinden-Arten wie *Ipomoea lobata*, könnten sich mit der Rose verweben. Die Einjährigen dürfen allerdings nicht zu dicht neben der Rose stehen, da es sonst zu Wurzelkonkurrenz kommt. Staudenwicken wie *Lathyrus grandiflorus* und *L. latifolius* lassen sich ähnlich verwenden.

Die Rosen lassen sich leichter abnehmen, schneiden und erziehen, wenn man sie nur an der Außenseite der Stütze aufbindet. Besonders mühsam ist es, zwischen Spalierlatten verwobene Triebe neu zu erziehen. Große Blüten erscheinen an kleinen Stützen überproportioniert; außer an ungewöhnlich großen Elementen in herrschaftlichen Gärten wirken Rambler mit ihren kleineren Blüten deshalb meist harmonischer als Climber. Bei der Bekleidung größerer Gerüste ist zu bedenken, dass dunkle Rosen vor einem hellen Himmel nicht gut zur Geltung kommen (Karmesin- und Purpurrot wirken vor einem weißen Himmel schwarz), ebenso wenig vor dunklen Eiben. Gelbe Rosen können vor einem blauen Himmel einen umwerfenden Anblick bieten, wenngleich diese Kombination manchmal etwas grell ist. Umgekehrt wirken blasse Farben vor weißen Wolken oft nichts sagend, während sie sich vor einem dunklen Hintergrund sehr gut machen.

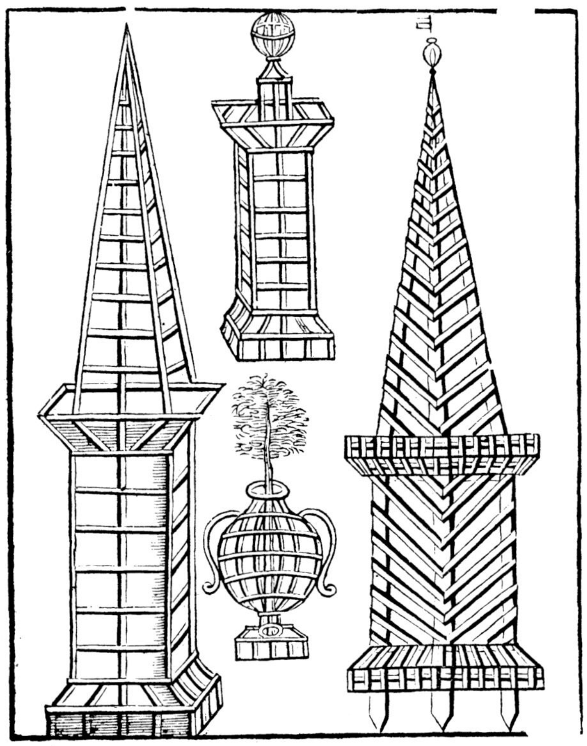

Entwürfe für Obelisken aus Spalieren
(aus: *Den Nederlandtsen Hovenier* von Jan van der Groen).

Wo solche vertikalen Akzente zu steif erscheinen, entsprechen flachere oder rundere Formen dem Charakter des Gartens vielleicht eher – also ein Punkt statt des Ausrufezeichens. Im Rosengarten von Castle Howard in Yorkshire stehen niedrige, aus Spalieren bestehende Pyramiden, die breiter als hoch sind – in manchen Gärten wirken sie sicher dekorativ, hier aber gehen sie zwischen den üppigen Strauchrosen ziemlich unter. Die kugelförmig erzogenen Rosen, die Mrs. Gore in ihrem *Book of Roses* (1838) erwähnte, kamen dadurch zustande, dass die Stämme von Boursault- oder Multiflora-Ramblern zusammengebunden wurden. Den gleichen Effekt erzielt man, wenn man die Rosen einfach an Stützen aufleitet wie die an einem Eisengerüst erzogenen kugelförmigen Rosen in Powis Castle im Norden von Wales. Beide Varianten wirken weicher und weniger aufdringlich als eine Säule oder ein Obelisk. Allerdings sollten sich solche Kugeln deutlich über die Nachbarpflanzen erheben, wenn sie die beabsichtigte Wirkung nicht verfehlen sollen. Noch niedrigere Kuppeln sind ebenfalls eine Möglichkeit; sie entstehen durch entsprechende Erziehung der Rosentriebe (wie 'Mme Lauriol de Barny' in Sissinghurst) oder mit Hilfe eines Metallgerüsts. Auch sie müssen höher sein als die übrige Bepflanzung, wenn sie deutlich lesbare Zeichen setzen sollen.

Kugeln oder Kuppeln könnten auch im Rasen einen Blickfang abgeben, wenngleich man ihren Fuß wohl bepflanzen müsste, um die nackten Stämme zu kaschieren. Korbbeete, entweder nur mit Rosen bepflanzt oder mit Rosen und passenden Begleitern, eignen sich ebenso zur Gliederung einer Rasenfläche oder zur Betonung bestimmter Partien, vorausgesetzt, sie sind so gekonnt platziert wie in dem von Sir Geoffrey Jellicoe in Horstead Place (Sussex) geschaffenen Garten. Der Entwurf erinnert an Reptons durch Korbbeete aufgelockerten Rasen beim Royal Pavilion in Brighton.

Die einfachsten Akzente überhaupt dürften Hochstämme sein, obgleich ihnen noch immer der Makel anhaftet, lange Zeit wahllos überall eingesetzt worden zu sein – was William Robinson im 19. Jahrhundert so

OBEN Der Rosengarten in Bagatelle, hier der Blick auf die Orangerie. Der schlichte Entwurf mit buchsgesäumten, durch Kieswege unterteilten Beeten gewinnt durch die zahlreichen Hochstammrosen, Säulenrosen und kegelförmigen Eiben, die wie Ausrufezeichen aufragen, eine kunstvollere, vielleicht sogar etwas wilde, zweifellos aber spektakuläre Note.

SEITE 102–103 Der Queen's Garden in Sudeley Castle besteht im Wesentlichen aus vier Kompartimenten mit jeweils einem runden Beet, das von vier weiteren eingerahmt wird. In jedem der vier Außenbeete erhebt sich im Eck eine Hochstammrose als vertikaler Akzent aus dem ansonsten flachen Parterre. Das Foto zeigt von links nach rechts Hochstämme von 'Laure Davoust', 'François Juranville' und 'Albéric Barbier' vor dem Hintergrund einer dunklen Eibenhecke. Der ausgezeichnete Multiflora-Rambler 'Laure Davoust' wird bisweilen auch als 'Abbandonata' bezeichnet, was bei einer so bekannten Rose etwas eigenartig ist. Sie wird in Italien wie auch im heimatlichen Frankreich gezogen, anderswo leider viel zu selten.

Hochstämme der Wichurana-Rambler 'Albéric Barbier' (links) und 'Léontine Gervais' betonen eine schmiedeeiserne Bank in diesem von Jane Fearnley-Whittingstall gestalteten Garten in Staffordshire. Frauenmantel *(Alchemilla mollis)* umspielt den Rand des Beetes; die spitzen Blätter der Gelben Binsenlilie *(Sisyrinchium striatum)* sorgen für Texturkontraste. Das blasse Gelb der Blüten der Binsenlilie ist so zart, dass es sich sogar mit dem rosa Farbton der Rosen verträgt.

vehement kritisierte. Ihre Vorzüge pries der Rosenzüchter C. E. Cant aus Essex 1919 wie folgt: Die Hochstammrose »erhebt sich über die anderen Gewächse und dringt in lichtere Gefilde vor«; sie vermag »die Monotonie des Rosengartens zu durchbrechen, indem sie aus der zwergwüchsigen Bepflanzung aufragt«. Warnend fuhr er fort: »Nur Sorten, die eine schöne Krone bilden, üppig blühen und gesundes Laub tragen, sind kulturwürdig.«

Bei Hochstämmen von Teehybriden und den meisten Floribunda-Rosen rücken das derbe Laub, das Durcheinander der Zweige sowie Stützstäbe und Bindebänder infolge der hoch erhobenen Kronen nur noch mehr in den Blick. Bei Trauerrosen dagegen lässt sich die unansehnliche »Infrastruktur« unter einer Kaskade von Blüten verbergen.

Wie bei Säulen und Obelisken ist im 20. Jahrhundert auch bei der Höhe von Trauerstämmen ein »Abwärtstrend« zu verzeichnen. Während Dean Hole im ausgehenden 19. Jahrhundert noch 1,8–2,5 m hohe Hundsrosen-Unterlagen empfahl, erschienen H. R. Darlington 1941 1,5 m als optimale Höhe. Heute sind 1,25 m die Regel. In diesem Fall ist die Angst vor zu viel Extravaganz allerdings nicht rundweg beklagenswert. Wie Darlington – anknüpfend an Äußerungen von B. W. Price einige Jahre zuvor – erläuterte, lässt mit zunehmender Höhe der Unterlage die Wuchskraft des Edelauges nach. Schon Rosen auf 1,8 m hohen Stämmen behielten ihre Wuchsfreude kaum über einen längeren Zeitraum – die Krone werde immer dünner und durchsichtiger. Außerdem gab Darlington zu bedenken, dass höhere Stämme anfälliger für Sturmschäden seien. Bertram Park sprach sich 1956 dennoch – der unübertroffenen Wirkung wegen – für Stämme von 1,8 m Höhe aus, ebenso wie George M. Taylor bereits 1939. Ich schließe mich ihrer Meinung insofern an, als auch mir 1,5–1,8 m Höhe für Rambler ideal zu sein scheinen. Diese Extrahöhe nämlich ermöglicht es ihnen erst, die Pracht ihrer elegant überhängenden Triebe zu entfalten, ohne dass diese sich in der Unterpflanzung verfangen. Entsprechend abgestützt und sachgemäß gebunden, dürfte ihnen der Sturm auch kaum etwas anhaben. Für besonders kunstvolle Effekte oder für größere Gärten wären vielleicht sogar noch höhere Stämme wünschenswert.

Wie die Experimente von B. W. Price zeigten, wird die Stammhöhe von der Unterlage bestimmt; will man höhere Stammrosen, braucht man demnach andere Unterlagen. Interessant ist, dass Gertrude Jekyll im Jahr 1902 ausschließlich die Hundsrose *(Rosa canina)* als für Hochstämme geeignete Unterlage betrachtete, während frühere Autoren eine ganze Reihe von Arten sowie die Noisette-Rose 'Manettii' empfahlen. Seit dem Zweiten Weltkrieg haben sich Rugosa-Unterlagen wie 'Hollandica' mehr und mehr durchgesetzt.

Die 5,5 m messenden Hochstämme in Malmaison waren natürlich zu hoch für eine Hunds- oder Rugosa-Rose als Unterlage; wahrscheinlich wurden sie auf einen starkwüchsigen Rambler gepfropft. Es wäre durchaus einen Versuch wert herauszufinden, ob sich mit Rambler-Arten als Unterlagen derart grandiose Effekte realisieren lassen. Auf jeden Fall werden sich intelligente Gartenfreunde nicht unbedingt mit Unterlagen von 1,25 m zufrieden geben wollen, es sei denn, dies ist genau die Höhe, die ihren Vorstellungen entspricht. Also gilt es, eine Rosenschule ausfindig zu machen, die Pflanzen in der gewünschten Höhe heranzieht, selbst wenn man ein paar Jahre darauf warten muss.

Das *Rose Annual* war über die Jahre hinweg voll von teilweise widersprüchlichen Diskussionen über Hochstammrosen. Allgemeiner Konsens herrschte jedoch darüber, dass Trauerstämme Platz benötigen, um richtig zur Geltung zu kommen und rundum gleichmäßig wachsen zu können. Vielfach wurde empfohlen, sie in Einzelstellung auf den Rasen oder in Abständen entlang einer Auffahrt zu pflanzen. Heute mag uns das vielleicht etwas aufdringlich erscheinen, aber Effekte, die unmittelbar ins Auge springen, sind nicht grundsätzlich abzulehnen. In öffentlichen Parks zum Beispiel, nur hin und wieder oder nur flüchtig betrachtet, sind solche unmittelbar wirksamen »Knalleffekte« zurückhaltenderen Kompositionen vorzuziehen, deren feine Farbabstimmung, Proportionen und Architektur sich erst nach längerer Betrachtung erschließen. In Privatgärten allerdings, die tagtäglich kritisch in Augenschein genommen werden, sind plakative Gestaltungsmuster nur erträglich, wenn sie in Größe, Form und Farbe so stimmig sind, dass sie auf Dauer Freude bereiten.

Kaum einigen konnten sich die Rosenfreunde des 19. Jahrhunderts über die Erziehungsmethoden. Manche beharrten darauf, dass Trauerstämme über ein schirmförmiges Drahtgestell zu ziehen seien; andere wie Walter Easlea und George Taylor sahen darin eine Verunstaltung, »scheußlich für jeden, der natürlicher Schönheit huldigt«. Dabei reicht ein schlichter Ring, in die Krone eingebunden, vollkommen aus, um eine gleichmäßig runde Form zu erzielen; die natürliche Anmut der kaskadenartig überhängenden Triebe wird dadurch nicht beeinträchtigt. Easleas und Taylors Urteil deckt sich mit Gertrude Jekylls Ansicht, dass formale Gärten einer üppigen, naturnahen Bepflanzung bedürfen. So geben Hochstammrosen von einheitlicher Höhe dem Garten zwar eine formale Note, doch wirken sie schöner, wenn man ihnen ihre ungezwungene Natürlichkeit und Anmut so weit wie möglich lässt. Wenn man unbedingt Schirme verwenden muss, sollte man zumindest nicht stur jeden Trieb am Gestell festbinden, um eine exakte Pilzform zu er-

halten. Es sollte ausreichen, nur hin und wieder einen Trieb zu befestigen, damit die Krone gleichmäßig wird und sich die Triebe weder am Rahmen noch aneinander wund scheuern.

Die Diskussionen im *Rose Annual* drehten sich immer wieder um die Wichurana-Rambler. Kleinerblütige Sorten wie 'Dorothy Perkins', 'Excelsa' und 'Sander's White Rambler' wurden als ideal für Trauerstämme gepriesen, was sie zweifellos auch sind. Solche mit spärlicheren Trieben und/oder größeren Blüten galten als nur bedingt geeignet, weil sie mehr Erziehung brauchen und dadurch weniger anmutig wirken. Walter Easlea ergänzte die Wichurana-Rambler gern durch Trauerstämme einiger älterer Rambler wie 'Félicité et Perpétue', 'Dundee Rambler' und 'Flora', nicht nur um der Sortenvielfalt, sondern auch um des köstlichen Dufts willen. Er schlug auch mehrere Wildarten – Strauchrosen und Rambler – für große Hochstammrosen vor, etwa *Rosa mulliganii*, *R. glauca*, *R. hugonis*, *R. pimpinellifolia* 'Grandiflora' und *R. willmottiae*; ich kann mir allerdings nicht vorstellen, dass er mit den aufrechteren davon Erfolg hatte. Easlea empfahl, verschiedene Rambler als Hochstammform nicht so stark zurückzuschneiden: Die meisten, insbesondere größerblütige Sorten wie 'Albéric Barbier', könnten noch genügend blühfreudige Seitentriebe aus den zwei- oder dreijährigen Haupttrieben bilden. Sorten wie 'Albertine', Paul's Scarlet Climber' und 'Blush Rambler' lehnte er als zu widerspenstig ab; ein akzeptables Ergebnis sei nur mit Hilfe von Spannschnüren zu erzielen – entsprechendes Können vorausgesetzt.

George Taylor stimmte seinem Freund Easlea bedingt zu, fand aber seine Schnüre hässlich und umständlich. Für 'François Juranville', 'Hiawatha', 'Léontine Gervais' und 'Albéric Barbier' ließ er derartige Erziehungshilfen jedoch gelten. Er ergänzte Easleas Liste ungeeigneter Sorten um einige weitere, die er für »schier hoffnungslos« hielt, weil ihm ihr Wuchs zu steif und derb erschien – darunter 'Chaplin's Pink Climber', 'Gloire de Dijon' und 'American Pillar'.

1941 erschien im *Rose Annual* eine zweiunddreißigseitige Übersicht über Rosen für Trauerstämme, vermutlich die bisher umfassendste Darstellung – angesichts der Papierknappheit in dem unter der Kriegsblockade leidenden England eine kühne Entscheidung. Dass die Gartenliebhaber selbst in solchen Zeiten an ihrer Leidenschaft festhielten, ist bewegend. Infolge der Wehrpflicht fehlte allerdings überall Personal,

Der Multiflora-Rambler 'Neige d'Avril' als Trauerrose in L'Haÿ-les-Roses – eine wertvolle früh blühende Sorte mit cremeweißen Blüten, die man viel zu selten sieht.

und viele der bedeutendsten Gärten verwahrlosten rasch und hoffnungslos. H. R. Darlington trug die Ansichten der wichtigsten Rosenexperten zu Erziehung, Kultur und einzelnen Sorten zusammen. Er fügte nützliche Ratschläge hinzu wie die Warnung, dass Hochstämme vor Gehölzbereichen zu einseitigem Wuchs neigen, oder den Tipp, dass Erziehungsmaßnahmen oft nicht erforderlich seien, obgleich ein Holz- oder Eisenring hilfreich sei, um gleichmäßige Abstände der Triebe zu erzielen. Was einzelne Sorten betraf, so galten die von früheren Autoren empfohlenen 'Dorothy Perkins', 'Excelsa' und 'Sander's White Rambler' noch immer als die besten. Mrs. Corbett, eine Amateurzüchterin, empfahl interessanterweise 'Elisa Robichon', nicht nur wegen ihrer zahlreichen biegsamen und anmutigen Triebe, sondern auch wegen des reichen Herbstflors.

Trauerrosen sieht man in England heute sehr viel seltener als um 1941, so dass britische Gärtner sie eher mit Frankreich assoziieren, wo nach wie vor bemerkenswerte Exemplare zu finden sind. Von den französischen Gärten, in denen sie besonders spektakulär präsentiert werden, ist Monets Giverny wohl der bekannteste. Nicht alle Hochstammrosen dort sind Trauerformen, etwa die Moschata-Hybride 'Robin Hood' oder die Floribunda-Rose 'The Queen Elizabeth', aber die Trauerstämme sind die bei weitem beeindruckendsten. Manche wurden auf relativ kurze Stämme gepfropft und mit Hilfe eines schirmförmigen Gestells in *cloche-* oder *champignon*-Form (Glocke bzw. Pilz) gebracht, zum Beispiel die Floribunda-Rose Centenaire de Lourdes®. Die neuere Bodendeckerrose Heidekönigin® wölbt sich von Natur aus bogenförmig und muss nicht erst mühsam dazu überredet werden. Die wirkungsvollsten von allen dürften jedoch Wichurana-Rambler wie 'François Juranville' sein, die auf einen relativ hohen Stamm (1,8 m) veredelt sind und so weit überhängen, dass sie den Teppich aus Mohn, Iris, Päonien und Nachtviolen darunter nahezu berühren.

Die Wichurana-Rambler sind nicht die einzige Gruppe, die hervorragende Trauerrosen abgibt. In L'Haÿ-les-Roses ist 'Neige d'Avril' zu sehen, eine erstklassige Multiflora-Hybride; ihr Name ist etwas optimistisch, obwohl sie dort tatsächlich im Spätfrühling blüht, vor den meisten anderen Ramblern. Meine Favoritin unter den Multiflora-Hybriden für Trauerformen ist jedoch 'Laure Davoust', besonders beeindruckend zu sehen in Sudeley Castle; bewunderswert sind dort aber auch

Die Wichurana-Hybride 'Paul Noël' als Trauerstamm in Bagatelle. 'Paul Transon', ein weiterer Wichurana-Rambler, sieht ihr zum Verwechseln ähnlich, blüht aber vierzehn Tage später.

'May Queen' und 'Félicité et Perpétue'. Auch 'Raubritter' sieht man manchmal als Hochstamm, und zahlreiche Bodendeckerrosen, insbesondere jene mit üppigen, biegsamen Trieben und schönem Laub, dürften sich ebenso dazu eignen. Ein gutes Beispiel ist die bekannte Pink Flower Carpet™. Kletternde Miniaturrosen sind manchmal als Trauerformen erhältlich, meist auf 45–60 cm hohen Stämmen; sie können in kleinerem Rahmen sehr hübsch wirken, obgleich bei zwergwüchsigen Rosen immer die Gefahr besteht, dass sie zu geziert erscheinen.

Ich könnte sie mir aber durchaus einzeln oder besser noch als Gruppe vorstellen, um die Höhe der übrigen Bepflanzung zu betonen, vorausgesetzt, man kaschiert die Stämme. Denkbar sind auch Trauerrosen in verschiedenen, gestaffelten Höhen, die eine Art Böschung bilden (einfacher, vor allem aber auch billiger, als Unmengen an Erde herbeizukarren). Ähnliche Probleme tauchen bei Floribunda-Rosen auf, obgleich sie in Laub und Blüte oft weniger derb sind. Deutlich besser eignen sich Polyantha-Rosen und ihre Verwandten; ihre Blüten passen in der Größe genau zu den Kronen. 'The Fairy' und 'Ballerina' lassen sich zumindest so weit hängend erziehen, dass sie die Anwuchsstelle bedecken. 'Ballerina' wird manchmal zu den Moschata-Hybriden gestellt, einer Gruppe mit ganz ähnlicher Abstammung. Eine der beliebtesten ist 'White Pet', sehr schön zu sehen im Potager von Barnsley House, die sich durch einen sehr ebenmäßigen Wuchs und hübsches Laub auszeichnet.

'Ballerina'.

Hochstämme von Beet- oder Buschrosen werden auf einen Stamm von 1 m Höhe veredelt (bis um 1940 waren 1,2 m gängiger), Halbstämme auf 75 cm. Kleinwüchsige Rosen werden gern auf einen kürzeren Stamm okuliert, bei Patio-Sorten sind es in der Regel 75 cm, bei Miniaturrosen 45 cm. Bei kleineren Bodendeckerrosen ist eine Höhe von 1 m üblich. Wer andere Stammhöhen braucht, wird diese wohl eigens in Auftrag geben müssen, was natürlich mit Extrakosten verbunden ist und mit einer gewissen Wartezeit; meist lohnt sich der Aufwand aber, denn wenn im Garten gezielt Akzente gesetzt werden sollen, müssen Größen und Proportionen genau stimmen.

Rosen in Töpfen bieten eine weitere Möglichkeit, Akzente zu setzen, ob man nun eine streng formale Anordnung wählt – vielleicht längs einer Terrasse oder eines breiten Wegs – oder eine eher zwanglose. Gewiss, die Verwendung von Topfpflanzen hat sehr oft nichts mit Akzentuierung zu tun – man denke nur an einen Wintergarten. Außerdem sind sie auf Licht und Luft von allen Seiten angewiesen, um sich gleichmäßig zu entwickeln, und brauchen daher einen gewissen Abstand zur übrigen Bepflanzung. Im Allgemeinen ist es daher am besten, Topfrosen im Garten als vereinzelte Akzente einzusetzen, wenn diese gedeihen und für die Gestaltung von Bedeutung sein sollen, statt lediglich wie überflüssiger Firlefanz zu erscheinen.

Obgleich die Methoden der Topfkultur ursprünglich entwickelt wurden, um früh blühende Schaurosen zu ziehen, lassen sich die meisten davon auch auf Topfrosen für Akzente im Freiland anwenden. Für ein eigenes Kapitel wäre das Thema sicherlich nicht umfangreich genug; die Topfkultur von Rosen unter Glas sei hier aber kurz erörtert.

Früher hatten die meisten Rosenfreunde vor allem die im Frühjahr stattfindenden Blumenschauen im Auge, für die sie zahllose staksige Büsche in 15- bis 20-cm-Töpfen zogen. Die Rosen mussten so geschnitten werden, dass nur noch ein aufrechter Trieb stehen blieb, der aus Platzgründen keine Seitentriebe bilden durfte. Dass das Ergebnis ungeheuer hässlich war, bekümmerte diese bemerkenswerten Pflanzenfreunde kaum – was zählte, war einzig und allein die Qualität der Blüten. Es gab jedoch auch eine Reihe von Ansätzen, die für all jene von Interesse sein dürften, die Topfpflanzen ziehen wollen, um damit die Attraktivität ihres Gartens zu erhöhen.

RECHTS In Rosemary Vereys Garten in Barnsley House (Gloucestershire) erheben sich Hochstämme von 'White Pet' über Horsten von Lavendel. Die Buschform des köstlich duftenden Ramblers 'Félicité et Perpétue' wird den Polyantha-Rosen zugerechnet, obgleich sie im Gegensatz zu anderen Rosen dieser Klasse nicht von *Rosa multiflora* abstammt. Das Gewicht der Blüten reicht meist aus, um die Triebe so weit herabzuziehen, dass sie die hässliche Anwuchsstelle unterhalb der Krone verbergen.

Durch seine ganz außergewöhnlichen Schnittrosenkulturen wurde George Beckwith aus Hoddesdon (1821 bis 1898) bekannt. Er leistete mit seiner extensiven Anzucht unter Glas Pionierarbeit und belieferte nicht nur die britischen Märkte, sondern auch jene in Paris; immerhin zog er an die 3000 getopfte Pflanzen, und das von zahlreichen Sorten. Was wir daraus lernen können, ist zum einen, dass Rosen unter Glas vom Herbst bis zum Frühjahr blühen können – zeitliche Abstimmung und geeignete Temperaturbedingungen vorausgesetzt –, zum anderen, dass Rosenfreunde, die Rosen mit exquisiten Blüten unter Glas ziehen wollen, am besten auf handelsübliche Schnittblumensorten zurückgreifen sollten, die eigens für diese Art Kultur selektiert wurden.

Die aufschlussreichste Zusammenstellung von Berichten führender Rosenexperten über unterschiedliche Methoden der Topfkultur findet sich im *Rose Annual* von 1925. Walter Easlea erinnerte hier an die Glanzzeiten um 1870, als Topfrosen mit zweihundert Blüten keine Seltenheit waren. Drei der Cultivare, die er empfahl, sind noch heute erhältlich: 'Her Majesty' (Remontant-Rose), 'Coupe d'Hébé' (Bourbon-Rose) und 'Juno' (Zentifolie). Er erwähnte auch Rosen in Töpfen zur Dekoration des Hauses und empfahl Rohrstöcke, außen um den Topf herum gestellt, zur Erziehung der Triebe. So erhalte man den offenen Wuchs des Busches, was zum besseren Gedeihen und Reifen der Triebe beitrage und die Krankheitsanfälligkeit senke. Diese Empfehlungen haben bis heute Gültigkeit für alle Topfrosen, unabhängig vom Standort.

Zu den speziellen Kulturbedingungen für besonders große und imposante Topfrosen äußert Easlea sich nicht. Dagegen schreibt Reverend Foster-Melliar in *The Book of the Rose*, dass alles sehr einfach sei und dass

»es nichts weiter bedarf, als die erwünschten Triebe über einige Jahre geduldig und sorgfältig zu entspitzen und in entsprechendem Abstand nach außen zu binden. Ich habe mir sagen lassen, dass man drei Tage beschäftigt sei, um eine dieser großen Pflanzen zu binden und anzudrahten. Die unteren Triebe wurden mit Hilfe von langen Schnüren – an einem Drahtrahmen um den Topf herum befestigt – zur Seite hin ausgerichtet; diese wurden als Erstes geschnitten, damit sie bereits treiben konnten, bevor ihnen die senkrechten Leittriebe zu viel Saft entzogen. In der Regel wurde eine Pyramiden- oder Kegelform angestrebt, aber Sorten mit kurzen und steifen Trieben wurden bisweilen auch als Kugel erzogen.«

Foster-Melliar erinnert sich an eine Topfpflanze von 'Charles Lawson' von 2,5 m Höhe und 2,2 m Breite, die drei- bis vierhundert Blüten gleichzeitig trug und einen »großartigen Anblick« bot.

Easlea hielt stark gefüllte Sorten für ungeeignet für die Kultur unter Glas, empfahl aber 'Betty Uprichard', 'Melanie Soupert' und 'Mme Butterfly' – eine Auswahl, die er später noch durch 'Crimson Glory' ergänzte. Er erwähnte auch üppig blühende Rambler in Töpfen von 25–30 cm Durchmesser, im Freien extrem schwierig, für Gewächshaus oder Wintergarten aber brauchbar. In der gleichen Ausgabe empfahl George Burch, Inhaber einer Rosenschule, Teehybriden (z. B. 'Mme Caroline Testout' wegen ihrer bemerkenswert großen Blüten) und Teerosen für die Topfkultur, aber auch Remontant-Rosen wie 'Frau Karl Druschki', 'Mrs John Laing' und 'Hugh Dickson', sofern ausreichend Platz vorhanden sei. Im Jahrbuch von 1931 erschien ein Artikel von Sir Edward Holland, vormals Präsident der Royal National Rose Society, über Polyantha-Rosen in ungewöhnlich kleinen Töpfen (15 cm); unter anderem empfahl er die heute noch verbreiteten Sorten 'Coral Cluster' und 'Cécile Brunner'. Den Landschaftsarchitekten Richard Sudell interessierte mehr die Wirkung im Garten; er befasste sich 1933 mit der Kultur von Rosen in halbierten Eichenfässern mit eisernen Reifen, gut geeignet für die Verwendung im Freien und geräumig genug für üppiges Wachstum. Für den Wintergarten empfahl er Teakholzkübel mit Messingreifen (heute kaum noch in Gebrauch).

Einige der Kulturempfehlungen besitzen nach wie vor Gültigkeit: Rosen für die Topfkultur sollten bereits kräftig entwickelt sein; schwächliche Pflanzen haben kaum eine Chance. Die Wurzeln von gekauften oder direkt aus dem eigenen Garten genommenen Rosen sollten auf 15 cm eingekürzt und die Triebe auf 30 cm Höhe zurückgeschnitten werden. Wesentlich für das Gedeihen ist guter Kompost auf der Basis von feinem Lehm, versetzt mit verrottetem Mist, Huf- und Hornmehl und einer Pottaschequelle; für ausreichende Drainage sorgen Tonscherben auf dem Topfboden, zusätzlich eventuell Kies oder scharfer Sand. Wer auf Blütenpracht im Frühjahr abzielt, sollte die Rosen bei einer Temperatur von etwa 7 °C nachts und 10 °C tagsüber im Gewächshaus unterbringen und um die Wintermitte langsam antreiben. Sehr wichtig ist gute Belüftung, um dem Befall durch Mehltau und Spinnmilben vorzubeugen. Wenn die Rosen nach dem ersten Flor geschnitten werden, erfolgt eine Nachblüte; anschließend können sie ins Freie. Rosen in Töpfen müssen nicht Jahr für Jahr umgetopft werden, doch die Bodenfruchtbarkeit bleibt länger erhalten, wenn die oberste Erdschicht im Frühjahr ausgetauscht wird. Heute enthalten die Kompostprodukte meist Wasser speichernde Polymere, die die Erde vor dem Austrocknen schützen, möglicherweise auch einen Depotdünger. In heißem Klima und unter Glas besteht jedoch die Gefahr, dass der Dünger zu rasch freigesetzt wird und dann in so hoher Konzentration vorliegt, dass er die Wurzeln der Rosen verbrennt.

Dass Pflanzen in Töpfen und Kübeln heute so beliebt sind, hängt wohl damit zusammen, dass man ihren Wert als Gestaltungselemente erkannt hat, ebenso als Dekoration für Bereiche wie einen Gartenhof oder eine Terrasse. Hinzu kommt, dass der Handel inzwischen sehr schöne Gefäße anbietet, insbesondere aus Terrakotta. Ob es immer Teehybriden und Floribunda-Rosen sein müssen, ist die Frage, denn für die Einzelstellung sind ihr Habitus und Laub meist zu derb. Viele der neueren Rosensorten eignen sich aber bestens für die Topfkultur, vor allem die Bodendeckerrosen. Solche mit kleinen, aber ansehnlichen Blättern und recht lockerem Wuchs füllen unschwer einen mittelgroßen Kübel und drapieren sich anmutig über seinen Rand. 'The Fairy', als Polyantha-Rose klassifiziert, aber mit dem losen und ausbreitenden Wuchs einer Bodendeckerrose, ist eine bekannte alte Sorte und wie geschaffen für diesen Zweck. Aber auch viele Patio-Rosen sind gut geeignet, weil sie in der Regel einen hübscheren Wuchs und weniger derbes Blattwerk als die Teehybriden und Floribunda-Rosen zeigen. Wo ganz kleine Pflanzen gebraucht werden, etwa in einem winzigen Innenhof oder im Wintergarten, bieten sich Miniaturrosen an, die sich sehr leicht und rasch aus Steckhölzern ziehen lassen. Aus der Nähe wirken ihre kleinen Blätter auch feingliedriger als die der Buschrosen. Viele Möglichkeiten bieten die kletternden Miniaturrosen, die Kübelränder dekorieren, sich aber auch in Ampeln im Freien oder unter Glas sehr gut machen. Gefallen würden sie mir aber auch zu Kegeln erzogen in großen Töpfen, als »eingetopftes« Äquivalent des Ausrufezeichens.

Die Bodendeckerrose Pink Flower Carpet™ mit der Polyantha-Rose 'The Fairy' (links).

Draußen im Garten können Topfrosen eine lange Terrasse in überschaubare Segmente unterteilen, in Abständen entlang eines Wegs platziert oder entlang der Stützmauer oder der Balustrade der Terrasse. Sehr hübsch würde sich an solchen Stellen ein Terrakottagefäß in Flechtoptik machen, bepflanzt mit einer Bodendeckerrose; bei der Wahl der Farbe muss man allerdings darauf achten, dass sie sich nicht mit dem Topf »beißt«. In einem Hof können Topfpflanzen Flächen unterteilen oder betonen, aber auch einen Ausblick in den Garten einrahmen. Auch an Wegekreuzen machen sie sich gut, ob in den äußeren Ecken oder unmittelbar im Zentrum.

Töpfe oder Tröge lassen sich beiseite stellen, wenn die Blütezeit vorüber ist, und durch andere Pflanzen für Winter und Frühling ersetzen. Wer die Kosten für zwei Garnituren Gefäße sparen möchte, kann Einsätze verwenden. Früher hat man sich mit verzinkten Metalleinsätzen beholfen, obgleich manche Pflanzen aufgrund der toxischen Wirkung des Metalls eingingen. Heute werden vorwiegend Einsätze aus Fiberglas benutzt. Während die einen Pflanzen in voller Blütenpracht stehen, warten in Einsätzen hinter den Kulissen bereits die nächsten, um sie in der kommenden Jahreszeit abzulösen. Größere Pflanzgefäße müssen nicht ausschließlich den Rosen vorbehalten bleiben. Eine brav-biedere Unterpflanzung schmeichelt den meisten Rosen zwar nicht unbedingt, doch es gibt ein paar Begleiter, die sehr hübsch wirken. Einige Sommerblumen, vielleicht Greiskraut *(Senecio viravira)* oder Strohblumen *(Helichrysum petiolare)* und eine Hängepetunie, können die Wirkung der Rosen unterstreichen – vorausgesetzt, dass beide zur selben Zeit blühen; dies aber erfordert genaue zeitliche Abstimmung bei der Vermehrung.

Im Lauf der zwei Jahrhunderte, die vergangen sind, seit Josephine ihren Garten in Malmaison schuf, waren Rosen als Elemente der Gliederung und Akzentuierung den unterschiedlichsten Modeströmungen unterworfen. Manche davon waren so spektakulär, dass sie auch heute ihre Wirkung kaum verfehlen würden. Andere, wie Foster-Melliars in Töpfen gezogene »Giganten«, dürften wohl kaum mehr zum Leben erwachen, zumal jedes Exemplar wochenlange Arbeit erforderte, um für einige wenige Tage seine Wirkung zu entfalten. Die heutigen Rosen eignen sich für sämtliche Gestaltungsvarianten der Vergangenheit, darüber hinaus aber für zahlreiche weitere, die wir erst allmählich schätzen lernen. Mit ihrer Vielfalt von Formen, Blütezeiten und Farben könnten sie sehr viel kreativer eingesetzt werden, ob als farbenfroh blühender Blickfang oder als Sequenz rhythmisch wiederkehrender Akzente. Die letzten Jahrzehnte haben zur Entwicklung neuer Rosenklassen geführt, die es jetzt gezielt einzusetzen gilt. Das Potential für weitere Kreuzungen ist nach wie vor immens. Wenn wir uns diesen Fundus zunutze machen, sehen wir einer rosigen Zukunft entgegen.

Beete und Rabatten

Das moderne Mixed Border *ist gewöhnlich ein Wechselspiel zwischen Stauden und Sträuchern, bisweilen ergänzt durch Einjährige und Zwiebelpflanzen. Den Rosen kommt dabei oft eine bedeutende Rolle zu.*

Als der Begriff *Mixed Border*[5] (s. S. 184) im frühen 19. Jahrhundert erstmals auftauchte, war damit ein ganz anderer Pflanzstil gemeint. Was wir heute unter *Mixed Border* verstehen, entwickelte sich in den Jahren zwischen den beiden Weltkriegen; allerdings scheint den Gartenliebhabern erst in den letzten Dekaden so recht bewusst geworden zu sein, wie schön und vielseitig diese Form der Gestaltung ist und wie man die Pflanzen dazu kombinieren muss. Noch 1948 schrieb Arthur Hellyer in *The Amateur Gardener* über die Alternative zu Staudenrabatten, die »ich in Ermangelung eines geeigneteren Namens ... als ›mixed border‹ bezeichne«. Die Anführungszeichen lassen darauf schließen, dass der Begriff seinen Lesern nicht unbedingt vertraut war.

Während in Rosengärten per definitionem die Rosen das Bild beherrschen, machen sie im *Mixed Border* höchstens ein Drittel der Bepflanzung aus. Die Rosengruppen sind hier meist durch andere Gewächse voneinander getrennt. Im Rosengarten sind die Begleitpflanzen sozusagen die Würze, unentbehrlich wie Salz und Pfeffer, um den besonderen Charakter der Rosen durch kontrastierende Formen zu unterstreichen und ihre größten Schwächen zu kaschieren. Im *Mixed Border* hingegen sind alle Pflanzen gleichwertige Zutaten eines Rezepts.

Zu Beginn des 19. Jahrhunderts verstand man unter dem Begriff *Mixed Border* Pflanzungen, in denen Stauden unterschiedlichster Art und Farbe in regelmäßigen Abständen wiederkehrten und sich miteinander verwebten; voneinander abgehoben wurden sie durch Farbwechsel. Frühe Verfechter dieses Stils wie Loudon hatten nicht im Sinn, Sträucher und Stauden in ein und derselben Rabatte zu mixen. Einige alte Pläne von Rabatten zeigen zwar Sträucher mit einem Saum aus Stauden davor, aber nirgends vermischen sich die beiden Partner regelrecht miteinander, wie es heute üblich ist. In der deutschen Gartenliteratur finden sich vermutlich mehr Hinweise auf Staudenpflanzungen im Vordergrund von Gehölzrabatten; immerhin haben Gartengestalter wie Hermann Jäger (1815 bis 1891) und Theodor Rümpler (1817 bis 1891) gezeigt, wie sich mit hohen krautigen Pflanzen ein Übergang zwischen großen Sträuchern und dem Rasen schaffen lässt. Der auf einer Lichtung angesiedelte Rosengarten, umgeben von großen Sträuchern, im Vordergrund Rosen – wie von William Paul und Joshua Major etwa fünfzig Jahre nach Loudon beschrieben –, wies einige Elemente des modernen Stils auf. Die einzelnen Pflanzenkategorien verschmolzen jedoch nicht völlig miteinander, und das Gros der Rosenfreunde war nach wie vor überzeugt, dass Rosen nicht mit anderen Pflanzen vermischt werden sollten.

Der Wandel von der historischen Definition zum gegenwärtigen Verständnis des Begriffs *Mixed Border* erfolgte zu Zeiten William Robinsons. In seinem Buch *Hardy Flowers* (1871) erwähnt er *Mixed Borders* verschiedenster Varianten, noch immer dem herkömmlichen Verständnis entsprechend, obgleich der Autor damals bereits einen zwangloseren und weniger dogmatischen Ansatz vertrat. So hielt er zwar *Mixed Borders* mit winterharten Stauden, Beetpflanzen oder Sträuchern für denkbar, im Wesentlichen blieb aber jede Kategorie für sich. Die einem starren Schema folgende Wiederholung der Sorten sollte indes der Vergangenheit angehören. Stattdessen schlug Robinson vor, imposante Beetpflanzen wie Blumenrohr *(Canna)* mit Stauden zu kombinieren sowie Stauden und Lilien zwischen Sträucher zu setzen.

Die Kombination von Stauden und Sträuchern erörterte er eingehender in seinem Werk *The English Flower Garden* (1883). Robinson schrieb: »Das ›mixed border‹ gewinnt zunehmend an Beliebtheit; es wird häufig am Gehölzrand angelegt, obgleich angesichts der Wurzeln der Sträucher wenig Licht und Nahrung für die Blumen übrig bleibt.«

Solche Versuche waren, wie er meinte, gewöhnlich zum Scheitern verurteilt. Es sollte keine klare Trennlinie zwischen Sträuchern und Stauden geben; stattdessen schlug er vor, größere Lücken zwischen den Sträuchern mit Stauden auszufüllen und einige Gehölze bis an den vorderen Rand der Rabatte zu rücken. Über die Verwendung von Rosen ließ er allerdings nichts verlauten.

Gertrude Jekyll befasste sich 1896 in *Wood and Garden* mit dem *Mixed Border*. Sie listete Dutzende winterharter Stauden auf, dazu Blumenrohr *(Canna)*, Dahlien, Palmlilien *(Yucca)* und Hortensien; ihr Konzept war allerdings kaum mehr »*mixed*« als das Robinsons dreißig Jahre zuvor und keinesfalls vergleichbar mit dem *Mixed Border* von heute. Auf den über hundert Tafeln des von Penelope Hobhouse und Christopher Woods herausgegebenen Buches *Painted Gardens: English Watercolours 1850–1914* ist kein einziges *Mixed Border* zu sehen, das unserem Verständnis entspräche. Um 1914 hatten also nicht einmal Gertrude Jekyll und William Robinson, die großen Gartenpropheten, die Vorzüge des *Mixed Borders* wirklich erkannt, noch hatten sie gezeigt, welche Schlüsselrolle Rosen darin spielen können.

'Thisbe', eine Rose aus der Klasse der Moschata-Hybriden, die im *Mixed Border* vielseitig verwendbar ist.
Seite 112–113 Bonica® mit Elfensporn *(Diascia vigilis)*.

Infolge der Personalknappheit während des Ersten Weltkriegs und der Zeit danach besannen sich die Gartenliebhaber auf weniger arbeitsintensive Varianten als die traditionelle Staudenrabatte. Vielerorts musste das Staudenbeet rigoros der Gehölzrabatte weichen, die Graham Stuart Thomas als »unglückliche Entwicklung« bezeichnet. Selbst ausnehmend kreative Gartengestalter tun sich schwer, eine rundum ansprechende, lediglich aus Sträuchern bestehende Rabatte zu entwerfen, ob mit oder ohne Rosen. Eine Gruppe großer Sträucher wirkt in den meisten Gärten einfach überdimensioniert; auch die reizvollsten Blüten können nicht darüber hinwegtäuschen, dass die Belaubung meist ein ermüdend gleichartiges und, sobald der Frühsommer vorüber ist, einfach nur langweiliges Bild bietet. Es gibt viele hervorragende Staudenbeete und *Mixed Borders*, manche sind sogar grandios zu nennen – eine rundum gelungene Gehölzrabatte aber habe ich noch nie gesehen. Obwohl die Gehölzrabatten in den Jahren zwischen den Kriegen das Bild der Gärten beherrschten, entstanden in dieser Zeit doch auch einige *Mixed Borders*. Die Entwicklung des modernen *Mixed Borders* verdanken wir hauptsächlich der Pionierarbeit von vier Gartengestaltern. Der Erste, Lawrence Johnston (1871 bis 1948), prägte ab 1908 ganz wesentlich das Bild von Hidcote Manor in Gloucestershire, indem er in den herrschaftlichen Garten Elemente des Cottage-Gartens einfügte. Dazu gehörten die Wiederholung von Leitpflanzen und die Platzierung einzelner ausgefallener Gewächse abseits der dominierenden Bepflanzung. Fotos von Hidcote, insbesondere vom so genannten Old Garden aus den 30er Jahren, zeigen größere Rosen und einige Sträucher, gemischt mit vorwiegend krautigen Pflanzen.

Ein Freund von Johnston, der aus adligem Haus stammende Robert (Bobbie) James (um 1873 bis 1960), trug maßgeblich dazu bei, dass die Liebe zu den Alten Rosen neu erwachte. James' Garten in St. Nicholas bei Richmond (Yorkshire) ist von seiner Witwe, Lady Serena James, in seinem Sinne weitergeführt worden. 1953 beschrieb er in einem Artikel im *Journal of the Royal Horticultural Society* die Rabatten eines fiktiven Gartens, darunter ein *Mixed Border*, das in etwa unserem heutigen Verständnis dieses Begriffs entspricht. Ein Großteil der Staudenpflanzung von St. Nicholas ist nach James' Tod verschwunden, doch dürften die Rabatten, die er in den Jahren ab 1908 anlegte, große Ähnlichkeit mit der geschilderten gehabt haben – einer zu gleichen Teilen aus Rosen, Sträuchern und Stauden bestehenden Pflanzung.

In seinem Artikel beschreibt Johnston ein »Gerüst« aus Sträuchern, darunter einige wintergrüne, sowie Rhododendren, die am anderen Ende der Rabatte für Fülle sorgen. Die Lücken zwischen und vor den Sträuchern waren großzügig mit Stauden, Zwiebelblumen und Einjährigen bepflanzt. Die Auswahl der Farben richtete sich nach den Tönen, die James als typisch für die jeweilige Jahreszeit betrachtete. So bevorzugte er im Frühling Gelb, im Sommer Blau, im Herbst rote und orangefarbene Blüten, während Weiß »das Auge anzieht und deshalb sehr zurückhaltend einzusetzen ist«.

Der Garten von Broughton Castle (Oxfordshire) bietet einige hervorragende *Mixed Borders* nach Entwürfen von Lanning Roper. Hier geben Rosen wie 'Fantin-Latour', weitere Gehölze sowie Wolken des Riesenschleierkrauts *(Crambe cordifolia)* der Rabatte Fülle, während der Rambler 'Albertine' an der Mauer dahinter das Schauspiel in vertikaler Richtung fortsetzt. Die Kombination der Rosatöne mit blauem Rittersporn, weißen Glockenblumen und den dumpf violetten Blüten des Lauchs *(Allium cernuum)* bekommt durch die Gelbtöne von Frauenmantel *(Alchemilla mollis)* und Mutterkraut Würze. Eingefasst ist die Rabatte mit Natursteinplatten, über die sich Lavendel, Storchschnäbel, Nelken und Hasenohren ergießen.

Im Frühling eröffneten Zwiebelpflanzen, Goldlack, Primeln, Vergissmeinnicht und Päonien das Schauspiel, ergänzt durch Berberitzen, Ginster, Seidelbast und Lilien. Im Sommer kamen Stiefmütterchen, Glockenblumen und Lilien hinzu, begleitet von einjährigem weißem Ziertabak und Reseda *(Reseda odorata)*. Nach einem Intermezzo mit relativ spärlichen Blüten kündigte der Herbst mit Salbei, *Sternbergia*, Herbstkrokussen, Herbstastern und Chrysanthemen eine »neue Lebensphase« an. Als größte Vorteile des *Mixed Borders* gegenüber dem Staudenbeet betrachtete James den geringeren Arbeitsaufwand und die farbenprächtigen Zweige und Hagebutten, die die Rabatte selbst im Winter nie kahl erscheinen ließen. Alles in allem war er wohl der fortschrittlichste unter den frühen Theoretikern des *Mixed Borders*; für uns ist jedoch interessanter, dass er wahrscheinlich als Erster die Bedeutung der Rose für dieses Konzept erkannte:

»Es gibt eine Kategorie von Gehölzen ... der, so meine ich, in Rabatten dieser Art der erste Platz gebührt, und das ist die Rose – dabei beziehe ich mich vorwiegend auf die so genannte alte Rose oder Strauchrose. Ihr gilt meine ganze Hochachtung. Die Blumen sind unbestreitbar liebenswert – man denke nur an ihren Duft, ihre Fülle, ihren Zauber und ihr nahezu immergrünes Laub. Und selbst wenn manche nur einmal im Jahr blühen, so sind ihre Blüten doch so schön, dass sie der Rabatte jene persönliche Note verleihen, die ich in einem schönen Ziergarten als oberste Priorität betrachte.«

Vorbehalte hatte James jedoch gegenüber Teehybriden und Floribunda-Rosen, denn »wenige wirken erfreulich – sie bedürfen zweifellos einer Unterpflanzung mit *Viola cornuta* [Hornveilchen] und Stiefmütterchen oder dergleichen.«

Ein weiterer Pionier des *Mixed Borders* war der renommierte Pflanzenexperte Arthur Tysilio Johnson (1873 bis 1956). In *The Garden To-day* (1938), einer als Buch erschienenen Sammlung seiner allwöchentlichen Artikel in der *Sunday Times*, widmete er ein Kapitel der Gegenüberstellung von *Mixed Border* und Staudenbeet. Darin heißt es etwa, dass »der krönende Höhepunkt des Sommers, ›die Staudenpflanzung‹, in ihrer Vorrangstellung weltweit zwar unangefochten ist«, er aber doch meine, dass »die Zeit gekommen ist, dieses alte Relikt ... zu verändern oder gar abzuschaffen. Der Tribut an Arbeit und Geld, den wir ihm zollen, ist höher als es unter heutigen Bedingungen gerechtfertigt ist.«

Johnsons Schriften verraten eine Vorliebe für ganz bestimmte Pflanzen. Dass er sich dennoch so entschieden für das *Mixed Border* einsetzte, hing wohl mehr mit der Arbeitsersparnis zusammen und mit der Möglichkeit, hier seine Lieblingspflanzen optimal zur Geltung bringen zu können, als mit dem Wunsch, ein farblich abgestimmtes Ganzes zu erschaffen. Er riet, hauptsächlich immergrüne Sträucher (vor allem Frühblüher wie Kamelien und Rhododendren) einzufügen, dazu »ein paar sommergrüne wie die einfach blühenden Rosen *(Moyesii* und *Hugonis)*« sowie Stauden. Er war der Meinung, Alte Rosen passten am besten in den formalen, »historischen« Garten und sollten nicht mit den neueren Floribunda- und Polyantha-Sorten kombiniert werden, die er nur als Beetpflanzen verwendete; Rosen dürften in seinen *Mixed Borders* allerdings nur eine untergeordnete Rolle gespielt haben.

Im Gegensatz dazu enthielten die zahlreichen farblich aufeinander abgestimmten Rabatten von Phyllis Reiss (gest. 1961) in ihrem Garten in Tintinhull (Somerset) die unterschiedlichsten Rosen, darunter Floribunda-, moderne Strauchrosen sowie Alte Rosen und Wildrosen. Typisch für den Stil von Miss Reiss war die Integration von Beet- oder Buschrosen ins *Mixed Border*, eine Praxis, die A. T. Johnson keineswegs guthieß und die Bobbie James nur mit Einschränkungen zuließ.

Während diese Hand voll Pioniere den Weg zur Entwicklung des *Mixed Borders* vorzeichneten, waren einige der namhaftesten Gartengestalter anscheinend kaum daran beteiligt. Das typische *Mixed Border* taucht weder in den Entwürfen von Beatrix Farrand oder Percy Cane auf noch im Sissinghurst zu Lebzeiten Vita Sackville-Wests. Nach dem Zweiten Weltkrieg nahm die Beliebtheit des *Mixed Borders* jedoch rasch zu, und immer mehr Rosen prägten das Bild mit.

Das erste bedeutende Werk zu diesem Thema, Christopher Lloyds *The Mixed Border* (1957), brach zwar eine Lanze für die Rosen, machte aber zugleich auch deutlich, dass das Dogma von der Sonderstellung der Rose noch nicht völlig aus der Welt war: »Rosen sollten sehr viel häufiger in *Mixed Borders* erscheinen. Noch immer lebt in vielen von uns ein tief verwurzeltes Vorurteil gegen die Kombination von Rosen mit anderen Pflanzen ...«

Um diese Zeit waren die vier Pioniere bereits von einer neuen Generation von Gartenliebhabern abgelöst worden, die Rosen mit Erfolg in *Mixed Borders* einsetzten. Am einflussreichsten waren wohl Lanning Roper (1912 bis 1983) und Graham Stuart Thomas, die beide in ihren Entwürfen der Rose eine Vorrangstellung einräumten. Roper bewunderte die Arbeit von Miss Reiss in Tintinhull und besuchte sie auch häufig. Seine produktivste Schaffensperiode in den 60er und 70er Jahren fiel mit dem Aufkommen der Farbfotografie im Garten zusammen. Viele seiner besten Entwürfe erschienen in den großen Magazinen und wurden oft kopiert, vor allem die Gärten, die er alljährlich für die Chelsea Flower

Show schuf. Seine Rabatten waren gewöhnlich gemischt bepflanzt, zu mindestens einem Drittel mit Rosen. Er bevorzugte öfter blühende Sorten, insbesondere Rugosa-Rosen und Moschata-Hybriden, dazu kamen einige Buschrosen und ein paar einmal blühende Sorten wie 'Raubritter'.

Ohne viel Aufhebens und eher indirekt hat Graham Thomas Einfluss genommen auf die Gartengestaltung des späten 20. Jahrhunderts – als Gartenberater des National Trust von 1956 bis 1973 und im Anschluss daran als Sachverständiger in der Gartenkommission. Bereits zu Beginn seiner Tätigkeit für den Trust galten seine Kenntnisse, die er sich in der Sunningdale Nursery erworben und ständig erweitert hatte, als legendär; er legte dort eine bemerkenswerte Sammlung klassischer und neuerer Rosen an, die den Grundstock für die National Collection der Mottisfont Abbey in Hampshire bilden sollten. Seither hat er im Zug seiner Beratertätigkeit in allen dem Trust anvertrauten Gärten die Qualität der Rabatten verbessert; da diese Gärten nahezu alle öffentlich sind, ist sein Einfluss auf die Bepflanzung britischer Privatgärten unermesslich. In den Frühsommerrabatten verwendete er nicht nur Alte Strauchrosen, sondern auch neuere öfter blühende Sorten sowie Busch- oder Beetrosen. Als erklärter Gegner der Staudenrabatte ist Graham Thomas der Ansicht, dass in jeden Garten ein *Mixed Border* gehört und nur die Kombination von Stauden mit Zwiebelpflanzen, Sträuchern und vielleicht einem kleineren Baum ein Bild üppiger Wuchsfreude garantiert.

In den 60er und 70er Jahren waren gemischte Pflanzungen mit Rosen praktisch allgegenwärtig. Es musste daher fast zwangsläufig zu einer Art Gegenbewegung kommen, vor allem als die Rabatten durch die von Gertrude Jekyll propagierten zarten und gedämpften Farbkombinationen immer »geschmackvoller« wurden. So erlebten in den 80er Jahren flammende Farben wie Scharlachrot, Orange und Hochrot eine wahre Renaissance. Auch die Liebe zu Dahlien erwachte neu, die über Jahrzehnte als zu derb gegolten hatten, um außerhalb der Schnittblumenrabatte oder des Küchengartens aufzutreten.

Die Dahlie spielt für die Gestaltung eine ähnliche Rolle wie die Rose. Beide besitzen große, runde Blüten, meist wenig markantes Laub und ein breites Farbspektrum. Natürlich sind sie nicht vollkommen austauschbar: Rosen haben oft weniger formal wirkende Blüten, duften köstlich und können zu Beginn des Gartenjahrs bereits für Fülle sorgen. Die Dahlie besitzt eher formal und geometrisch wirkende Blüten und füllt nur langsam die mittleren und hinteren Bereiche der Rabatte aus; sie ist allerdings nicht so anfällig für Krankheiten. Während die Rose romantischer wirkt, strahlt die Dahlie bisweilen mehr Dramatik aus, insbesondere als leuchtender Farbfleck gegen Ende des Gartenjahrs. Wo große, runde Blüten gefragt sind, sollte man alle Vorurteile beiseite lassen und ganz einfach abwägen, welche der beiden Gattungen zum richtigen Zeitpunkt den gewünschten Effekt erbringt.

Christopher Lloyds Einfluss hat maßgeblich zu der anhaltenden Auflehnung gegen die geradezu erstickende Zartheit und Ängstlichkeit in der Farbgestaltung beigetragen. Seine Vorliebe für leuchtende Kontraste und kühne Blatteffekte, seit den 50er Jahren bekannt, stieß in den 90er Jahren schließlich auf so breite Resonanz, dass dieser Stil inzwischen zur Regel zu werden scheint. Dass Lloyd gleichermaßen auf Harmonien setzt, wird indes vielfach übersehen; es könnte daher passieren, dass die beschaulichen Gärten der 30er Jahre schriller Effekthascherei zum Opfer fallen und irgendwann etwa so viel Ruhe wie eine Achterbahn ausstrahlen.

Christopher Lloyd hat im Alten Rosengarten in Great Dixter mit überwiegend frostempfindlichen Blatt- und Blütenpflanzen berauschende Effekte geschaffen, die an Bilder von Henri Rousseau erinnern und an die viktorianische Vorliebe für tropische Beetpflanzen. Schlüsselrollen spielen Blumenrohr *(Canna)*, Pelargonien, Begonien (Blatt- wie Blütensorten), Kaktusdahlien, *Coleus*, Palmen, Neuseeländer Flachs *(Phormium)*, *Colocasia* und Bananenstauden. Ein paar Rosen wie die Floribunda-Rose 'Chanelle' und die Moschata-Hybride 'Madge' blieben innerhalb eines größeren Blocks der Bepflanzung erhalten, der noch immer die typischen Züge des *Mixed Borders* trägt, allerdings nicht in linearer Anordnung. So hübsch diese Rosen sind, stellen sie doch die introvertiertesten Vertreter in diesem Teil des Gartens dar. Große, runde Blüten steuern hauptsächlich Dahlien bei. Meiner Ansicht nach könnten neuere Rosen, speziell solche in flammenden Farben, eine weit bedeutendere Rolle spielen. Eine solche Pflanzung lässt sich in vielen Gärten nachahmen, vielleicht ergänzt durch spektakuläre Beet- und Blattpflanzen wie hohe *Tagetes erecta*, größere Balsaminen *(Impatiens)* aus Neuguinea, leuchtende Surfinia®-Petunien und *Wigandia*. In solcher Gesellschaft können sich nur die auffallendsten neueren Rosen in den wärmsten Farben behaupten; bescheidenere, zurückhaltendere Sorten gehen hier unter.

Ein ganz anderer Ansatz aus jüngster Zeit, der sowohl in Großbritannien als auch in Nordamerika positiv aufgenommen wurde, hat seinen Ursprung in deutschen Gärten, wo Pflanzen nach ökologischen Gesichtspunkten, also der Eignung für den Standort, ausgewählt werden und über Jahre eine harmonische Gemeinschaft mit ihren Nachbarn bilden. Dieser Stil eignet sich vor allem für naturnahe Pflanzungen, für die sich einige Wildrosen anbieten sowie Hybriden mit Wildcharakter – ein Thema, das im folgenden Kapitel über »Naturnahe Gärten« ausführlich erörtert wird.

Dass sich das *Mixed Border* mit Rosen innerhalb eines Jahrhunderts derart durchsetzen konnte, ist im Wesentlichen auf drei Faktoren zurückzuführen: Erstens befasste sich die Gartengestaltung nicht mehr vorrangig mit herrschaftlichen Anwesen, die jeder Gattung einen separaten Bereich bieten konnten. Immer mehr Gartenbesitzer waren gezwungen, alle Pflanzen auf ein und derselben Fläche unterzubringen. Zweitens erkannten diese mehr und mehr die Bedeutung von Architektur, Struktur und Textur der Bepflanzung; sensibilisiert durch die Schriften von Gertrude Jekyll bemerkten sie die Eintönigkeit des Rosenlaubs, ein Mangel, der sich durch entsprechende Begleitpflanzen indes ausgleichen lässt. Drittens waren die Gartenfreunde nicht mehr bereit, sich mit einer lediglich ein bis zwei Monate lang attraktiven Bepflanzung zufrieden zu geben. Diese Forderung betraf auch öffentliche Anlagen, deren ausschließlich auf eine Jahreszeit beschränkte Rabatten zwangsläufig enttäuschend wirken mussten und zur Folge hatten, dass die Gartenliebhaber allesamt zur Blütezeit herbeiströmten und in der übrigen Zeit ausblieben.

Die öfter blühenden Sorten der neueren Busch- und Strauchrosen liegen im allgemeinen Trend zu längerer Blühdauer und haben die Beliebtheit des *Mixed Borders* gefördert. Mit dem Erscheinen der Rugosa-Rosen und Moschata-Hybriden (in den Jahren um 1900) wurde ein beträchtlich längeres Blütenschauspiel möglich. Die größeren Teehybriden und Floribunda-Rosen, einschließlich derjenigen, die eine Mittelstellung zwischen beiden einnehmen (in den Vereinigten Staaten als Grandiflora-Rosen klassifiziert), sollten sich ebenfalls als Bereicherung des *Mixed Borders* erweisen. Die skulpturale Gestalt vieler Rosen, ihre relativ großen Blüten, die ausgedehnte Saison und ihre breite Farbpalette sichern ihnen eine tragende Rolle im *Mixed Border*.

Für die Einzelstellung haben einige Floribunda-Rosen und die meisten Teehybriden im Verhältnis zur Gesamtgröße der Pflanze ohne Frage unangemessen große Blüten. Dies tritt vor allem in kleinen Gärten zutage, wo riesige Rosenblüten überdimensioniert wirken können. Vielleicht sollte man in wirklich winzigen Gärten besser ganz auf Teehybriden verzichten und stattdessen Floribunda-, Patio- und Miniaturrosen mit passenderer Blütengröße pflanzen. Buschrosen sind für große Rabatten ein bisschen zu klein, es sei denn, man setzt mehrere Exemplare zu einer Gruppe zusammen. Genauso gehen wir intuitiv auch mit den meisten Stauden um, die wir kaum je einzeln verwenden.

Der Wert des *Mixed Borders*, und gleichzeitig der Grund dafür, dass ihm Leute wie Graham Thomas so große Achtung zollen, liegt in dem Volumen, das Sträucher und selbst kleine Bäume der Staudenpflanzung verleihen, sowie der strukturellen Wirkung, die es sogar im Winter entfaltet. Aufgrund ihrer größeren Höhe und Substanz lassen sich *Mixed Borders* auch als Grenze zwischen dicht aufeinander treffenden Gartenräumen nutzen; selbst den spektakulärsten Rabatten verleihen sie zusätzliche Dramatik.

Obgleich zahlreiche moderne Rosen den ganzen Sommer über bis zum Herbst blühen können, besitzen oft ausgerechnet unsere Lieblingssorten eine relativ kurze Blütezeit, in der Regel im Frühsommer. Wer einen so großen Garten besitzt, dass Rabatten für eine einzige Jahreszeit möglich sind, kann die spätsommerliche und herbstliche Tristesse dieser Rosen durch ein reines Frühsommer-*Mixed Border* umgehen und ausdauernd blühende Rosen in Rabatten setzen, die ohne Unterbrechung vom Frühling bis zum Herbst für Aufmerksamkeit sorgen. Wo indes lediglich für eine Rabatte Platz ist, kann die eine oder andere geliebte einmal blühende Rose durchaus Aufnahme finden; zu viele davon würden jedoch mit ihrem funktionslosen, monotonen Grün das Wechselspiel von Farben und Texturen für einen Großteil des Jahres empfindlich stören.

Eine Faustregel besagt, dass wenigstens ein Drittel, besser die Hälfte der Pflanzen einer Rabatte rund ums Jahr etwas zu bieten haben müssen, soll das Zusammenspiel von Farben und Texturen dauerhaft funktionieren. Zu viele Pflanzen ohne Schauwert können jede geplante Wirkung restlos zunichte machen. Im Umkehrschluss besagt die Regel, dass Pflanzen für Rabatten ein Drittel bis die Hälfte der Saison einen gewissen Zierwert besitzen sollten. Eine Rabatte, die lediglich im Winter etwas an Reiz einbüßt, soll immerhin sieben bis acht Monate lang die Blicke auf sich ziehen; unter solchen Umständen kann einer nicht einmal acht Wochen blühenden Rose kaum eine prägende Rolle zukommen.

Manche Rosen können zusätzliche Trümpfe ausspielen, etwa schöne Hagebutten (die allerdings selten wirkungsvoll genug sind, es sei denn, sie sind so zahlreich und auffallend geformt wie die Früchte von *Rosa moyesii*); auch eine schöne Herbstfärbung ist ein attraktives Plus. Solche Vorzüge können die »Spielzeit« der Rose so weit verlängern, dass ihr mit Fug und Recht ein Platz in der Rabatte zusteht. Würde man an alle Sträucher so strenge Kriterien anlegen, würde rasch deutlich, dass wenige so dankbar sind wie Rosen. Pfeifenstrauch *(Philadelphus)*, Deutzie, Weigelie und andere machen sich in der Frühsommerrabatte sehr gut, über einen längeren Zeitraum können sie jedoch nicht überzeugen.

RECHTS Die Rose 'Geranium' im »Purple Border« von Sissinghurst. In einem solchen, schnell etwas schwer wirkenden Farbkonzept sorgt diese *R. moyesii*-Hybride mit ihren kirschroten Blüten und den auffallenden orangeroten Hagebutten im Herbst und Winter für einen lebhaften Kontrast.

Der Fehler dieses Ansatzes ist, dass wohl nur Sträucher mit abnormer Laubfärbung oder imposanter Form wie *Chusquea*, *Aralia elata* oder der Pagodenhartriegel *(Cornus controversa)* den Test bestehen würden. Diese sorgen zwar für extravagante Kontraste und Dramatik, strahlen aber keinerlei Ruhe aus. Einige weniger extreme Laubfärbungen sind im *Mixed Border* indes sehr wirkungsvoll: Bei einem Weiß-Silber-Thema etwa sind grellbunte Panaschierungen nicht erforderlich; zarte Silbertöne können, bei interessanter Textur und richtiger Größenabstimmung durch sachgemäßen Schnitt, das Motiv fortführen. Silberweide *(Salix alba* var. *sericea)* oder Rosmarinweide *(S. eleagnos* ssp. *angustifolia)*, gestutzt oder als Kopfweiden, sowie Ölweiden *(Elaeagnus* 'Quicksilver'*)* machen sich ausnehmend gut in weißen oder pastellfarbenen Kompositionen. Und selbst eine ausgefallene einmal blühende Rose oder auch ein Pfeifenstrauch *(Philadelphus)* wäre denkbar, vielleicht mit einer spät blühenden *Clematis* wie 'Alba Luxurians' drapiert. Man sollte den Trick mit den Waldreben allerdings nicht zu sehr strapazieren und jeden abgeblühten Strauch in *Clematis*-Blüten hüllen; sonst wirkt dieser Effekt, der ungezwungenen Charme ausstrahlen sollte, schnell affektiert und ermüdend. Natürlich lassen sich andere Kletterpflanzen auf die gleiche Art verwenden, vor allem Einjährige wie zum Beispiel Prunkwinden *(Ipomoea)*.

In Kiftsgate Court (Gloucestershire) gesellen sich üppige rote Floribunda-Rosen zum purpurnen Laub von Gartenmelde *(Atriplex hortensis* var. *rubra)* und Perückenstrauch.

Wo aber Überraschungseffekte gefragt sind, ist panaschiertes Laub genau das Richtige. Zu den auffallendsten buntlaubigen Pflanzen gehören weiß oder golden gerandete Aralien *(Aralia elata* 'Variegata' und *A.* 'Aurovariegata'*)*. Ausgezeichnet sind Hartriegel wie *Cornus alba* 'Elegantissima' (weiß gerandet) und die goldgelb panaschierten 'Spaethii' und 'Gouchaltii'. Sie können jedes Frühjahr auf etwa 1,4 m zurückgenommen werden. Werden höhere Exemplare gebraucht, schneidet man im Zweijahresrhythmus die Hälfte der zweijährigen Triebe heraus; das einjährige Holz bleibt jedes Jahr stehen. Noch mehr Höhe ist möglich, wenn der Schnitt alle drei Jahre erfolgt und jeweils ein Drittel der Triebe herausgenommen wird. Diese Methode lässt sich auch auf buntlaubigen Holunder übertragen.

Auch bei purpurblättrigen Pflanzen empfiehlt es sich, nicht unbedingt zu den extremsten Varianten zu greifen, sei es für Zusammenstellungen in warmen Farben oder mit sanfteren Tönen von Blau über Rosa bis Karmesinrot. Weniger grelle Kombinationen lassen sich mit buntem, aber nicht intensiv purpurnem Laub erzielen, etwa der verhaltenen grau-purpurnen Schlehe *Prunus spinosa* 'Purpurea' oder des purpurn überlaufenen Perückenstrauchs *(Cotinus coggygria* Rubrifolius-Gruppe*)*. Solche zarteren Töne wirken weniger aufdringlich und verhindern, dass ein ohnehin farbenfrohes Bild zu »dick« und überladen wirkt.

Kräftig purpurfarbenes Laub, so nützlich es in kunstvoller gestalteten Bereichen in Hausnähe sein mag, kann in eher naturnahen Teilen des Gartens übertrieben und fehl am Platz wirken. Wo tiefes Purpurviolett wirklich erforderlich ist, sollte man möglichst nicht zu den dunklen Varianten von *Prunus*, Ahorn oder Haselnuss greifen, zumal es hervorragende Cultivare des Perückenstrauchs *Cotinus coggygria* gibt, wie etwa 'Royal Purple', aber auch von Berberitzen wie *Berberis* × *ottawensis* 'Superba' und *B. thunbergii* 'Atropurpurea Nana'. Wenn es ein kleiner Baum sein soll, ist der Kanadische Judasbaum *(Cercis canadensis* 'Forest Pansy'*)* sehr hübsch.

Ich habe zwar Vorbehalte gegenüber purpurlaubigen *Prunus*-Gehölzen und Ahornen, doch ich erinnere mich an eine bemerkenswerte Kombination, die Rose 'Climbing Masquerade' in einem rot überlaufenen Zierapfelbaum, die mit ebendiesen Bäumen vielleicht noch wirkungsvoller wäre. Es handelt sich keineswegs um eine besonders edel wirkende Rose, doch die Kombination von dunklem Laub mit Girlanden gelber, orangefarbener und

RECHTS Das blasse Gelb der Strauchrose Tall Story® bildet einen schönen Kontrast zu den blauen Blüten des Storchschnabels. *Gillenia trifoliata*, Weidenblättrige Birne, weißer Storchschnabel und Malven fügen sich harmonisch ein. Der leuchtend rote Schlafmohn kontrastiert ausgezeichnet mit der Rose; er ist allerdings etwas spärlich vertreten und lenkt zudem ab von dem vorherrschenden Gelb-, Blau- und Weiß-Thema.

roter Blüten ist so überwältigend, dass sie einen Versuch mit einem anderen purpurlaubigen Baum lohnt, der, im Gegensatz zum Zierapfel, sein dunkles Laub bis zum Herbst behält. Die purpurlaubige Schlehe ist allerdings zu blass und grau, um ein vergleichbares Feuerwerk zu entfachen.

Auch Pflanzen mit gelbem Laub können im *Mixed Border* mit Rosen sehr wertvoll sein, sei es in einer Komposition in flammenden Farben, die auch purpurnes Laub, gelbe, orangefarbene und rote Blüten einbezieht, oder in schlichten Kontrasten aus weißen, gelben und blauen Blüten und blaugrünem Laub. Besonders nützlich sind hier Sträucher wie der Pfeifenstrauch *Philadelphus coronarius* 'Aurea' und der Traubenholunder *Sambucus racemosa* 'Plumosa Aurea', Tatarischer Hartriegel *(Cornus alba* 'Aurea'*)* oder Orangenblume *(Choisya ternata* Sundance*)* für den vorderen Bereich der Rabatte und Robinien *(Robinia pseudoacacia* 'Frisia'*)* als Hintergrund oder vorn als vertikaler Akzent. Aber auch der Lederhülsenbaum *(Gleditsia triacanthos* 'Sunburst'*)* kann durch Schnitt klein gehalten oder wie ein großer Strauch behandelt werden wie im so genannten »Long Border« in Great Dixter. Das eindrucksvollste Blattwerk unter den goldlaubigen Pflanzen besitzt vermutlich der Trompetenbaum *Catalpa bignonioides* 'Aurea'; wird er durch entsprechenden Schnitt zu reicher Verzweigung knapp über Bodenhöhe angeregt und jedes Frühjahr rigoros auf etwa 1,4 m zurückgenommen, entfalten sich riesige Blätter von subtropischer Üppigkeit – ebenfalls in Great Dixter zu sehen.

Das rosa überlaufene, blaugraue Laub der Hechtrose *(Rosa glauca)* als Hintergrund für Fackellilien *(Kniphofia* 'Sunningdale Yellow'*)*, Färberkamille *(Anthemis tinctoria* 'E. C. Buxton'*)* und Mutterkraut.

Floribunda-Rosen und Teehybriden werden häufig in *Mixed Borders* verwendet, jedoch selten wirklich gekonnt. Neben dem bereits angesprochenen Problem der Proportionen wird auch dem Laub zu wenig Beachtung geschenkt; Sorten mit dem am wenigsten derben Laub sollten stets bevorzugt werden. Kataloge enthalten kaum je einen Hinweis auf die Beschaffenheit der Blätter, in Rosenschulen oder Sichtungsgärten kann man sich jedoch selbst ein Bild machen. Viel zu wenig genutzt wird bislang das gewaltige Potential von Patio- und Bodendeckerrosen. Die Abneigung gegen Bodendecker dürfte unter anderem damit zusammenhängen, dass man sie mit Kreisverkehrsinseln und Parkplätzen von Supermärkten assoziiert, wo selbst edelste und spektakulärste Sorten unter Umständen vulgär und deplatziert wirken. Diese Sorten eignen sich aber gut für das *Mixed Border*. Solche mit niedrigem, bogigem Wuchs sind am schönsten, wenn sie sich frei entfalten können, und sollten im vorderen Bereich der Rabatte von kleinwüchsigen Pflanzen eingerahmt werden, nicht von Stauden ähnlicher Höhe. Große Rosen mit bogig überhängendem Habitus wie *Rosa moyesii* und die Hechtrose, *R. glauca*, brauchen ebenfalls etwas Platz, um ihren anmutigen Wuchs entfalten zu können.

Den in den Katalogen angegebenen Wuchshöhen schenkt man am besten nicht allzu viel Beachtung; durch entsprechenden Schnitt lassen sich die Rosen weitgehend an ihren Standort anpassen. Nur leicht zurückgeschnitten, bilden zahlreiche Floribunda-Rosen eindrucksvolle kleine Strauchformen, in der Größe den Sträuchern im mittleren Bereich der Rabatte vergleichbar. Um zu verhindern, dass sie verholzen und blühunwillig werden – zumindest in der Nachblüte –, nimmt man am besten alljährlich ein Viertel bis ein Drittel der älteren Triebe bis zum Boden zurück. Einige Säulenrosen, kleinwüchsigere Rambler wie 'Maigold', geben beeindruckende, ausladend wachsende Sträucher ab, wenn man ihnen im vorderen Teilbereich großer Rabatten genügend Raum gewährt.

Wenn eine Rabatte vom Frühling bis zum Sommer Aufsehen erregen soll, müssen die Rosen möglichst lange Farbe beisteuern. Mit öfter blühenden Sorten allein ist es allerdings nicht getan; wichtig sind auch starker Rückschnitt im Frühjahr und konsequentes Ausbrechen der verwelkten Blüten, damit die nachwachsenden Triebe über genügend Kraft für einen üppigen zweiten Flor verfügen. (Das Gleiche gilt für die Partner der Rosen in der Rabatte, Glockenblumen etwa oder Salbei.) Ein leichter Frühjahrsrückschnitt führt zu einem üppigen ersten Flor, dafür aber nur zu vereinzelten Blüten im Spätsommer und Herbst. Dank der sparsameren Verwendung von Rosen im *Mixed Border* treten Infektionskrankheiten zwar seltener auf, dennoch sollten organisch orientierte Gärtner sich auf Sorten beschränken, deren Nachblüte nicht durch Sternrußtau, Rosenrost oder andere Blattkrankheiten beeinträchtigt wird. Wer sich nicht scheut, Pestizide einzusetzen, kann anfällige Sorten regelmäßig mit dem entsprechenden Fungizid spritzen. Das Präparat sollte allerdings mindestens einmal jährlich gewechselt werden, um der Bildung von Resistenzen entgegenzuwirken.

Obgleich sich *Mixed Borders* von Rabatten, in denen Rosen dominieren, unterscheiden, gelten doch vielfach die gleichen Prinzipien wie für Rosenbeete, sei es bezüglich der Unterpflanzung, der Verwendung von Zwiebeln oder der Kontraste von Form und Textur. Von den verschiedenen Pflanzen, die zwischen die Rosen gesetzt sind, muss nicht unbedingt jede eine Schlüsselrolle im Gestaltungsschema übernehmen. Eine Rabatte, die nicht aus weiten Flächen undefinierbaren Laubs besteht und in der Formen, Texturen und Blatteffekte wirkungsvoll eingesetzt sind, verkraftet auch einige Gewächse, die zwar dekorativ wirken, aber kaum durch markante Formgebung auffallen – winterharte *Geranium*- oder *Galega*-Arten etwa –, ohne dass der Gesamteindruck darunter leidet.

Die Kletterrose 'Maigold', als Strauch gezogen, unterpflanzt mit *Nectaroscordum siculum*.

Wohl die meisten Gartenfreunde wünschen sich *Mixed Borders*, die vom Frühling bis zum Herbst Aufmerksamkeit auf sich ziehen und dank markanter Strukturen von Laub und Geäst selbst im Winter einen Blickfang darstellen. Den Anfang machen Frühlingsblüher, einschließlich Blumenzwiebeln, deren Platz später von den Blättern anderer Blütenpflanzen ausgefüllt wird. Primeln, Primula-Polyantha-Hybriden, Lungenkraut, Elfenblumen und dergleichen gedeihen bestens unter Laub abwerfenden Sträuchern und Rosen, obwohl sie den Sommer über wenig Licht bekommen. Junges Laub von Rosen, besonders intensiv rot-purpurnes, ist in Pflanzenkombinationen sehr wirkungsvoll. Wenn die Rosen als Ergänzung von Primula-Polyantha-Hybriden, Tulpen oder Narzissen dienen sollen, müssen sie ziemlich früh geschnitten werden, sonst wirken sie noch zu staksig, wenn ihre Begleiter bereits in voller Pracht stehen.

Früh blühende Zweijährige können ebenfalls die Lücken ausfüllen, die die Frühlingsblumen hinterlassen. Wie geschaffen sind Goldlack, Vergissmeinnicht und Silberblatt, auch etwas spätere Zweijährige wie *Smyrnium perfoliatum* und Nachtviole *(Hesperis matronalis)* eignen sich, wenn sie von Stauden, die später austreiben, abgelöst werden. Ganz ähnlich können Zweijährige auch in Sommerblumenbeete eingebunden werden, besonders im vorderen Bereich. Wenn die Zweijährigen allerdings so spät erscheinen wie die *Smyrnium*-Arten, Nachtviolen und Bartnelken, müssen die Sommerblumen auch relativ spät ausgepflanzt werden (sie sollten allerdings nicht zu lange in den Töpfen stehen, wo sich die Wurzeln nicht ausbreiten können).

Die gleichen Prinzipien gelten für eine Frühsommerbepflanzung, wie sie in Sissinghurst einige Jahre praktiziert wurde. Geradezu himmlisch war die Kombination von Fingerhüten *(Digitalis purpurea* f. *albiflora* und *D. p.* 'Sutton's Apricot'), Holunder *(Sambucus* 'Guincho Purple') und Rosen wie der blassgelben 'Pax' und der zart pfirsichfarbenen 'Penelope'. Die Fingerhüte brauchen reichlich Nährstoffe, um imposante Blütenstände und zahlreiche Seitentriebe hervorzubringen. Als Beetpflanzen verwendet, werden sie nach der Blüte von frostempfindlichen Stauden abgelöst; sehr schön ist der enzianblaue Salbei *Salvia patens* zwischen silbergrauen Strohblumen *(Helichrysum petiolare)*.

Die Hoch-Zeit der Rosen beginnt im späten Frühjahr, wenn die ersten Wildarten und Hybriden blühen. Viele davon, etwa *Rosa primula*, *R. xanthina* und 'Helen Knight', besitzen gelbe Blüten. Glückliche Besitzer von Gärten in sehr milden Zonen – oder mit einem entsprechenden Mikroklima – können als Ergänzung die Banksrose *(R. banksiae)* in Sträucher klettern lassen. Ein »Klassiker« ist die Kombination mit Säckelblumen *(Ceanothus)*, wenngleich die tiefblauen Formen vielleicht nicht ganz so wirkungsvoll sind wie die etwas helleren. Die meisten früh blühenden Rosen müssen unmittelbar nach der Blüte geschnitten werden, damit die Triebe für das kommende Jahr ausreifen können; *R. banksiae* braucht allerdings nur gelegentlichen Rückschnitt.

Weitere Pflanzen, die über längere Zeit ein Blickfang sind und gemeinsam mit den genannten blühen, sind die Wolfsmilchgewächse, insbesondere Cultivare von *Euphorbia characias* ssp. *wulfenii* und die hellgrüne *E. polychroma* 'Major' sowie *E. griffithii*; statt der stark wuchernden *E. g.* 'Fireglow' wählt man besser 'Fern Cottage', 'King's Caple', 'Robert Poland' oder 'Dixter', falls bronzefarbenes Laub gewünscht ist. Kardonen und Gemüseartischocken *(Cynara cardunculus* und *C. c.* der Scolymus-Gruppe*)* zeigen früh schon hübsches Laub, obgleich sie im Spätsommer etwas unordentlich wirken können. Monatelang blühen zahlreiche Stiefmütterchen und Gartenveilchen, sofern der Sommer nicht zu heiß und trocken ist.

Frühe Waldreben wie *Clematis montana*, *C. alpina* und *C. macropetala* können angrenzende Mauern oder auch Sträucher überspinnen; die außerordentliche Wuchsfreude von *C. montana* kann allerdings Probleme bereiten – bei beschränktem Platz muss sie durch entsprechenden Schnitt eingedämmt werden. Es gibt nur wenige frühlingsblühende Sträucher, die so lange attraktiv bleiben, dass sie für eine Rabatte mit sehr ausgedehnter Saison in Betracht kommen; einige Berberitzen (in Arten und Sorten) bestehen den Test jedoch, darunter die blaulaubige *Berberis temolaica* und *B. dictyophylla*, die purpurviolette *B.* × *ottawensis* 'Superba', *B. thunbergii* 'Atropurpurea' und 'Atropurpurea Nana', aber auch die immergrünen wie *B. darwinii* und die leicht rückläufige *B.* × *stenophylla* und ihr Sport 'Lemon Queen'. Die rosa gefleckte *B. thunbergii* 'Rose Glow' oder *B. t.* 'Harlequin' mögen etwas »unordentlich« wirken, bringen aber einen etwas helleren Purpurton ins Spiel, der in bestimmten Situationen von Vorteil sein kann. Eine bewährte kleinere, sehr wertvolle Pflanze ist ausdauernder Goldlack, insbesondere 'Bowles Mauve', der über Monate reichlich blüht; er ist allerdings kurzlebig, kann an exponierten Stellen unter Wind leiden und in strengen Wintern eingehen.

Natürlich gibt es viele Sträucher, die im Frühling atemberaubend wirken, den Rest des Jahres aber wenig Zierwert besitzen. Bei manchen, wie etwa Ginster *(Cytisus*-Cultivare*)*, Spierstrauch *(Spiraea* 'Arguta'*)* und Tamariske *(Tamarix tetrandra* oder die ganz ähnliche *T. parviflora)*, unterstreichen die Blüten den anmutigen Wuchs, der kaum ins Auge fällt, solange nur Triebe und Blätter zu sehen sind. Beide Tamarisken blühen so kurz, dass sorgfältige Abstimmung nötig ist, wenn sie gleichzeitig mit frühen Rosen und anderen Rabattenblumen blühen sollen. Andere wie Flieder und Schneeball *(Viburnum opulus* 'Roseum'*)* verdanken ihre Wirkung der unverwechselbaren Form ihrer Blütenstände. Wo es zu kalt ist für den Banksrosen-Säckelblumen-Kunstgriff, kann man eine gelbe Rose, etwa die primelgelbe *Rosa xanthina* f. *hugonis* oder die goldgelbe 'Helen Knight', mit einem tief purpurvioletten Flieder *(Syringa)* wie 'Andenken an Ludwig Späth' oder 'Charles Joly' kombinieren. Eine besonders erlesene Staudenpfingstrose, *Paeonia mlokosewitschii*, deren grau überlaufene, rötlich getönte Blätter große buttergelbe Blütenkelche umgeben, passt sehr schön zu frühen, kleinblütigen Rosen. Allerdings hat keine dieser Pflanzen – sei sie auch noch so reizvoll – auch in der übrigen Zeit ihren Platz verdient. Solche flüchtigen Schönheiten können in Gärten, in denen genügend Platz ist, in eine reine Spätfrühlingsrabatte aufgenommen werden. Eine Kombination dieser kleinen Auswahl an Gat-

Die Rugosa-Rose 'Agnes'.

LINKS Eine bezaubernd zwanglose Mischung aus Englischen Rosen, Fingerhut *(Digitalis purpurea* 'Sutton's Apricot'*)* und Storchschnabel *(Geranium* × *oxonianum)* in Chenies Manor (Buckinghamshire). Eine so dezente Kombination, mit den Fingerhüten als einzigem Kontrast, wirkt in der Blütezeit ungemein beruhigend; ist sie erst einmal über ihren Höhepunkt hinaus, kann sie allerdings eintönig werden.

SEITE 128–129 Der relativ kleine Garten von Pam Schwerdt und Sibylle Kreutzberger in den Cotswold-Hügeln bietet keinen Platz für eine Vielzahl nach Farbthemen getrennter Bereiche; die Mehrheit der Pflanzen verbindet sich zu einem fröhlich harmonischen Bild, solange Töne wie feuriges Orange oder kräftiges Gelb abgesondert sind. Rosen mit ihren einzigartigen Blüten – etwa die Gallica-Rose 'Charles de Mills' rechts im Bild – spielen eine bedeutende Rolle. An einer Laube präsentiert der Rambler 'May Queen' seine leicht nickenden Blütenbüschel; davor als Blickfang eine panaschierte Keulenlilie.

tungen mit früh blühenden Rosen, dazwischen vielleicht eine anmutige Zierkirsche oder ein Zierapfel *(Malus floribunda)*, wirkt ungeheuer reizvoll und erfrischend ungewohnt.

Wenn der Frühling in den Sommer übergeht, kommen mit der nächsten »Rosen-Welle« weitere Strauchformen wie 'Nevada', die Frühlingsserie, besonders 'Frühlingsgold', aus Hybriden der Bibernellrose *(Rosa pimpinellifolia)*, 'Agnes', *Rosa elegantula* 'Persetosa' (im Englischen »Threepenny Bit Rose« genannt) und, nur leicht zurückgeschnitten und als Strauch gezogen, 'Maigold'. Sie fallen zeitlich mit den Akeleien zusammen, die unbedingt separat stehen müssen, wenn die Reinheit auch dann erhalten bleiben soll, wenn sie sich selbst versamen dürfen. Wachsen unterschiedliche Akeleien dicht nebeneinander, sollte man die welken Blütenstände abschneiden, bevor sie Samen bilden; selbst bei gelegentlicher Teilung geht die Wuchskraft infolge der Häufung von Viruserkrankungen zurück. Die Gewöhnliche Akelei, *Aquilegia vulgaris*, gibt es in Rot, Blau, Rosa und Mauve, einfach oder gefüllt blühend, mit oder ohne Sporn. Alle sind reizend und blühen so lange, dass sie eine hübsche Kombination mit farblich gut passenden Alten Rosen bilden. Zu dieser Jahreszeit scheinen zartgelbe Rosen viel häufiger zu sein als intensiv goldgelbe; beide harmonieren gut mit den scharlachrot-gelben *A. canadensis* und *A. formosa* var. *truncata* sowie langspornigen Hybriden in den gleichen Tönen. Entfernen der welken Blütenstände verlängert die Blütezeit und regt einen Nachflor an; Akeleien verdienen sich also durchaus ihren Platz in einer Rabatte.

Zu anderen wertvollen Pflanzen dieser Jahreszeit zählen die Kamille *Anthemis punctata* ssp. *cupaniana*, die einen silbernen Laubteppich mit unzähligen weißen Blüten für den vorderen Rand der Rabatte bildet, Nelkenwurz *(Geum)* und Baumlupinen sowie Knäuelglockenblumen *(Campanula glomerata* 'Superba'*)*, mit ihrem einzigartigen Violettblau sehr schön zur Unterpflanzung gelber Rosen. Jede von diesen ist beständig genug, um einen Platz in der Rabatte verdient zu haben. Mittelgroße Bartiris sind für diesen Zweck trotz des reizvollen Laubkontrasts weniger geeignet als hohe Formen, die aufgrund ihrer Größe die Monotonie der Rosenbüsche wirkungsvoller auflockern.

LINKS Eine so enge Verflechtung von Apothekerrose *(Rosa gallica* var. *officinalis)* und Sternkugellauch *(Allium christophii)* wie hier in Sudeley Castle ist nur bei rigorosem Rückschnitt der Rose möglich. Der Schnitt verschafft dem Lauch im Frühling genug Licht, um zur Blüte kommen zu können, hält die Rosentriebe niedrig und verzögert die Blüte der Rose so weit, dass beide Pflanzen gleichzeitig blühen.

Auch die diversen Formen des Türkischen Mohns haben in dieser Zeit ihren großen Auftritt; danach ziehen sie allerdings ein und hinterlassen Lücken. Diese lassen sich mit späten Beetpflanzen füllen, aber auch – wie Gertrude Jekyll empfiehlt – mit Dahlien, *Aster divaricatus* oder Schleierkraut *(Gypsophila)*. Die Blüten des Mohns passen mit ihrer runden Form zu jeder Rose in der Rabatte. Rose und Mohn sollten in Farbe und Blütengröße allerdings nicht zu ähnlich sein, sonst geht die ganze Wirkung verloren; um das Problem zu lösen, könnte man eine in Laub und Blüte kontrastierende Pflanze dazwischen setzen. Ähnliche Schwierigkeiten treten auf bei der Kombination von Rosen mit Pfingstrosen – Strauch- wie Staudenformen –, obgleich die meisten etwas später blühen als Mohn. Cultivare der Chinesischen Pfingstrose *(Paeonia lactiflora)* kommen vielen Alten Rosen in Farbe, Blütenform und teilweise sogar Laubtextur so erstaunlich nahe, dass die Zusammenstellung Feingefühl erfordert. Hinzu kommt, dass Pfingstrosen eine relativ kurze Blütezeit besitzen und ihr Platz sich anschließend nicht anderweitig nutzen lässt; am besten sind sie wohl in einer reinen Frühlingsrabatte aufgehoben.

Lauche sind für die Kombination mit Rosen von unschätzbarem Wert. Am verbreitetsten dürfte der rosaviolette *Allium hollandicum* sein mit kugeligen Blütenköpfen auf 90 cm hoch aufragenden Stielen. Sie beginnen gegen Frühlingsende zu blühen und tragen zur Hoch-Zeit der Rosen bereits grüne Samenstände, die später einen zarten Pergamentton annehmen. 'Purple Sensation' und 'Purple Surprise' sind zwei ausgezeichnete, kräftiger gefärbte Sorten. Noch vielseitiger verwendbar ist wohl *A. aflatunense*, weniger rosastichig und bis zu 1,5 m hoch, sonst aber sehr ähnlich. Die Art ist selten; die meisten Gärtnereien verkaufen *A. hollandicum* unter diesem Namen. Die beiden Arten kreuzen sich bereitwillig und produzieren unzählige kaum zu unterscheidende Sämlinge, so dass man sie, wie die Akeleien, besser voneinander getrennt hält.

Zur gleichen Zeit wie die meisten Rosen blüht der Sternkugellauch *(Allium christophii)*, ein Zierlauch mit weitaus größeren Blütenbällen, deren weit auseinander stehende Einzelblütchen wie filigrane Sterne wirken. Auch verblüht ist er mit seinen attraktiven gelbbraunen Samenständen noch ein Blickfang. *A. cernuum* 'Hidcote' macht sich sehr gut am vorderen Rand der Rabatte und changiert farblich zwischen

RECHTS Zierlauche wie *Allium* 'Gladiator' (oben links), *A. hollandicum* (unten rechts) und die ähnliche, aber höhere Art *A. aflatunense* sind bewährte Partner mittelhoher Strauchrosen. Ihre Blütenbälle stehen auf so hohen Stielen, dass sie sich mit den Blüten von Rosen, wie hier der Englischen Rose Gertrude Jekyll®, messen können.

Altrosa und Magentarot. Zu den schönsten größeren, mauvefarbenen Sorten gehören 'Rien Poortvliet', 'Lucy Ball' und 'Gladiator', 'Globemaster' und 'Globus' bestechen durch riesige Blütenköpfe und eine lange Blütezeit, die sie der Elternart, dem Riesenlauch *(A. giganteum)*, verdanken. Leider vergehen die Blätter aller Lauche sehr rasch und werden an den Spitzen bereits braun, wenn die Blüten ihren Höhepunkt erreichen. Es gibt drei Möglichkeiten, dieses Manko auszugleichen: die Zwiebeln durch eine Staude wachsen lassen, die ihre Blätter genau dann entfaltet, wenn die des Zierlauchs einziehen; etwas davor pflanzen, was groß genug ist, um das absterbende Laub, nicht aber die Blüten zu verbergen, oder Beetpflanzen dazwischensetzen, die die Blätter kaschieren, beispielsweise den frostempfindlichen silberlaubigen Halbstrauch *Senecio viravira* zwischen den Sternkugellauch *(Allium christophii)*.

Zu den Sträuchern, denen ein Platz gebührt in einer Rabatte mit langer Saison und die um die gleiche Zeit wie die Rosen ihren Höhepunkt erreichen, gehören verschiedene Sorten der Strauchveronika *(Hebe)* wie 'Midsummer Beauty', 'Watson's Pink' und, für den Vordergrund, 'Mrs Winder', 'Youngii' und 'Blue Gem'; leider sind die meisten sehr frostempfindlich. Malven wie *Lavatera* 'Barnsley' (blassrosa mit fast rotem Auge) und die dunklere 'Rosea' blühen sehr ausdauernd, ihr Flor ähnelt jedoch sehr dem der Rosen. Brandkraut *(Phlomis fruticosa)* und *Brachyglottis* (*Senecio*) 'Sunshine' sind wertvolle graulaubige Pflanzen für den vorderen Rabattenrand, beide mit goldgelben Blüten. Das gewöhnlich als *Phlomis anatolica* oder 'Lloyd's Variety' bezeichnete Brandkraut, ein Cultivar oder eine Hybride von *P. grandiflora*, bringt nur wenige Blüten hervor, aber sehr schöne silbrige Blätter, die allein Zierde genug sind. Auch Johanniskraut *(Hypericum)* gebührt ein Platz im Vordergrund, etwa *H. kouytchense*, *H.* 'Hidcote' und *H.* × *moserianum*, obgleich sich die goldenen Blüten und die Farben vieler Rosen »beißen«. In der größeren Rabatte kommt der etagenförmige Wuchs des aus Asien stammenden Schneeballs *Viburnum plicatum* 'Mariesii' gut zur Geltung. Als Blickfang und Ausrufezeichen wie geschaffen sind *Yucca* und Neuseeländer Flachs *(Phormium*, beide in Mitteleuropa nicht winterhart*)*, Letzterer in zahlreichen bunten Formen, die die Wirkung der Rosen unter Umständen übertönen.

Brandkraut *(Phlomis fruticosa)* und die Moschata-Hybride 'Buff Beauty'.

Bei der Auswahl der Rosen selbst muss man sich keineswegs auf die traditionellen alten oder neuen Strauchformen beschränken: Es gibt einige Rosen mit erstklassigem Laub wie *Rosa soulieana* (blass graugrün), aber auch *R. glauca* (rot überlaufenes Grau) und ihre härtere Hybride 'Carmenetta'. Die größeren Buschrosen sind hervorragend, wenn kräftige Farben gefragt sind, und viele Bodendeckersorten – insbesondere jene mit leuchtenden Blüten und stark gefüllten, eingerollten Petalen – passen viel besser in ein kunstvoll gestaltetes *Mixed Border* als in abgelegenere Gartenbereiche mit eher naturnahem Charakter. Von unschätzbarem Wert sind hier viele von David Austins Englischen Rosen.

Zu den Stauden, die nicht nur zeitgleich mit den Rosen, sondern auch sehr ausdauernd blühen, gehören Hybriden der Garbe *(Achillea)*, die inzwischen neben dem traditionellen Weiß, Rosa, Rot und Gelb auch in Tönen wie Apricot, Orange, Terrakotta, Pfirsichrosa und Cremeweiß erhältlich sind. Sorten, die das Gelb, etwa von *Achillea* 'Taygetea', der Gartenformen, und das Rosa oder Rot der Schafgarbe *A. millefolium* in sich vereinen, verlieren das Rot meist im Lauf der Blütezeit. Viele verblassen von leuchtendem Terrakotta zu hellem Biskuitgelb; harmonische Farbklänge mit allen Tönen ihrer chamäleonartigen Farbpalette zu erzielen ist sehr schwierig, und wirkungsvolle Kontraste sind schier unmöglich. Und doch gibt es einige Buschrosen, die solchen Sorten schmeicheln, besonders jene in warmen Farben wie zartem Orange. Kräftig gelbe Garben wie 'Coronation Gold' passen gut zu warmen Tönen; die höheren, auf *A. filipendulina* zurückgehenden Sorten sind mit ihren großen, leicht kuppelförmigen Korbblüten in intensivem Goldgelb ein kräftiger Kontrast zu Strauchrosen. Verhalteneres Gelb wie das der Gartenformen von 'Taygetea', von 'Moonshine', 'Credo', 'Hella Glashoff', 'Martina' oder 'Lucky Break' lässt sich auch mit etwas zurückhaltenderen Tönen kombinieren, tief dunkelroten oder selbst einigen rosa Rosen, sofern es sich nicht um grelles Pink, Fuchsien- oder Karmesinrot handelt oder um so blasse Farben, dass ein Tupfer Gelb sie »erschlägt«. Es gibt auch einige gute rosa-, karmesin- und tiefrote Cultivare von *A. millefolium* wie 'Cerise Queen' und die prächtige 'Sommerwein', die zu vielen Rosen passen.

Staudenlupinen *(Lupinus polyphyllus* 'Russell-Hybriden'*)* bilden einen ausgezeichneten Formkontrast zu Sommerrosen. Zu den besten Sorten dürften die von Woodfield Bros. in Stratford-on-Avon (Warwickshire) entwickelten Klone gehören, die noch relativ neu und entsprechend selten sind. Aus Samen gezogene Sorten stellen jedoch einen akzeptablen Ersatz dar, trotz gewisser Abweichungen in Wuchsform und Blütenfarbe. Perfektionisten können von jeder Farbe ein Päckchen Samen aussäen und die besten Sämlinge selektieren. Wie viele Stauden lassen sich auch Lupinen durch Zurückschneiden der welken Blütenstände dazu anregen, bis in den Herbst hinein immer wieder vereinzelte Blüten zu entwickeln.

Größere vertikale Akzente fungieren als Blickfang oder verleihen dem *Mixed Border* einen einheitlichen Rhythmus. Diese Rolle können Säulenrosen übernehmen oder Waldreben, aber auch säulenförmig wachsende Koniferen. Auf die Britischen Inseln, wo die Gewöhnliche Eibe *(Taxus baccata)* heimisch ist, passt die Irische Säuleneibe, *T. b.* 'Fastigiata', offenbar besser als nordamerikanische oder italienische – frostempfindliche – Zypressen. Allerdings neigt sie, ebenso wie wir, mit fortschreitendem Alter dazu, in die Breite zu gehen; damit büßt sie viel von ihrer Wirkung als vertikaler Akzent ein. Schnitt beraubt sie ihrer interessanten Textur, und spiralförmige Drähte halten sie zwar schlank, sind aber schlichtweg hässlich. Man kann sie auch rigoros zurückschneiden, das aber führt zur Bildung einer Unmenge rivalisierender vertikaler Triebe, die nie richtig verholzen und vom Wind gebeugt werden. Die einzige Lösung ist, nie mehr als eine Hand voll vertikaler Triebe stehen zu lassen und die schwächeren von Zeit zu Zeit von unten her auszuschneiden.

Geranium psilostemon (oben) und *G. clarkei* 'Kashmir Purple'.

Für den vorderen Rabattenrand ist Frauenmantel *(Alchemilla mollis)* schon so klassisch, dass viele Gartenliebhaber ihn etwas leid sind. Doch die gelbgrünen Blüten können einer pastellfarbenen Rabatte die erforderliche Würze verleihen, düstere Farben aufhellen und erfrischende Kontraste zu orangefarbenen oder scharlachroten Rosen bilden. Durch magentarote Blüten kann eine Rabatte auf ganz ähnliche Weise an Wirkung gewinnen: Eine der schönsten Pflanzen für den Vordergrund ist *Geranium × riversleaianum* 'Russell Prichard', ein reizvoller und ausdauernd blühender Storchschnabel, dessen Triebe sich durch die vorderen Ränge der Rabatte weben. 'Anne Folkard', mit magentaroten Blüten und gelbgrünen Blättern, ist so starkwüchsig, dass sie sich nur für weitläufigere Pflanzungen eignet. Die kriechenden Triebe können bis zu 1 m Höhe erreichen und lassen sich an Erbsenreisern aufrecht ziehen; mit ihren helleren Blättern bilden sie eine Alternative zu *G. psilostemon.*

Wem Magenta zu grell ist, der hat die Wahl zwischen der zarter gefärbten 'Patricia', einem kriechenden, weniger starkwüchsigen Storchschnabel, oder der wie rosa Satin schimmernden *G. × riversleaianum* 'Mavis Simpson', einer etwas rasch welkenden, aber dennoch ausgezeichneten Cousine von 'Russell Prichard'. Für die vorderen Ränge eignen sich auch 'Kashmir Blue', *G. clarkei* 'Kashmir Purple' und 'Kashmir White' sowie die wunderbare Sorte 'Johnson's Blue' (nach Arthur Tysilio Johnson benannt). Die diversen Formen des Wiesenstorchschnabels *(G. pratense)* sind ebenfalls bewährte Rosenpartner, insbesondere die silberblaue 'Mrs Kendall Clark', die zierliche, gefüllte 'Plenum Violaceum' und die dunkelblättrige 'Victor Reiter'.

Weitere ausdauernd blühende Stauden, die ihren Platz im vorderen Bereich der Rabatte verdienen, sind Akanthus mit interessantem Laub und vertikale Akzente setzenden Blütenständen; goldgelbes Mädchenauge *(Coreopsis verticillata)* samt dem primelgelben Cultivar 'Moonbeam' (manchmal eher kurzlebig); aber auch Diptam *(Dictamnus albus)* mit mauverosa oder weißen Blüten und Funkien *(Hosta)*, deren blaugrün belaubte Formen heiße Sommer besser vertragen als panaschierte oder goldlaubige. Besonders nützlich finde ich die ziemlich aufrechten 'Krossa Regal' und 'Snowden', die mit ihren impo-

Seite 134–135 Eine Rabatte mit Bourbon-Rosen ('Prince Charles' und 'Ferdinand Pichard') in Alderley Grange (Gloucestershire); im Vordergrund Storchschnabel *(Geranium × oxonianum)*, Katzenminze *(Nepeta* 'Six Hills Giant'*)*, Heiligenkraut *(Santolina chamaecyparissus)* und panaschierte Apfelminze *(Mentha × suaveolens* 'Variegata'*)*. Die grellen orangefarbenen und gelben Blüten des Scheinmohns bringen eine ländlich-zwanglose Note hinein.

santen Konturen einen wirkungsvollen Gegensatz zu dem vergleichsweise amorphen Laub der Rosen bilden.

Die Blütezeit der Cultivare von *Aster amellus* fällt mit der der Rosen zusammen und dehnt sich bis in den Herbst aus. Mit *Sedum telephium* und *S. spectabile* verwandte Fetthennen sind eine Zierde, lange bevor sich ihre Blüten im Spätsommer oder Frühherbst färben; vor Buschrosen kommen sie sehr gut zur Geltung. Die bezaubernde Hybride 'Herbstfreude' passt mit ihrem intensiven Pink gut zu rosa Rosen, wird im Herbst jedoch ziegelrot, was ganz andere Farbzusammenstellungen erfordern kann. Blüten in kräftigeren Tönen altern ausgesprochen anmutig; weiß blühende Fetthennen wie *Sedum spectabile* 'Iceberg' sind zunächst sehr hübsch, die Blüten verfärben sich jedoch mit der Zeit unansehnlich braun. Die meisten der größeren Fetthennen gefallen jedoch den ganzen Herbst und Winter über durch ihre reizvollen Samenstände.

Grau- und Silbertöne für den vorderen Rabattenrand liefern Katzenminze *(Nepeta racemosa, N. × faassenii* und die viel größere Hybride 'Six Hills Giant'*)* oder Wollziest *(Stachys byzantina)*, etwa 'Cotton Boll' mit blütenlosen Stengeln, 'Silver Carpet' (ohne Blütenstände) und die großblättrige, zögernd blühende 'Big Ears'. Perlpfötchen *(Anaphalis)*, Beifuß *(Artemisia* 'Powis Castle'*)* und die Strohblume *Helichrysum italicum* sind weitere winterharte Stauden, als frostempfindliche kommen die fiederblättrige *Artemisia arborescens*, *Senecio viravira* oder *Helichrysum petiolare* in Frage. Wer sich silbriges Laub und Blüten wünscht, wird sich an Vexiernelken *(Lychnis coronaria)* mit magentaroten, weißen ('Alba') oder weißen Blüten mit rosa Mitte (Oculata-Gruppe) freuen. Die Raute *Ruta graveolens* 'Jackman's Blue' ist ein weiterer »Klassiker« für die erste Reihe, der kahle Rosentriebe kaschiert und einen weichen Übergang zu angrenzendem Pflaster schafft.

Ebenfalls unentbehrlich ist Lavendel, wobei sich die Cultivare von *Lavandula angustifolia* wie 'Hidcote' und 'Munstead' eher für kleinere Gärten eignen als *L.* × *intermedia*-Sorten der Old-English- oder der intensiver silbrigen Dutch-Gruppe, die mehr als 1 m hoch und breit werden können. Aus Samen gezogene Pflanzen von 'Hidcote' und 'Munstead' sollte man besser meiden (sie fallen nicht ganz echt und sind meist von minderwertiger Qualität); aus Stecklingen gezogene Exemplare sind empfehlenswerter.

Für den hinteren Bereich der Rabatte werden nur wenige silber- oder blaugrüne Stauden hoch genug. Federmohn wie die cremeweiß blühende *Macleaya cordata* oder die korallenrote *M. microcarpa* und *M.* × *kewensis* dürften zu den schönsten gehören, obgleich die zweijährige Eselsdistel, *Onopordum nervosum*, unglaublich wirkungsvoll ist, wenn es darum geht, eintönige Laubmassen mit ihren tief eingeschnittenen, kandelaberartig aufragenden silbergrauen Trieben aufzulockern.

Die hochwüchsige Floribunda-Rose Chinatown®, oft als Grandiflora-Rose klassifiziert, kombiniert mit eine Funkie *(Hosta montana* 'Aureomarginata') in Hardwick Hall (Derbyshire).

Taglilien eignen sich für den vorderen wie den mittleren Bereich von Rabatten; die frühesten wie die zitronengelb blühende *Hemerocallis lilioasphodelus* fallen mit im Spätfrühling blühenden Rosen, Storchschnäbeln wie *Geranium sylvaticum* 'Mayflower' und dem ersten Flor von *G.* 'Johnson's Blue' zusammen. Ein Großteil der zahllosen Cultivare blüht, bevor der erste Flor der Rosen vorüber ist; die besten bringen bis zum Herbst immer wieder Blüten hervor. Zwei Eigenschaften machen sie zu idealen Rosenpartnern: gänzlich anderes Laub und eine ausgeprägte Blütenform. Klarheit und Schönheit der Linienführung – in der bildenden Kunst hoch geschätzt – werden beim Pflanzen viel zu selten beachtet. Die Bedeutung schöner Linien für das Gesamtbild lässt sich vielleicht am besten aus den Blumenstudien von Charles Rennie Mackintosh oder den Tafeln von Redoutés *Les Liliacées* ersehen. Enthält eine Rabatte zu wenig Pflanzen mit solchen Qualitäten, kann man kein wirklich befriedigendes Ergebnis erwarten.

RECHTS Das Herz des mauerumzogenen Gartens in Arley Hall (Cheshire) ist umgeben von Beeten mit der Floribunda-Rose Schneewittchen® und Katzenminze und Frauenmantel *(Alchemilla mollis)* als Einfassung. Schneewittchen® ist inzwischen so alt, dass sie etwas Schutz vor Krankheiten braucht, doch sie ist von zeitloser Anmut, anders als viele andere Floribunda-Rosen der 50er und 60er Jahre.

Leider haben etwa 80 Prozent der modernen Taglilien-Züchtungen Blüten mit mehr oder weniger runder Form. Ihnen fehlt jegliche Anmut, und sie schmeicheln den Rosen, die selbst mehr als genug runde Blüten liefern, keineswegs. Solche Sorten scheiden also von vornherein aus; eine gute Wahl sind indes ausdauernd blühende, wohlgeformte Sorten wie 'Marion Vaughn', 'Corky' und 'Golden Chimes'. Selbst die gute alte 'Stafford', von den Taglilien-Fans bereits totgesagt, ergibt mit Rosen eine viel wirkungsvollere Kombination als die Mehrzahl der modernen roten Cultivare. Die meisten Sorten haben genau die richtige Größe für den Randbereich oder die zweite Reihe, wo ihre Höhe in etwa der der Buschrosen entspricht. Und höhere Sorten wie die blass zitronengelbe 'Tetrina's Daughter' (1,5 m) passen ausgezeichnet zu mittelgroßen Strauchrosen wie den Moschata-Hybriden, aber auch zu vielen von David Austins Englischen Rosen.

'Fantin-Latour'.

Mehrere andere Gattungen besitzen so ausgeprägte Blütenformen, dass sie selbst die langweiligste und monotonste Rabattenbepflanzung aufzulockern vermögen. Allen voran sind die Lilien zu nennen, trotz ihres meist wenig reizvollen Laubs. Viele blühen zur Rosenzeit, am bemerkenswertesten sind wohl die Königslilie *(Lilium regale)*, ihr weißer Cultivar 'Album' und die Madonnenlilie *(L. candidum)*. Die Blätter Letzterer vergehen allerdings bereits, bevor sich die Blüten entfalten; das Laub muss daher von niedrigen Pflanzen verdeckt werden, oder man setzt Einjährige zwischen die Zwiebeln.

Im Spätsommer und Herbst bringen die Hakenlilien *(Crinum × powellii* und *C. × p.* 'Album'*)* ausdrucksvolle Blüten hervor, deren Reiz allerdings durch unschönes Laub geschmälert wird, das zu groß ist, um sich gänzlich kaschieren zu lassen. In vielen Pflanzungen haben sie jedoch allein wegen ihrer Blüten einen Platz verdient.

Auch zahlreiche hohe Bartiris bestechen durch außergewöhnlich schöne Blütenkonturen. Dies gilt besonders für ältere Sorten wie *Iris pallida* ssp. *pallida* mit hell lavendelblauen Blüten und blaugrünen Blättern, aber auch für die Deutsche Schwertlilie, *I. germanica*. Leider wurden ausgerechnet diese beiden von den Züchtern intensiv bearbeitet, um ihnen das aufzuzwingen, was William Robinson als »Hässlichkeits-Standards« bezeichnete. Infolge dessen wirken die meisten neueren Sorten zu steif und zu rund, um zur Anmut des *Mixed Borders* beitragen zu können. Es ist daher viel besser, alte Sorten mit eleganten Konturen zu verwenden (sofern sie nicht unproportioniert groß sind), selbst wenn die Farben nicht ganz rein ausfallen.

Zahlreiche weitere Stauden können die Schönheit der Rosen unterstreichen. Unter den Glockenblumen sind *Campanula lactiflora*, ihr weißer Cultivar 'Alba' und die ausgezeichnete 'Prichard's Variety' besonders gut, dazu die verschiedenen Sorten von *C. persicifolia* und *C. latiloba*; alle lassen sich durch Ausbrechen der welken Blüten zu einem zweiten Flor anregen. Empfehlenswert sind außerdem *C. takesimana*, *C. punctata* 'Alba' und die Hybriden 'Elizabeth' in dunklem, rötlichem Rosa, die violettblaue 'Kent Belle' und die graustichig mauvefarbene 'Burghaltii', alle mit großen, langen Blüten. Die wiederholten vertikalen Akzente ihrer nickenden Blüten geben dem Bild eine reizvolle »Körnung«.

Inkalilien *(Alstroemeria)* sind inzwischen in wesentlich mehr Farben als dem bekannten Orange erhältlich; die lachsrosa Hybriden von *A. ligtu* sind jedoch nach wie vor von unschätzbarem Wert. Andere vorzügliche Sorten sind die weiße 'Apollo', die lachsfarbene 'Coronet', 'Orange Gem' und 'Orange Glory', die aprikosenfarbene Princess Caroline®, die zinnoberrote Princess Grace® und die karmesinrote Princess Juliana®. Die Vertreter der kurzstieligeren Little Princess®-Serie eignen sich sehr gut für den vorderen Rand der Rabatte; hierzu gehören die blutrote Princess Carmina®, die lilarosa Princess Mira® und die apfelblütenrosa Queen Elizabeth The Queen Mother®.

Riesenschleierkraut *(Crambe cordifolia)* steuert Wolken weißer Blüten bei, ein bezaubernder Kontrast zu Rosen wie 'Fantin-Latour'. Selbst wenn ihr Grün allmählich zu Pergamentweiß verblasst, sind die Blütenstände noch immer dekorativ. Aber auch andere »luftig« wirkende Blumen wie Verbenen *(Verbena corymbosa)* oder Prachtkerzen *(Gaura lindheimeri)* lassen sich gut mit Rosen kombinieren. Letztere hat weiße Blüten mit einem Hauch Rosa; die neuere Sorte 'Siskiyou Pink' ist mit ihren fast karmesinroten Blüten jedoch viel ausdrucksvoller.

Ähnlich duftig und leicht kann Salbei wirken, etwa Formen des Wiesensalbeis *(Salvia pratensis* Haematodes-Gruppe oder 'Indigo'*). S. forsskaolii* macht allein kaum Eindruck, ist aber sehr hübsch als Hintergrund für tiefrosa Rosen. Imposanter wirken *S. nemorosa, S.* × *superba* und *S.* × *sylvestris* mit kräftigeren Blütenständen in Blauviolett, Altrosa oder Weiß; die blauvioletten Sorten besitzen blaue Einzelblüten mit pflaumenfarbenen Kelchen. Die welken Blüten des Salbeis sollten regelmäßig ausgebrochen werden, damit sich bis zum Herbst immer neue Blüten entwickeln.

Eine ganze Reihe von Pflanzen für das Sommerbeet passt sehr gut zu Rosen; vor den eher plumpen Zwergzüchtungen mit unverhältnismäßig großen Blüten sollte man sich allerdings hüten. Ziertabak ist hier zu nennen: Cultivare von *Nicotiana* × *sanderae*, die unter 25 cm bleiben, sind hässlich und lassen sich kaum in Rabatten einfügen. Die größeren Sorten sind jedoch ungemein wertvoll, obgleich sie bei kühler, feuchter Witterung leicht dem gefürchteten Blauschimmel erliegen, insbesondere, wenn zu viele dicht an dicht wachsen und es an der erforderlichen Luftzirkulation fehlt. *N. alata* 'Dwarf White Bedder' ist groß genug, um anmutig, aber nicht so staksig zu wirken wie die Elternart, und *N.* 'Lime Green' ist eine reizvolle Sorte, die sich mit flammenden Farben verträgt und Rosa- und Mauvetönen Würze verleiht. Ein zusätzlicher Bonus ist ihr Duft; er entfaltet sich bei vielen Cultivaren allerdings erst gegen Abend. Besonders schöne Rosenbegleiter sind die hohe, weiß blühende *N. sylvestris* und die eigenartige *N. langsdorffii* mit nickenden, rundlippigen grünen Blütentrompeten (beide weniger anfällig für Blauschimmel).

Es ist oft nicht einfach, Sommerbeetpflanzen rechtzeitig zur Rosenblüte zum Blühen zu bewegen, es sei denn, sie wurden früh gezogen und gegen Ende des Frühlings in frostfreien Bereichen ausgepflanzt. Bartfaden *(Penstemon)* ist so weit frostresistent, dass er nach und nach abgehärtet und rechtzeitig ins Freiland gebracht werden kann, um mit den Rosen zur Blüte zu kommen. Die meisten Bartfäden sind im englischen Klima einigermaßen winterhart und müssen nur alle paar Jahre neu vermehrt und gepflanzt werden. In kühleren Klimazonen überwintert man Stecklinge frostfrei unter Glas. Strauchmargeriten *(Argyranthemum)* vertragen so gut wie keinen Frost, lassen sich aber problemlos für Beete verwenden. Mit ihren oft blaugrünen Blättern und weißen, gelben oder rosa Blüten sind sie ein ausgezeichneter Vordergrund für Rosen.

Nicht vergessen sollte man Einjährige wie Kosmeen *(Cosmos bipinnatus)* und Verbenen *(Verbena bonariensis)*. Die zahlreichen Kosmeensorten blühen bis zum Frost; sehr niedrige kommen im *Mixed Border* kaum zur Geltung, aber große Sorten (bis 1,5 m hoch) und die Sonata-Serie (60 cm) unterstreichen mit ihren üppigen Blüten und dem fein gefiederten Laub die Wirkung von Strauch- oder Buschrosen. Die an hohen Stielen stehenden Verbenen mit Wolken violetter Blüten schlängeln sich vom mittleren bis zum vorderen Bereich der Rabatte und verhindern so den Eindruck eines gleichförmigen Pflanzenwalls.

In ein *Mixed Border*, das mehrmals blühende Busch- und Strauchrosen enthält, gehören reichlich Blumen, die nach dem ersten Flor der Rosen das Schauspiel fortsetzen. Für den kühlen Bereich der Farbskala (mit Rosen in Weiß, Rosa, Karmesinrot und Purpurviolett) eignen sich Schmucklilien *(Agapanthus)*, *Phlox maniculata* und *P. paniculata*, Japananemonen, *Aster* × *frikartii* und Edeldisteln *(Eryngium)*. Zu Rosen in warmen Farben passen Sonnenbraut *(Helenium)*, Fackellilie *(Kniphofia)*, Montbretie *(Crocosmia)* und Fenchel (grün- wie bronzelaubige Formen).

Die verschiedenen Sorten des Schmetterlingsstrauchs *(Buddleja davidii)* kommen zu ihrem Recht, wenn der erste Flor der Rosen nahezu vorüber ist, und bleiben fast zwei Monate ein Blickfang. Da die welken Blütenstände nicht sehr ansehnlich sind, empfiehlt es sich, sie auszubrechen, insbesondere bei weiß blühenden Sorten. Am spektakulärsten ist *B. d.* 'Dartmoor' mit seinen breiten Blütenrispen, am anmutigsten sind 'Nanho Blue', 'Nanho Purple' und var. *nanhoensis* 'Alba'. Die Hybriden 'Lochinch', 'West Hill' und 'Malvern Blue' sind ebenfalls gut; sie verdanken ihre graue Laubtönung *B. fallowiana*, einer attraktiven Art für mildes Weinbauklima, ähnlich wie *B. crispa*.

Der Straucheibisch *(Hibiscus syriacus)*, als großer Strauch oder kleiner Baum behandelt, ist im Spätsommer und Herbst von unschätzbarem Wert. Zu den besten Sorten gehören die violettblaue 'Oiseau Bleu', die weiße 'Diana', 'Red Heart' (weiß mit roter Mitte), 'Hamabo' (rötlich-rosa mit roter Mitte) und Pink Giant™ sowie 'Woodbridge' in intensivem Rosa. Für rhythmisch wiederkehrende Akzente kann man sie auch als Hochstämme ziehen.

Die wohl nützlichsten einigermaßen winterharten Fuchsien sind die eleganten Formen der Scharlachfuchsie *(Fuchsia magellanica)* und die hohe und imposante 'Checkerboard'; Triphylla-Hybriden wie 'Koralle', 'Mary', 'Thalia' und die ganz ähnliche 'Gartenmeister Bonstedt' machen sich gut vor Rosen in warmen Farben. Die meisten der züchterisch stark bearbeiteten Hybriden sind ein bisschen zu klein und zu unscheinbar für Rosen, zumal ihnen ein anmutiger Wuchs fehlt. Sie bleiben aber meist bis zum ersten Frost dekorativ, wenn andere winterharte Pflanzen längst etwas »unordentlich« aussehen.

Wirken Fuchsien oft zu klein und zierlich, so sind Hortensien nicht

selten sehr groß und etwas zu dominant. Solche mit kleineren Einzelblüten, wie *Hydrangea macrophylla* 'Genérale Vicomtesse de Vibraye', passen eher zu Strauchrosen, aber die meisten Teehybriden und Floribunda-Rosen werden selbst von dieser Sorte erdrückt. Eine in England »Lacecap« (»Spitzenhäubchen«) genannte Gruppe von Gartenformen ist zierlicher und leichter mit Rosen kombinierbar: Die Teller-Sorten – meist mit deutschen Vogelnamen wie 'Möwe', 'Blaumeise', und 'Rotdrossel' – sind besonders wertvoll, neben den bewährten 'Mariesii Perfecta' und 'White Wave'. Sorten von *H. serrata* und die Hybride 'Preziosa' haben ebenfalls flache Blütenstände und sind mit ihrem niedrigen Wuchs ideal für den Vordergrund der Rabatte. Das Blau der Hortensien passt meiner Meinung nach nicht unbedingt zu rosa, lachsfarbenen oder scharlachroten Rosen, sehr gut jedoch zu Weiß oder Gelb. Ebenso wenig harmonieren mauvefarbene, rosa oder rote Hortensien mit Rosen in warmen Tönen.

Hydrangea paniculata wird gewöhnlich jedes Jahr stark zurückgeschnitten, um die Bildung der großen, konischen Blütendolden in Weiß oder Blassrosa anzuregen. Sofern diese nicht zahlreiche sterile Einzelblüten enthalten, die sie duftiger erscheinen lassen, wirken sie neben den Blüten von Rosen und anderen Blumen zu massiv und groß. Bei weniger starkem Rückschnitt wird der Strauch größer, aber die Dimensionen der Blütenstände passen besser zu anderen Rabattenpflanzen. *H. quercifolia* wird ebenso der schönen Blätter wie der Blüten wegen geschätzt; ihren großen Auftritt hat sie jedoch im Herbst, wenn ihr Laub rötlich überlaufen leuchtet. Alle Hortensienblüten färben sich im Herbst grünlich bis bräunlich; mit dem Frost verblasst die chamäleonartige Färbung zu Pergamentweiß. Die markanten Konturen der Blütenstände geben selbst im Winter der Rabatte Struktur.

Die schwerwiegendste und am häufigsten vorgebrachte Kritik des großen deutschen Pflanzenexperten Karl Foerster (1874 bis 1970) lautete: »Schrecklich – ein Garten ohne Gräser!« Obgleich Gräser eigentlich erst im Herbst richtig ins Rampenlicht treten, wenn ihre fedrigen Blütenstände in feinen Gold-, Rosa- und Lohgelbtönen leuchten, tragen sie das ganze Jahr hindurch zur Textur des *Mixed Borders* bei. Nur Gräser mit aufrechtem, schlankem Wuchs wie einige Sorten des Chinaschilfs *(Miscanthus sinensis* 'Strictus', *M. s.* 'Gracillimus', *M. s.* 'Variegatus' und *M. s.* 'Silberfeder'*)* fügen sich gut in die Rabatte ein; Gräser mit mehr bogig überhängendem Habitus wie Riesenfedergras *(Stipa gigantea)*, Federborstengras *(Pennisetum*, in Arten und Sorten*)*, der gestreifte Chinaschilf *(Miscanthus sinensis* 'Zebrinus'*)* und Pampasgras *(Cortaderia)* gehören nach vorn, wo sie ihre natürliche Schönheit voll entfalten können.

Zarte Panaschierungen bei Gräsern hellen dunkle Töne auf und lenken das Interesse des Betrachters auf die Textur, ohne grell zu wirken. Die blassen, schmalen Bänder panaschierter Pampasgräser und einiger Chinaschilf-Sorten sind alles andere als aufdringlich, dennoch passen *Miscanthus sinensis* 'Cabaret' und das frostempfindliche Pfahlrohr *Arundo donax* var. *versicolor* eher in spektakuläre Pflanzungen als in ruhige, ausgewogene Kompositionen. Gräser mit goldgelber Längsstreifung wie *Hakonechloa macra* 'Aureola' und das Pampasgras *Cortaderia selloana* 'Aureolineata' sind hervorragend für warme Farbzusammenstellungen mit Rosen und Begleitpflanzen in Gelb, Orange und Scharlachrot. Die meisten Pampasgräser haben ihren Auftritt erst im Herbst, *C. richardii* gefällt jedoch vom Hochsommer bis in den Winter mit pergamentfarbenen Federschöpfen, die sich im Wind wiegen und Bewegung in den Garten bringen. Dank seines imposanten Wuchses eignet sich das Pampasgras bestens als Blickfang oder als über die ganze Länge der Rabatte wiederkehrender, verbindender Akzent.

Die Auswahl an Herbstblühern ist so groß, dass man eine ganze Rabatte mit ihnen allein bepflanzen könnte, dazu Rosen, die wie einige der China- und Polyantha-Rosen eine üppige Nachblüte oder dekoratives Herbstlaub und schöne Hagebutten beisteuern. Die Palette beginnt mit Astern wie 'Little Carlow', der dunkelstieligen 'Calliope', *Aster turbinellus*, *A. lateriflorus* 'Horizontalis' und *A. amellus* 'Veilchenkönigin', wie in Great Dixter mit tiefrosa *Nerine* kombiniert. Unter den Korbblütlern bietet sich auch die hohe weiße *Leucanthemella serotina* (früher *Chrysanthemum serotinum*) und Sonnenhut *(Rudbeckia hirta)* an, der sehr gut mit der Herbstfärbung vieler Sträucher harmoniert. Aber auch lachsfarben und rot blühender Spaltgriffel *(Schizostylis)*, turmartig aufragende, kunstvoll gestützte *Boltonia*, japanische Ahorne und rot leuchtende Spindelsträucher *(Euonymus)* sind denkbar. Waldreben und Girlanden von Wildem Wein *(Parthenocissus quinquefolia)*, aber auch die frostempfindliche Schönranke *(Eccremocarpus scaber)*, über größere Sträucher und kleine Bäume drapiert, vervollständigen das Bild.

Einige der aufgeführten Herbstblüher bewähren sich aber auch in Rabatten für mehr als eine Jahreszeit. Unentbehrlich sind einige Astern, besonders die ausdauernd blühenden Cultivare von *Aster amellus*. Auch *A.* × *frikartii*-Sorten wie 'Mönch' gefallen vom Hochsommer bis zum

LINKS In Pam Schwerdts und Sibylle Kreutzbergers Garten in den Cotswolds blüht Constance Spry® so früh, dass sie als Hintergrund für spät blühende Zweijährige wie die Nachtviole *(Hesperis matronalis)* dienen kann. Das purpurn getönte Laub eines Perückenstrauchs *(Cotinus* 'Grace'*)* rundet das Bild ab.

Frost, und Laubsträucher mit bunter Herbstfärbung prägen das ganze Jahr über das Bild, bevor sie im Herbst zu einem grandiosen Feuerwerk der Farben ansetzen. Einige spät blühende Sträucher mit schönem Laub und anmutigem Wuchs sind auch schon vor der Blüte eine Zierde. Nicht zu vergessen sind *Perovskia* und Bartblume *(Caryopteris)* mit silbergrauem Laub und saphirblauen Blüten, die vor weißen oder gelben Rosen sehr schön wirken. Die Blüten von *Caryopteris* × *clandonensis* werden im Spätherbst von Samenständen in ungewöhnlichem Türkis abgelöst. Die viel versprechende neue Züchtung 'Pershore' besitzt Blüten in tiefstem Blau. Obgleich sie Temperaturen bis zu – 20 °C verträgt, lassen sich kleine Pflanzen dieser Hybride selbst im englischen Klima nicht immer gut überwintern, insbesondere auf staunassem Boden oder an einem windexponierten Standort; die Ausgangssorte 'Arthur Simmonds' wächst problemlos an.

Im Herbst kommen die Dahlien richtig zum Zuge. Die meisten zeigen warme Farben, und inzwischen gibt es viele mit dunklen Blättern, die sich schön von den leuchtenden Blüten abheben. Diese dürften von der alten *Dahlia laciniata* 'Atropurpurea' abstammen, eine bezaubernde, dezente Pflanze, allerdings in Blatt wie Blüte so dunkel, dass sie von weitem kaum wahrnehmbar ist. Der Einfluss der altbewährten 'Bishop of Llandaff' zeigt sich in fein zerteiltem Laub, eine Verbesserung der meist derben grünen Dahlienblätter. 'Tally Ho' ähnelt 'Bishop of Llandaff', mit ihren kleinen, dunklen Blättern ist sie ebenso hübsch, aber größer, und hat einfache, leuchtend zinnoberrote Blüten, während 'David Howard' gefüllte orangegoldene Blüten und bronzefarbene Blätter besitzt. Die ungefüllten Blüten von 'Moonfire' sind bernsteingelb mit roter Mitte, eine Farbkombination nur für sehr auffallende Kompositionen, aber zweifellos dekorativ.

Unter den zwergigen Beetformen der Dahlien mit dunklem Laub ist die gelb schattierte rote 'Yellow Hammer' zu empfehlen; 'Bednall Beauty' zählt zu den schönsten kleinblättrigen Formen mit roten, stark gefüllten Blüten. Eine der wenigen, die zu rosa bis purpurvioletten Tönen und somit zu Astern passt, ist die ungefüllte 'Mount Noddy', mit ihren zweifarbigen Blüten in Rosa und Magenta nicht unbedingt elegant, aber sehr imposant. Zu den größeren grünlaubigen Dahlien in schönen Herbstfarben gehören die scharlachrote Semikaktusdahlie 'Doris Day' und ihre intensivere, weniger freche Variante 'Alva's Doris'. Die rahmgelbe 'Glorie van Heemstede' zählt zu den seerosenblütigen Dahlien, einer angenehm zwanglos wirkenden Gruppe (verglichen mit den geometrisch abgezirkelten, vielpetaligen Pompon- und Schmuckdahlien), ebenso wie die hohe, einfach blühende 'Autumn Lustre' mit ihren zart orangefarbenen Blüten, eine in dieser Jahreszeit seltene, sehr nützliche Tönung.

Auch der starkwüchsige Feuerdorn *(Pyracantha)* spielt eine Rolle im *Mixed Border*; Rückschnitt fördert die Bildung bogiger Blütenrispen und goldener, orange- oder scharlachroter Früchte im Herbst. Wie die größeren Gräser braucht er mit seinem ausladenden Wuchs reichlich Platz, so dass er im vorderen Bereich der Rabatte am besten zur Geltung kommt. Das Laub wirkt zwar etwas einförmig, doch die dramatisch überhängenden, dicht mit leuchtenden Beeren besetzten Triebe sind im Herbst ein markanter Blickfang. In der Zeit zwischen Blüte und Fruchtbildung kann man ihn mit einjährigen Kletterpflanzen, etwa Prunkwinden wie *Ipomoea lobata*, schmücken.

Die meisten Moschata-Hybriden sind im Spätsommer und Herbst sehr attraktiv, ganz besonders jedoch die lohgelbe 'Autumn Delight'. Die karmesinrote 'Vanity' nimmt, sobald es kühler wird, eine weniger grelle Färbung an, und den blass pfirsichfarbenen Blüten von 'Penelope' folgen im Spätherbst korallenrosa Hagebutten. Dank ihrer Vielseitigkeit und der ausdauernden Blüte ist diese Rosenklasse in den Gärten des National Trust sehr weit verbreitet, fast schon im Übermaß: In Gunby Hall (Lincolnshire) sind ihre Vorzüge in einer Doppelrabatte unter Beweis gestellt. Unter den Polyantha-Rosen blüht 'Mevrouw Nathalie Nypels' im Herbst sehr reich, während aus der Gruppe der Floribunda-Rosen Schneewittchen® so berauschend wie im Frühsommer wirkt. Herbstfarben steuern die Rugosa-Rosen mit rahmgelbem Laub und den scharlachroten Hagebutten bei, die den letzten rosa Blüten allerdings nicht schmeicheln. Die dekorativsten Hagebutten dürften *Rosa moyesii* und ihre Hybriden besitzen; die der Hechtrose *(Rosa glauca)* sind weniger auffallend, das rosa überlaufene, zinngraue Laub färbt sich jedoch reizvoll scharlachrot.

Mixed Borders bieten die reichhaltigste Synthese von Sträuchern, Stauden, Beetblumen und Zwiebelpflanzen. Rosen spielen darin eine bedeutende Rolle, denn sie besitzen die schönsten Blüten und die längste Blütezeit aller winterharten Blütensträucher. Mit geeigneten Begleitern lassen sich Schwächen von Laub und Wuchsform kaschieren, so dass Pflanzungen entstehen, die nahezu jeden Garten verschönern.

RECHTS *Rosa nutkana* 'Plena' (syn. *R. californica* 'Plena') und eine hochrote Sorte der Chinesischen Pfingstrose *(Paeonia lactiflora)* sind in Größe und Farbe so unterschiedlich, dass das Nebeneinander ähnlicher Blüten hier nicht irritiert. Lavendel säumt den Weg; rechts davon Riesenfedergras *(Stipa gigantea)* als Gegengewicht zu der Rose. Die Blütenstände der Fingerhüte aus der Foxy-Gruppe lenken den Blick auf die angrenzenden Felder.

Naturnahe
Gärten

Es mutet paradox an, dass der Garten in früheren Zeiten Ausdruck der Herrschaft des Menschen über die Natur war, ein Versuch, sie zu kontrollieren und zu verbessern. Heute dagegen sind unberührte Landschaften so selten geworden, dass wir oft mit aller Kraft versuchen, die Natur in den Garten zurückzuholen.

William Robinson war der Erste, der das Thema Rosen unter dem Aspekt möglichst naturnaher und zwangloser Gestaltung behandelte, und zwar in seinem erstmals 1870 erschienenen Buch *The Wild Garden*. William Paul hatte allerdings bereits 1848 auf die Verwendung von Rosen in Anlagen von halbwegs natürlichem Charakter hingewiesen. Robinsons Ideen wurden von bedeutenden Autoren wie Reverend Henry Ellacombe (1895) und Gertrude Jekyll (1902) aufgegriffen. Wie wir bereits wissen, äußerte sich auch Shirley Hibberd über die Verwendung von »Hecken- und Wildnisrosen«, die im »Negligé-Stil« »die Stämme überalterter Bäume bekleiden und sich mit dem Efeu an Ruinen verbinden« sollten. Zu Beginn des 20. Jahrhunderts setzte der Pflanzenexperte Reginald Farrer in den mehr naturnahen Bereichen seines Gartens gern Wildrosen ein. Robinson beklagte, es sei zwar allgemein bekannt, wie schön heimische Rosen in zwanglosen Hecken wirkten, doch versuche kaum jemand, sie in den Garten zu integrieren; auch die vielen Wildarten aus anderen Ländern würden ignoriert.

Robinsons Empfehlungen beschränkten sich auf Wildrosen und einfachere Rambler oder Noisette-Rosen mit lockerem, aber üppigem Wuchs; er gab zu, dass es keineswegs leicht sei, die empfohlenen Arten in Gärtnereien zu erhalten. Ungeachtet dessen schilderte er, wie *Rosa multiflora*, *R.* 'Splendens', *R.* 'Dundee Rambler' und *R.* 'Aimée Vibert' in Bäume klettern und Kaskaden von Blüten entfalten könnten. *R. rugosa*, *R. foetida* und *R.* 'Wolley-Dod', in Gras gepflanzt, passten als ansehnliche, große Sträucher seiner Meinung nach gut zu benachbarten kleinen Bäumen. Selbst kleinere Rosen wie *R. nitida* und die Bibernellrose *(R. pimpinellifolia)* würden im Gras gut gedeihen und einen hübschen Blickfang bilden. Seine Pflanzempfehlungen beschränkten sich nicht auf heimische Wildblumen; vielmehr schloss er eine Reihe exotischer Arten ein, oft von auffallend architektonischer Gestalt und manchmal sogar etwas derb, aber nie mit so plumpen und überzüchteten Blüten, wie sie die »Floristen« der damaligen Zeit bevorzugten.

Dieser Stil lebt vor allem in dem Gartentyp fort, den die Briten als »Cornish garden« bezeichnen, obgleich sich zahlreiche Beispiele in Devon und Schottland finden, aber auch in Wales (Bodnant) und Sussex (Leonardslee und Wakehurst), ebenso in Irland (Mount Stewart, Rowallane und Glenveagh). Sie unterscheiden sich allerdings etwas von Robinsons ursprünglichen Vorschlägen: Meist dominieren chinesische Pflanzen, insbesondere Rhododendren; außerdem gibt es gewöhnlich nur wenige markante Staudenpflanzungen und Rosen.

Heute sind wir mit der Einbindung von Rosen, vor allem Ramblern, in diesen Pflanzstil weitgehend vertraut. Wir wissen aber auch, dass es nicht ganz so einfach ist, wie Robinson uns glauben machen wollte. Die Schwierigkeit besteht darin, die Pflanzung trotz der überschäumenden Wuchsfreude mancher Rosen auf Dauer im Gleichgewicht zu halten. Dabei sieht man mehr missglückte als gelungene Beispiele: extrem starkwüchsige Sorten wie 'Kiftsgate', die einen kleineren Baum ersticken oder gar totdrücken; Rosen auf einer Lichtung, die zugewachsen und dunkel ist, bevor sie ihre volle Größe erreichen, so dass nur kümmerliche Triebe ohne eine einzige Blüte zu sehen sind. Oder prächtige und hochgezüchtete Blüten, wo natürliche Schlichtheit gefragt wäre, ganz zu schweigen von Rosengruppen in Wiesen, überwuchert von Ackerwinde. All diese Fallgruben lassen sich jedoch vermeiden, zumal uns heute eine weitaus größere Auswahl an Rosen, Arten wie Sorten, zur Verfügung steht als zu Robinsons Zeit.

Obgleich naturnah gestaltete Gärten inzwischen sehr beliebt sind, gibt es nur wenige wirklich gelungene Beispiele. Der häufigste Fehler besteht wohl darin, mit Gewalt Naturnähe vortäuschen zu wollen, wo sie absolut nicht vorhanden ist – etwa in einem relativ kleinen, rechteckigen Garten. Aber nicht nur der alles andere als wild anmutende Rahmen mit seinen schnurgeraden Grenzen, inmitten geschäftigen Treibens, lässt das Ganze zur Farce werden. Wie sollen Rosen angesichts solch räumlicher Enge ihren natürlichen Wuchs entfalten können? Die Illusion von Natur lässt sich nicht durch Schnittmaßnahmen erreichen, sondern allein dadurch, dass die Pflanzen ihre natürliche Gestalt entwickeln dürfen, in der Regel eine Art ausladender Kuppel, die bei gutem Boden und genügend Licht voll und dekorativ wirkt. Die meisten Wildrosen und viele Hybriden werden jedoch zu groß für den kleinen Garten, und wenn man sie durch Rückschnitt zu bändigen versucht, macht man die natürliche Wirkung zunichte. Dies aber heißt, dass naturnahe Gestaltung mit Rosen nichts für kleine Gärten ist – meiner Ansicht nach erfordert sie eine Fläche von mindestens 2000 m². Ich zögere etwas mit solchen Äußerungen, denn sie erinnern mich an ein Wort, das einem Gärtner im Dienste der Rothschilds in den Mund gelegt wird: »Jeder Garten, wie klein er auch sein mag, sollte aus mindestens 60.000 m² Wald bestehen.« (Je öfter die Geschichte erzählt wird, desto größer wird die Fläche.) Ungeachtet dessen ist es eine Tatsache, dass unsere Rosen ausreichend Platz brauchen, um sich wirklich entfalten zu können.

Viele Versuche naturnaher Gartengestaltung mit Rosen wären wohl zutreffender als Nichtgestaltung oder Verunstaltung zu bezeichnen, besonders was den sorglosen Umgang mit hartnäckigen Unkräutern und die nachlässige Bodenvorbereitung angeht; darüber hinaus werden oft völlig ungeeignete, ungemein starkwüchsige Rosen gepflanzt. Nach etwa drei Jahren ist zwar eine halbwegs reizvolle »Wildnis« entstanden, doch nach fünf Jahren kündigt sich bereits der Niedergang an. Große Sträucher und kleine Bäume ersticken regelrecht unter den Rosen und gehen reihenweise ein. Die frei stehenden Rosen sind längst zu groß für den ihnen zugedachten Rahmen, und Quecken, Winden und Giersch wuchern wieder. Ein paar Jahre wird der Gartenbesitzer vorgeben, dies sei genau der gewünschte Effekt – eine Selbsttäuschung, die im späten Frühling noch glaubhaft klingen mag, solange noch ein paar frische Blätter austreiben und sogar noch vereinzelt Blüten erscheinen. Aber je weiter das Jahr fortschreitet, desto offensichtlicher bleibt nichts als Hässlichkeit. Es gibt nur eine Lösung: alles verkaufen und ausziehen, damit jemand anders das Chaos beseitigt.

Wir alle kennen solche Gärten. Sie begegnen uns auf Bildern, die dank der Kunst des Fotografen ihre Mängel kaschieren. Sie werden in Büchern und Gartenzeitschriften gepriesen als Zeugnis der poetischen Ader ihres Schöpfers, vor allem aber seines Muts, sich über die Tyrannei bewährter gärtnerischer Praxis hinwegzusetzen. Ist das Lob, mit dem diese Gärten überschüttet werden, vergleichbar mit der Heuchelei derer, die des Kaisers neue Kleider bewunderten? Es lässt jedenfalls eine Vorliebe erkennen für Gärtnern ohne Mühe und ohne Kenntnisse – ein Unvermögen, zwischen schön und hässlich zu unterscheiden, oder eine sehr selektive Sicht, die sich auf einige winzige hübsche Flecken konzentriert und das Chaos rundherum ausblendet. Das aber hat nichts mit wirklichem Gärtnern zu tun, das den Gartenliebhaber über Jahre mit Freude erfüllen kann.

Üppige Rosen verbergen einen Zaun längs des Wegs, der den Garten von der Wiese trennt und zugleich die Sicht auf die dahinter liegende Landschaft freigibt.
Seite 144–145 Die Rugosa-Rose 'Fru Dagmar Hastrup'.

Ein guter Gärtner wird stets kritisch genug sein, um solche Fallen zu vermeiden; er weiß, dass sich chaotische Hässlichkeit nicht genießen und auch nicht mit Beschönigungen wie »erfreulich zwanglos« verbrämen lässt – also auch nicht hingenommen werden kann. Naturnahe Gartengestaltung ist kein Freibrief für Gärtnern ohne Mühe. Sie erfordert vielmehr gründliche Vorbereitung und Planung, ein gutes Stück Erfahrung, sorgfältige Pflanzenauswahl und genügend Pflege, damit Balance, Pflanzengesundheit und Unkrautfreiheit erhalten bleiben. Gertrude Jekyll gelang es, großartige naturnahe Gärten zu schaffen, die über Jahrzehnte ihren Zauber bewahrten – Erfolge, an die nach ihr nur wenige anknüpfen konnten.

Grundsätzlich ist nichts einzuwenden gegen Gärten, die so natürlich wie möglich wirken, mit einem Minimum an Formalität und gärtnerischem Eingriff auskommen und keine komplizierten Schnitt- und

Kulturmaßnahmen erfordern. Sie spiegeln die Quintessenz von Robinsons Stilverständnis wider. Voraussetzung für das Gelingen sind jedoch Rosen, die zum jeweiligen Standort passen. Lichtverhältnisse, Säuregehalt des Bodens, Humusanteil und Drainage sollten ihnen vollkommen zusagen. Außerdem brauchen die Rosen Platz, um sich zu entfalten, und die richtigen Begleitpflanzen. Wo die Ausgangsbedingungen nicht stimmen, müssen sie verbessert werden. Ausschlaggebend für den Erfolg ist aber in jedem Fall die Auswahl der Rosen.

Naturnahe Gartengestaltung sollte sich im Wesentlichen am Vorbild der Natur orientieren, unter Verwendung von Pflanzen, die so aussehen, dass man sie auch jenseits des Gartentors vermuten könnte. Verstärken lässt sich die Wirkung durch Einbeziehung der »geborgten Landschaft« der Felder, Hecken und Bäume außerhalb des Gartens, als Abgrenzung vielleicht nur eine niedrige Hecke aus Rosen oder anderen Pflanzen, die gleich einem Passepartout das Blickfeld einrahmen. Dass fremdländische und grelle exotische Gewächse nicht hierher passen, versteht sich von selbst. Es ist klar, dass meine Sicht der Dinge auf Klima und Flora nördlich gelegener, kühl-gemäßigter Zonen gründet, wo es für das Gedeihen einer Vielfalt von Rosen und einer Reihe krautiger Pflanzen und Sträucher kaum Einschränkungen gibt. Gärtner in heißeren Klimazonen oder in der südlichen Hemisphäre müssen sich bei der Pflanzenauswahl natürlich an ihrer heimischen Flora orientieren. Das bedeutet, einen großen Teil der lokalen Wildpflanzen (samt wild aussehender Sorten) zu integrieren und das Gros der traditionellen Gartenpflanzen des Nordens auszuschließen. Dieser Ansatz hat nicht nur ästhetische, sondern auch praktische Vorteile: Ein Garten, der nicht zu den örtlichen Bedingungen passt, wirkt nicht nur befremdend, er ist auch schwer zu pflegen und zu erhalten.

Als Erstes gilt es das Gelände auszuwählen; es sollte den Rosen genügend Platz bieten. Ungünstige Lichtverhältnisse lassen sich eventuell durch entsprechenden Schnitt der Bäume verbessern, zumindest kann man Geäst und Krone etwas auslichten. Ausdauernde Unkräuter, die das Ergebnis gefährden könnten, sollten wurzeltief ausgehoben werden, seien es Brombeeren oder krautige Pflanzen wie Giersch, Vogelknöterich oder Brennnesseln. Unkraut im Gras lässt sich über die Jahre durch beständiges Mähen ausrotten. So lassen sich auch rhizombildende Gräser wie die Quecke in den Griff bekommen, die besonders kleinere Strauchrosen wie Bibernellrose oder *Rosa nitida* beeinträchtigen.

Gute Bodenvorbereitung erübrigt sich keineswegs: Sobald es nämlich dem Boden an Nährstoffen fehlt, werden die Rosen kümmerlich dahinvegetieren. Wildblumenwiesen brauchen zwar mageren Boden, wenn sich die Blumen gegen die Gräser durchsetzen sollen (gut ernährte Gräser verdrängen die Blumen sehr schnell), doch Rosen sind auf fruchtbaren Boden angewiesen. Das bedeutet möglicherweise Maßnahmen zur Bodenverbesserung; überall, wo Rosengruppen gepflanzt werden sollen, muss also ein Beet angelegt werden. Gewiss erwartet man gerade im naturnahen Garten als Letztes über das ganze Gelände verteilte Beete, aber ihre Umrisse verschwinden, sobald die Rosen den Platz ausgefüllt haben und die Unterpflanzung unmerklich mit dem Gras verschmilzt.

Von ganz wenigen Ausnahmen abgesehen, halte ich Rosen in auffallenden Farben oder mit unnatürlich geformten Blüten im naturnahen Garten für fehl am Platz. Wahr ist, dass Alte Rosen stets die Romantik der großen Gärten der Vergangenheit heraufbeschwören. Genau diese Assoziation wecken die Alten Rosen im Garten von Elsing Hall in Norfolk. Ein paar Büsche der zinnoberroten 'Fred Loads' hätten diese Wirkung nicht, auch nicht eine weiße Rose mit klassisch geformten Blüten, nicht einmal Schneewittchen®. Viele Bodendeckerrosen zeigen zwar einen recht lockeren Wuchs, doch orange-, scharlachlachrote oder lachsfarbene Sorten sind in naturnahen Gärten der gemäßigten Zonen deplatziert. Vom Klatschmohn abgesehen gibt es hier kaum Wildpflanzen in diesen Farben, vermutlich sind sie für potentielle Bestäuber nicht anziehend genug. In den Tropen hingegen sind diese Farben unter den von Vögeln bestäubten Pflanzen weit verbreitet. Das Gleiche gilt für größere Sträucher und Rambler; an einen alten Obstgarten, über Jahrzehnte kultiviert und nicht unbedingt naturnah zu nennen, kann man indes weniger strenge Maßstäbe anlegen. Ich hätte nichts dagegen, wenn sich über meine Apfelbäume Blütenkaskaden von 'Albéric Barbier' ergießen würden oder selbst von 'Phyllis Bide' oder 'François Juranville', obwohl 'Félicité et Perpétue' oder 'Adélaïde d'Orléans' kaum zu überbieten sind. Schluss wäre allerdings bei 'Crimson Shower'. Gelb hingegen ist unter Wildblumen so verbreitet, dass es, wie ich meine, akzeptabel ist.

Um größere Sträucher und Bäume mit Blütengirlanden zu überziehen, werden mit Vorliebe Rambler gewählt. Die Rosen sollten auf der Sonnenseite in einem Abstand von mindestens 1–2 m von den Gehölzen gepflanzt werden; sie lassen sich durch einen Stab oder eine

RECHTS Der starkwüchsige Rambler 'Rambling Rector', hier an einer Pergola in Mirabel Oslers Garten in Shropshire, hat einen dunklen Tunnel entstehen lassen, der, ähnlich den unterirdischen Gängen in den Gärten des ausgehenden 18. Jahrhunderts, einen ausgeprägten Kontrast zu Blüten, Laub und Sonnenlicht schafft.

Schon eine einzige Rose genügt, um mit ihrer Blütenpracht einen Akzent inmitten der Landschaft zu setzen, wie hier in Elsing Hall (Norfolk) der Rambler 'Paul's Himalayan Musk'. Mit ihrer zurückhaltenden Farbe und den geschwungenen Linien fügt sich die Sitzgruppe harmonisch in die Umgebung ein, ohne jedoch optisch unterzugehen. Storchschnabel, Mutterkraut und Wiesenmargeriten tummeln sich am Uferrand, dazwischen als Kontrast immer wieder die lanzenförmigen Blätter der Schwertlilien. Aus der Ferne verdoppelt sich das Schauspiel der Rose durch die Spiegelung im Wasser.

Schnur aufleiten. Schnüre sollten nicht zu bunt sein und haltbar genug, um die Zeit zu überdauern, bis sich die Rose sicher an der Stütze verhakt hat. Auf der Schattenseite des stützenden Baums bildet die Rose oft eine Unmenge kreuz und quer stehender Triebe, die wenig ansehnlich wirken und am besten dem Blick entzogen werden sollten.

Die Wahl der Rambler hängt auch davon ab, ob von Zeit zu Zeit ein Rückschnitt vorgesehen ist oder nicht. Wenn kein Schnitt erfolgen soll, müssen sie in der Größe genau zur Stütze passen. Die starkwüchsigsten Arten wie *Rosa filipes* und verwandte Rambler der Sektion *Synstylae* erdrücken und überwältigen mit der Zeit jeden Strauch, ja selbst Bäume von weniger als etwa 15 m Höhe. Solche Rambler lassen sich nicht regelmäßig zurückschneiden, wenn sie erst einmal die Stütze überwuchert haben. Weniger starkwüchsige Rosen, die nur eine relativ geringe Anzahl Triebe bilden, lassen sich eher in Zaum halten; so kann bei den *R. arvensis*-Hybriden wie 'Splendens' eher einmal altes Holz, das nur zögerlich blüht, herausgenommen werden und mittelaltes durch Einkürzen zum Blühen angeregt werden.

Der Rambler 'Phyllis Bide'.

Es gibt so viele Fallstricke, über die man bei der Wahl des richtigen Ramblers für den naturnahen Garten stolpern kann, dass es sich durchaus lohnt, die verfügbare Palette genauer unter die Lupe zu nehmen. *Rosa filipes*, gewöhnlich in Form der verbesserten Sorte 'Kiftsgate' zu sehen, gehört zu den starkwüchsigsten Ramblern (bis zu 15 m hoch) und trägt große Büschel duftender, einfacher weißer Blüten. Sie überzieht problemlos ein Haus oder einen mittelgroßen Baum und lässt sich so schwer lenken, dass sie nur an Standorte gehört, wo sie bis in alle Ewigkeit weiterwuchern darf, ohne geschnitten werden zu müssen oder Bäume und Sträucher zu erdrücken. Ihre Abkömmlinge, die einfach blühende blassrosa Hybride 'Brenda Colvin' und die halbgefüllte creme-aprikosenfarbene 'Treasure Trove', haben ihre Wuchskraft geerbt. Es dürfte wohl auf der ganzen Welt nicht mehr als ein halbes Dutzend Gärten geben, die über einem steil abfallenden Steinbruch oder einer Klippe liegen, von der sich solche Rosen kaskadenartig in die Tiefe ergießen könnten. Für diszipliniertere Sorten tut es aber auch ein Abhang oder eine Stützmauer.

Mehrere andere Arten ähneln *Rosa filipes* in Wuchsfreude und Blüten, darunter die nicht duftende *R. longicuspis*, ebenso groß, jedoch von weniger derbem Wuchs. *R. l.* var. *sinowilsonii* bleibt mit 3,5 m deutlich kleiner, ist aber nicht sehr frosthart. Sie besitzt schönes Laub, kann sich in der Blüte jedoch nicht mit *R. filipes* messen. Ihre Hybride, die wuchernde, ungefüllte cremeweiße 'Wedding Day', ist mit ihrer Fülle köstlich duftender Blüten ebenfalls sehr attraktiv, nimmt allerdings mit der Zeit einen unschönen Rosaton an und wird bei Regen sehr fleckig. Unter dem Namen *R. longicuspis* wird sehr häufig *R. mulliganii* verkauft, eine erstklassige, süß duftende Wildrose, die bis zu 7 m hoch wird. Die etwas starkwüchsigere 'Sir Cedric Morris' ist vermutlich eine Hybride zwischen *R. mulliganii* und der Hechtrose *(R. glauca)*, der sie auch die Purpurtönung ihres jungen Laubs verdanken dürfte.

Von *Rosa multiflora* stammen zahlreiche Rambler, Polyantha- und Floribunda-Rosen ab, denen sie ihre Blütenbüschel vererbt hat. Sie duftet köstlich fruchtig und lässt sich als Strauch ziehen oder bis zu 6 m hoch in Bäume aufleiten. Die Blüten öffnen sich cremefarben, verblassen später zu Weiß und werden von Unmengen von Hagebutten abgelöst. Die stark gefüllte zartrosa *R. m.* 'Carnea' ist ebenfalls sehr reizvoll. Manche der Hybriden vereinen in sich Duft und natürliche Anmut mit zarten Farben und sind wie geschaffen für den naturnahen Garten. 'Paul's Himalayan Musk', ziemlich starkwüchsig mit blassrosa, gefüllten Blüten, wird ebenso hoch. Die üppige, halbgefüllte 'The Garland' (4,5 m) – eine von Gertrude Jekylls Lieblingsrosen – trägt aufrechte Büschel weißer Blüten, die sich aus blass lachsfarbenen Knospen öffnen. 'Rambling Rector' (6 m) ist ähnlich, hat aber biegsamere Blütentriebe und ist von ungestümerem Wuchs, nach Meinung des Rosenzüchters Peter Beales der beste Rambler zum Bekleiden von Bäumen. Graham Thomas indes stören die sich allmählich dunkler färbenden Staubgefäße. 'Seagull' ist eine ganz ähnliche halbgefüllte Rose, mit bis zu 7,5 m Höhe etwas wuchsfreudiger, während 'Bobbie James', ebenfalls halbgefüllt, 9 m erreicht. 'Francis E. Lester' (4,5 m) hat ungefüllte, blassrosa, zum Rand hin dunklere formschöne Blüten mit sonnengelben Staubgefäßen.

Rosa helenae (6 m) unterscheidet sich von *R. multiflora* durch ihr dunkles Laub, das einen hübschen Kontrast zu den kompakten Blütenbüscheln bildet. Sie stehen aufrecht, beugen sich im Herbst aber sehr dekorativ dem Gewicht unzähliger Hagebutten. Nah verwandt ist die 9 m hoch werdende *R. rubus*; sie hat cremefarbene Blüten mit orangefarbenen Staubgefäßen, die einen intensiven Duft verströmen. Die starkwüchsige *R. brunonii* (7,5 m) mit graugrünen Blättern ist angeblich nicht ganz winterhart, aber ihr Sport (oder ihre Hybride) 'La Mortola' soll laut Peter Beales zumindest im Klima von Norfolk zuverlässig frostverträglich sein. Ihre Blätter zeigen einen noch ausgeprägteren Grauton, der sich wirkungsvoll von einem dunkellaubigen Hintergrund abhebt, und die zart texturierten Blüten erscheinen womöglich noch zahlreicher.

Die meisten der genannten Rosen sind zu starkwüchsig und vieltriebig für Standorte, an denen lediglich vereinzelte Girlanden und Zweige erwünscht sind; unansehnliche Strukturen lassen sich vom Dickicht ihrer Triebe indes gut kaschieren. Unter den Hybriden von *Rosa sempervirens* sind ein paar, die eher zähmbar sind; sie dürfen im naturnahen Garten nicht fehlen. 'Flora' (3,5 m) bringt Blütenbüschel mit stark gefüllten rosa Blüten hervor; in Sissinghurst bietet sie, in einen Baum kletternd, zu Füßen einen Teppich aus rosa Sterndolden *(Astrantia)*, ein unvergessliches Bild. Die gefüllten, zartrosa überhauchten weißen Blüten von 'Princesse Louise' (4,5 m) entfalten sich aus rosa Knospen. 'Adélaïde d'Orléans' ist ähnlich, wird aber ein bisschen höher. Ihre in nickenden Büscheln erscheinenden Blüten sind nur schwach gefüllt; 'Félicité et Perpétue' wird ebenso hoch wie 'Adélaïde', hat aber stark gefüllte Blüten mit ungewöhnlich vollem Duft. Ihre zahlreichen Triebe können Sträucher regelrecht ersticken und lassen sich nur schwer

Der Rambler 'Belvedere', in Warwick Castle über Stechpalmen kletternd.

auslichten oder zurückschneiden. 'Aimée Vibert' (4,5 m) ist eine alte Hybride, das Ergebnis einer Kreuzung zwischen einer Noisette-Rose und *R. sempervirens*, und war der erste erhältliche vom Frühsommer bis zum Herbst blühende Rambler. Die Blüten sind rein weiß mit gelben Staubgefäßen. Graham Thomas attestiert ihr, gemeinsam mit *R. longicuspis* var. *sinowilsonii*, »das schönste Laub unter allen Rosen«. 'Princesse Marie' war eine stark gefüllte tiefrosa Sorte. Ich bin nicht sicher, ob sie noch existiert, aber bei den in England unter diesem Namen geführten Pflanzen handelt es sich meist um 'Belvedere', eine ausgezeichnete irische Sorte, die bis zu 12 m hoch wird. Einen denkwürdigen Anblick bietet sie im Rosengarten von Warwick Castle, wo sie einen Ring aus Stechpalmen überwuchert.

Die Hybriden von *Rosa wichurana* und der verwandten *R. luciae* (verschiedentlich als identisch betrachtet) lassen sich meist willig lenken, wirken aber im naturnahen Garten unter Umständen zu edel. Einige wachsen jedoch zwanglos genug, um einen Platz zu verdienen. 'Blushing Lucy' ist eine Hybride mit ungezwungenem Wuchs, glänzenden Blättern und rosa Blüten mit weißer Mitte, die bis zum Herbst blüht. 'Sander's White Rambler' ist mit 3,5 m Höhe ein bisschen zu klein als Schmuck für Bäume, nicht jedoch für größere Sträucher. 'Elisa Robichon', einer der starkwüchsigsten Wichurana-Rambler (4,5 m), bringt locker gefüllte, rosig hautfarbene Blüten hervor.

Die Ayrshire-Rosen sind Hybriden der köstlich duftenden heimischen Feldrose *(Rosa arvensis)*. Ihr verdanken sie nicht nur ihre Winterhärte, sondern auch den Wuchs: Mit langen Trieben winden sie sich dekorativ durch das Geäst von Bäumen. Am brauchbarsten dürfte die locker gefüllte, nach Myrrhe duftende 'Splendens' (6 m) mit ihren weißen, zartrosa überhauchten Blüten sein. Sie verträgt etwas Schatten und hat als Einzige den Duft der Elternart geerbt. 'Ruga' (9 m) ist blassrosa und halbgefüllt, während 'Venusta Pendula' (5,5 m) eine Vielzahl kleiner Büschel mit weißen, rosa überlaufenen Blüten hervorbringt. 'Dundee Rambler' (6 m) entfaltet kleine, gefüllte weiße

Der Rambler 'Francis E. Lester'.

Blüten. 'Bennet's Seedling' ist ebenfalls gefüllt und weiß und wird ähnlich hoch.

Rambler lassen sich im naturnahen Garten aber immer auch mit anderen Kletterpflanzen kombinieren. Die besten Partner sind Geißblatt und Waldrebenarten; wichtig ist, dass die Begleitpflanzen ähnlich starkwüchsig sind wie der Rambler. Da sich die beiden mit der Zeit unentwirrbar ineinander verflechten, sollte man Sorten wählen, die auch ohne regelmäßigen Schnitt üppig blühen.

Sämtliche hier aufgeführten Rambler lassen sich auch als frei stehende Sträucher ziehen. Mit der Zeit bilden sie eine Art Kuppel, die nahezu doppelt so breit wie hoch wird. Die Frage nach der Bodenbehandlung ist bei Ramblern besonders akut, da sie den Raum, den sie letztlich einnehmen, über mehrere Jahre nur lückenhaft bedecken. Erste Voraussetzung ist, dass die Fläche, die sie im Laufe der Zeit ausfüllen werden, frei ist von Unkraut. Zu Anfang reicht ein kleiner, sorgfältig vorbereiteter Bereich; mit dem Heranwachsen der Rosen muss dieser

Der Multiflora-Rambler 'Seagull'.

jedoch erweitert und gegebenenfalls auch gemulcht werden, damit sich keine Wurzelunkräuter einschleichen. Mit Hilfe eines Sichelrasenmähers kann man versuchen, unter den überhängenden Rosentrieben sprießendem Gras beizukommen.

Durch eine geeignete Unterpflanzung lässt sich verhindern, dass das Beet unnatürlich kahl wirkt; sie sollte in der Größe aber auf die Rosen abgestimmt sein. Für Rosen mit kompaktem Wuchs ist mancher Bodendecker zu starkwüchsig; unter den Storchschnäbeln finden sich jedoch viele ausgezeichnete Kandidaten, die mit ihrem disziplinierten Wuchs einen hübschen Teppich aus Laub und Blüten bilden.

Viele der frühlingsblühenden Strauchrosen besitzen Blüten in Gelbtönen und harmonieren mit sommergrünen Azaleen, Hahnenfußgewächsen, Trollblumen oder Gemswurz; für Kontraste sorgen Hasenglöckchen, frühe Storchschnäbel wie 'Johnson's Blue' oder azurblauer Beinwell *(Symphytum caucasicum)*. *Rosa primula* gehört hierher – ihr englischer Populärname »incense rose« weist auf den Weihrauchduft der

jungen Blätter hin, die lateinische Bezeichnung gleichermaßen auf die Blütezeit wie auf die primelgelbe Farbe. *R. xanthina* bringt leuchtend gelbe Blüten an überhängenden Trieben hervor; *R. x.* f. *hugonis* ist etwas blasser, die fest eingerollten Knospen öffnen sich nie zu weit und stehen nahezu aufrecht an den Trieben. Die Kreuzung zwischen beiden, *R. x.* 'Canary Bird', zeichnet sich durch leuchtend gelbe Blüten aus, neigt aber wie *hugonis* zu langsamem, unerklärlichem Absterben und sollte am besten auf eigener Wurzel gezogen werden. Diese Rosen blühen gemeinsam mit Flieder und passen gut zu dunklem Purpur oder Weiß.

Rosa 'Cantabrigiensis' bildet einen sehr schönen und pflegeleichten, aufrechten Strauch von etwa 2 m Höhe mit blassgelben Blüten; die cremegelbe 'Headleyensis' wird etwas höher. Beide duften und sind laut Graham Thomas »die besten gelben Rosen mit Wildartcharakter«. 'Helen Knight' ist eine frühe leuchtend gelbe Hybride von *R. ecae*; *R. pimpinellifolia* 'Grandiflora' blüht früh und bildet Ausläufer. Ihre Knospen öffnen sich zu hellgelben Blüten, die mit der Zeit zu Cremeweiß verblassen und ebenfalls mit dem Flieder blühen. *R. p.* 'Dunwichensis' ist etwas kompakter.

Durch Kreuzung von *Rosa pimpinellifolia*, der Bibernell- oder Burnetrose, mit der Fuchsrose *(R. foetida)* entstand *R.* × *harisonii*, von der es drei wertvolle früh blühende Klone gibt: 'Harison's Yellow', die so genannte gelbe Rose von Texas, wächst ziemlich aufrecht und wird fast 2 m hoch; 'Lutea Maxima' ist kleiner, bildet Ausläufer und trägt Unmengen winziger, sattgrüner Blätter; 'Williams' Double Yellow' wurde von Wilhelm Kordes als Elternrose für eine Reihe guter, im Spätfrühling blühender Rosen verwendet, von denen die blassgelbe 'Frühlingsgold' die beeindruckendste ist. 1968 nahm mich Colin Pritchard – damals Vorarbeiter in dem Park, in dem ich arbeitete, später Obergärtner in Tatton Park (Cheshire) – in einen nahe gelegenen Garten mit, um mir das »Gartenwunder« im Norden von Leeds zu zeigen –, ein Exemplar von 'Frühlingsgold'. Es war 2,5 m hoch, nahezu 3,5 m breit und übersät mit duftenden Blüten. Wie Colins freundliches Wesen ist mir diese Rose unvergesslich geblieben, beweist sie doch, dass man einer Pflanze genügend Raum zugestehen muss, damit sie ihre volle Schönheit entfalten kann.

LINKS Dieser überwucherte Durchgang in Elsing Hall erinnert an das Bild des geheimen Gartens aus Frances Hodgson Burnetts Buch *The Secret Garden*. Im Innern, wo einst wohl Obstbäume und Gemüse wuchsen, beschwören prächtige Alte Rosen eine romantische Vergangenheit herauf. Die Umfriedungsmauer ist unter der klassischen Kombination von 'Rambling Rector' mit Geißblatt kaum sichtbar.

Eine weitere ausgezeichnete Rose mit Wildartabstammung ist 'Nevada' mit cremegelben Knospen, die sich zu weißen, später rosa überlaufenen Blüten öffnen. Im Spätsommer erscheinen noch vereinzelte Blüten. Ein Strauch in meiner Nachbarschaft wird kaum je einmal geschnitten, blüht daher im späten Frühjahr statt im Frühsommer. Vor einer goldgelben Scheinzypresse *(Chamaecyparis lawsoniana* 'Lanei'*)* bietet er zwei Wochen lang ein atemberaubendes Bild. Recht unansehnlich wird er indes, wenn sich die Blüten rosa tönen – ein Beweis dafür, wie schwierig solche farblich variierenden Pflanzen zu platzieren sind. Dennoch zeigt dieser Abkömmling einer tetraploiden Variante von *Rosa moyesii* und einer Teehybride, dass Wildarten eine großartige und noch viel zu wenig genutzte Zuchtgrundlage für zwangloser wirkende Strauchrosen sein können.

Rosa × harisonii 'Harison's Yellow'.

Ein Großteil der bisher beschriebenen Strauchrosen sind Wildarten oder Hybriden der F_1-Generation; sie zeichnen sich durch überhängenden Wuchs und relativ wenige Leittriebe aus. Hierin unterscheiden sie sich von vielen der hochgezüchteten Sorten, alten wie neuen, mit ihrem kompakteren Wuchs. Normalerweise würde ich kaum dazu raten, die Rosen im naturnahen Garten regelmäßig zu schneiden, weil das Gelände meist zu groß ist für solche Kleinarbeit. Diese Sorten mit ihrer geringen Zahl an Leittrieben profitieren aber von etwas Erhaltungsschnitt so sehr, dass sich die Mühe lohnt. Aufgrund ihres vasenförmigen Wuchses kann man sie allerdings nicht auf halber Länge ihrer Leittriebe einkürzen. Ein Strauch mit nur etwa zehn Trieben, die Hälfte davon bei voller Länge graziös überhängend, die andere Hälfte an der Schnittstelle beinahe rechtwinklig abknickend, wirkt ausgesprochen hässlich. Wenn man aber Jahr für Jahr jeweils ein bis zwei der ältesten Triebe bis fast zur Basis entfernt, lassen sich Blühfreude und Wuchskraft erhalten, ohne die natürliche Gestalt zu beeinträchtigen.

Weitere Strauchrosen mit überhängenden Trieben sind die Hechtrose *(Rosa glauca)*, ihre Hybride 'Carmenetta' und 'Doncasteri', eine Hybride von *R. macrophylla*, bemerkenswert wegen ihres Herbstschmucks aus orangeroten Hagebutten. Alle tragen einfache hochrote Blüten. *R. moyesii* und ihre Hybriden sind ebenfalls für ihre flaschenförmigen Hagebutten bekannt, die sehr zahlreich erscheinen. Am bekanntesten dürfte 'Geranium' sein, obgleich ich nicht sicher bin, je das Original gesehen zu haben. Vermutlich ein Sämling von *R. moyesii*, besitzt 'Geranium' laut A. T. Johnson Blüten in der Farbe von *Pelargonium* 'Paul Crampel', also in leuchtendem Scharlachrot, nicht in dem zarten Kirschrot der Pflanze, die man in Englands Gärten sieht (vermutlich *R. moyesii*). 'Geranium' wird höchstens 3 m hoch und ist bei beschränktem Platz besser geeignet als *R. moyesii* selbst. Graham Thomas beschreibt Letztere als »staksigen baumartigen Strauch, der ein schattiges Laubdach bietet«, was in den meisten Gärten nicht unbedingt von Vorteil ist, im naturnahen Garten aber geschätzt wird. Ähnlich sind 'Wintoniensis', 'Highdownensis' und 'Hillieri'. *R. setipoda* ist eine vergleichbare Wildart mit großen Büscheln ungefüllter blassrosa Blüten.

Mehrere Wildarten und Hybriden haben den schlichten Charme von Heckenrosen samt ihrer einfachen rosa Blüten bewahrt. 'Andersonii' ist eine gepflegter wirkende, weniger stachlige Version der elterlichen Hundsrose *(Rosa canina)*. *R. × hibernica*, eine Naturhybride *(R. canina × pimpinellifolia)*, geht auf eine Pflanze irischen Ursprungs zurück. Der Klon, der üblicherweise kultiviert wird, bringt leuchtend rosarote Blüten hervor. 'Complicata' ist ein großblütiger, ähnlich gefärbter rosa Cultivar, der bis zu 3 m hoch klettern kann, sich aber auch als zwanglose Hecke bewährt hat. Die Weinrose, *R. rubiginosa* (syn. *R. eglanteria*), ist eine weitere Wildrose mit einfachen rosa Blüten, besitzt aber zusätzlich köstlich duftendes Laub und entwickelt eine Unzahl von Hagebutten. Sie wirkt etwas dünn im Wuchs, kann aber scharf zurückgeschnitten werden zu einer dichten, zwanglosen Hecke. Um 1890 zog Lord Penzance eine Reihe von Hybriden (fast alle nach Figuren aus den historischen Romanen von Sir Walter Scott benannt); die meisten sind starkwüchsig, haben duftendes Laub wie die Elternart und halbgefüllte Blüten. Ich bin kein Freund dieser halbgefüllten Blüten, denen die Schönheit der einfachen Wildart zum Opfer fällt; 'Lord Penzance' jedoch ist eine reizvolle, einfach blühende rosa Rose, die sich zur Mitte hin gelblich färbt und gut in den naturnahen Garten passt.

Zwei bezaubernde Arten für den naturnahen Garten sind *Rosa soulieana* und *R. fedtschenkoana* mit graugrünen Blättern und weißen Blüten. Letztere wächst zu einem großen, ausladenden Strauch von etwa 3 m Höhe und mindestens ebensolcher Breite heran. Ihre Hybride 'Kew Rambler' (5,5 m) besitzt den Graustich von *R. soulieana*, trägt aber Büschel intensiv rosaroter, einfacher Blüten. 'Wickwar' (3,5 m) ist eine Hybride gleicher Abstammung mit graugrünen Blättern und cremeweißen Blüten. Die unter dem Namen *R. fedtschenkoana* gezogene Rose scheint nicht die reine Art zu sein, denn sie blüht den ganzen Sommer über.

Die meisten der alten Gartenrosen wirken zu edel für eine »Wildnis«. Gegen 'Alba Maxima' oder 'Alba Semiplena' hätte ich nichts einzuwenden, wären nicht beide sehr anfällig für Rosenrost. Man könnte sie zwar immer wieder mit einem Fungizid spritzen oder schneiden und auslichten, aber solche Maßnahmen sind im naturnahen Garten kaum gerechtfertigt. Die hanfblättrige 'Cymbifolia', eine aufrechte Alba-Rose mit schmalen Fiederblättchen und leicht wuscheligen, aber reizvollen gefüllten weißen Blüten ist in Frankreich ziemlich verbreitet und scheint weniger rostanfällig zu sein. Auf den ersten Blick wirkt sie vielleicht etwas derb, aber sie hat einen ganz eigenen Charakter und ist ideal für den naturnahen Garten. Ich wünschte, man bekäme sie öfter zu Gesicht. Den Alba-Rosen muss man generell ihre Schattentoleranz zugute halten, die unter den Alten Rosen wohl unerreicht ist.

'Nevada', eine moderne Strauchrose.

Einige der Damaszener-Rosen besitzen locker geformte Blüten und so zarte Farben, dass sie hier genannt zu werden verdienen, insbesondere 'Professeur Emile Perrot', in britischen Gärten als 'Kazanlik' gezogen, oder 'Trigintipetala', ein anderer Cultivar, der in Großbritannien nicht vertreten ist. Die halbgefüllte *Rosa nutkana* 'Plena' (syn. *R. californica* 'Plena'), ein aufrechter und blütenreicher Strauch, würde sich ebenfalls gut machen. Der Wichurana-Rambler 'Goldfinch' ist ebenfalls ein hervorragender, sich ausbreitender Strauch für den naturnahen Garten mit duftenden Blüten in zartem Buttergelb. *R. villosa*, die Apfelrose, und ihre halbgefüllte Hybride 'Wolley-Dod' haben behaarte graugrüne Blätter und rosa Blüten, gefolgt von orangeroten Hagebutten, die sich mit der Zeit karmesinrot färben. Für Graham Thomas wird *R. villosa* zur Blütezeit »an Schönheit von keiner anderen Art überboten«.

Die Bibernell- oder Burnetrosen, Hybriden oder Sorten von *Rosa pimpinellifolia*, sind ungemein nützlich, wenn eine Ausläufer bildende, niedrige Rose gebraucht wird. Die meisten blühen ausschließlich im Spätfrühling. Meine Favoritin dürfte 'Double White' sein mit ihren schönen rundlichen Blüten und dem kräftigen Maiglöckchenduft. Ihre Fiederblättchen färben sich im Herbst dunkler, viele nehmen einen bezaubernden Scharlachton an, bevor sie abfallen. Die gefüllte zartrosa 'Stanwell Perpetual' ist ebenfalls sehr empfehlenswert; sie verdankt ihre ausdauernde Blüte der Abstammung von einer herbstblühenden Damaszener-Rose.

Die Rugosa-Rosen sind im naturnahen Garten unentbehrlich, insbesondere in kälteren Klimazonen. Auf eigener Wurzel gezogen, bilden sie Ausläufer; vor dem Kauf sollte daher geklärt werden, ob Ausläufer erwünscht sind und welche Unterlage verwendet wurde. Wird eine undurchdringliche Barriere oder Hecke gebraucht, sind Ausläufer durchaus von Vorteil; ein Ärgernis sind sie indes, wo Rosen sich in dem ihnen zugedachten Bereich halten sollen. Die Rugosa-Rosen tragen gewöhnlich den ganzen Sommer über vereinzelte Blüten und haben nur einen echten Nachteil, ihre Kalkintoleranz. Auf kalkhaltigem Boden lässt ihre Wuchsfreude nach und das Laub wird gelb, besonders bei rosa blühenden Sorten ein hässlicher Effekt. Rosa »beißt« sich aber auch manchmal mit den meist scharlachroten Hagebutten; zum Glück färben sich die Früchte der ausgezeichneten 'Fru Dagmar Hastrup' (einfach, rosa) mit der Zeit karmesinrot. Andere erstklassige Rugosa-Rosen sind *Rosa rugosa* 'Alba' (einfach, rein weiß), 'Blanche Double de Coubert' (locker gefüllt, weiß), *R. rugosa* 'Rubra' (einfach, hochrot), 'Schneezwerg' (zwergwüchsig, halbgefüllt, weiß) und 'Roseraie de l'Haÿ' (locker gefüllt, purpurkarmesin). Vom Kanadischen Landwirtschaftsministerium wurde aus *R. rugosa* die sehr frostharte Explorer-Serie entwickelt, darunter die zartrosa gefüllte 'Martin Frobisher' und die blassrosa halbgefüllte 'Jens Munk'. Eine ältere kanadische Hybride ist die überragende, stark gefüllte hellgelbe 'Agnes' *(R. rugosa × foetida* 'Persiana'*)*.

Aus *Rosa rugosa*, der Kartoffelrose, wurden auch einige gute Bodendeckerrosen erzielt wie die einfach blühende rosa *R.* × *jacksonii* 'Max Graf', die einfachen weißen Weiße Max Graf und 'Paulii' sowie die einfach blühende rosa 'Paulii Rosea'. Weitere Bodendeckersorten, die für den naturnahen Garten nicht zu überzüchtet wirken, sind Grouse und Partridge (beide einfach blühend, in zartrosa überlaufenem Weiß), Kent® (kompakt, halbgefüllt, weiß), Rosy Cushion® (halbgefüllt, blassrosa) und Simon Robinson (einfach blühend, blassrosa).

Im naturnahen Garten ist es oft nicht leicht, das Gleichgewicht zu wahren, wenn auf einer Fläche mehr als eine Bodendeckersorte verwendet wird; außerdem verdrängen die Rosen jeden krautigen Bodendecker in angrenzenden Bereichen. In der Regel muss man eine Balance herstellen zwischen Bodendecker- und den anderen Rosen, Staudenbepflanzung und Wiese oder geschnittenem Gras; ganz ohne Kontrolle der starkwüchsigsten Sorten wird das selten gelingen. Oft genügt es, wenn man sie alljährlich im Frühjahr mit der Heckenschere rundherum stutzt.

Die Weinrose *(Rosa rubiginosa)* im herbstlichen Hagebuttenschmuck.

Da die Züchter jedes Jahr neue Bodendeckerrosen auf den Markt bringen, ist es schwer, auf dem Laufenden zu bleiben. Die Auswahl wertvoller und geeigneter Sorten geht also weit über die hier aufgeführten hinaus. Das Erscheinen so vieler bodendeckender Sorten ist eine Entwicklung, die sich ganz entscheidend auf die Möglichkeiten naturnaher Gestaltung auswirkt, obgleich diese Rosen bisher nur in wenigen Gärten wirklich voll genutzt werden.

Die Herbstfärbung eröffnet spannende Möglichkeiten, da viele Rosen auffallende Hagebutten oder buntes Herbstlaub hervorbringen. Durch besonders schöne Herbstfarben bestechen *Rosa* × *kochiana*, *R. nitida*, *R. virginiana* und *R. woodsii* sowie die Rugosa-Sorten. Die Rugosa-Rosen gefallen meist auch durch Hagebutten, ebenso die Weinrose *(R. rubiginosa)*, *R. helenae*, *R.* 'Highdownensis', *R. moyesii* und ihre Hybriden sowie *R. multiflora*. Die breite Palette der Sträucher mit schöner Herbstfärbung oder interessanten Früchten, die sich für den naturnahen Garten eignen, umfasst die Laub abwerfenden Azaleen, Ahorne, Felsenbirnen, Apfelbeere *(Aronia)*, Berberitze, Zimterle *(Clethra)*, Sorten des Tatarischen Hartriegels *(Cornus alba)*, Perückenstrauch *(Cotinus)*, Prachtglocke *(Enkianthus)*, Spindelstrauch *(Euonymus)*, Federbuschstrauch *(Fothergilla)*, Feuerdorn, Kranzspiere *(Stephanandra)*, Sumach *(Rhus)*, Amerikanische Strauchheidelbeere *(Vaccinium corymbosum)*, Schneeball und Zaubernuss. Die gleichen Sträucher und Bäume, die sich für Rambler eignen, könnten auch mit herbstlich gefärbten Kletterpflanzen wie Scheinrebe *(Ampelopsis)*, Baumwürger *(Celastrus)*, Jungfernrebe *(Parthenocissus)* und Reben wie *Vitis belaii*, *V. coignetiae*, *V. pulchra* und *V. vinifera* 'Purpurea' drapiert werden.

Selbst glühendste Rosenverehrer werden wahrscheinlich noch ein paar andere Sträucher als Rosen im naturnahen Garten sehen wollen. Grell gefärbtes oder panaschiertes Laub meidet man besser, und auch Trauerstämme, säulenförmige Gehölze oder andere extreme Formen sollten nur zum Einsatz kommen, wenn ein markanter Akzent erforderlich ist. Einige Immergrüne wie Stechpalmen, Eiben oder Lorbeer sind nützlich, um einzelne Bereiche des Gartens zu markieren oder im Winter für Struktur zu sorgen; die größten können Ramblern als Stütze dienen. Wacholder dürften hier die geeignetsten Koniferen sein: Sie bringen Textur, Form und fein schattierte Laubfarben in den Vordergrund von Pflanzbereichen und harmonieren auch in der Größe mit den Rosen. Die Schatten liebenden Immergrünen vertragen – sobald sie eine gewisse Größe erreicht haben – eine Decke aus Rosen besser als die meisten Sträucher oder Bäume; sie kommen mit wenig Licht aus, solange sie sich im Winter, wenn die Rosen unbelaubt sind, regenerieren können.

Die Blütezeit der Sträucher sollte mit der der Rosen zusammenfallen; aber auch Größe und Charakter müssen übereinstimmen. Kleine, zierliche Kostbarkeiten wie etwa Seidelbast *(Daphne)* haben im naturnahen Garten nichts verloren. Dorthin gehören Pfeifenstrauch *(Philadelphus)*, Weigelie, Deutzie, Kolkwitzie oder Doppelschild *(Dipelta)*, obgleich man aufpassen muss, dass nach der Blüte nicht Massen monotonen Laubs das Bild beherrschen. Diese Gefahr besteht auch bei Flieder. Seine Blütezeit lässt sich ausdehnen, wenn man später blühende Preston-Hybriden sowie Gemeinen Flieder, *Syringa vulgaris*, und Sorten von S. × *hyacinthiflora* hinzunimmt. Nützlich sind auch die ganz späten Laub abwerfenden Azaleen, sofern sie keine grellen Blüten haben; größere Ginster *(Genista-*Arten und *Spartium junceum)* bringen sowohl Blüten als auch andere Texturen ein. Gut zur Geltung kommen auch Ölweide *(Elaeagnus)* 'Quicksilver', Schneeball *(Viburnum opulus* 'Roseum' und *V. plicatum)* und Holunder wie *Sambucus nigra* f. *laciniata*.

Grasbewachsene Flächen sollten dem naturnahen Charakter des Gartens entsprechen. Lückenlos dichte, gestreifte Rasenteppiche mit abgestochenen Kanten wirken hier befremdend. Grundsätzlich gibt es zwei Alternativen: eine Wildblumenwiese oder eine annähernd naturnahe Gestaltung mit Wildkräutern, wie sie sich im Kornfeld finden. Wenn man die Rasenflächen aushungert, indem man die Mahd über Jahre konsequent ausrecht, sind die Voraussetzungen für eine Wildblumenwiese geschaffen. Wildblumen sowie Gräser können sich auf dem mageren Boden das Gleichgewicht halten, als Ergänzung sind Zwiebelpflanzen wie Osterglocken, Dichternarzissen, *Camassia*, Herbstzeitlosen und *Crocus tommasinianus* möglich. Es ist erfolgversprechender, wenn man die Fläche zunächst mit feinem Grassamen einsät, der für die Kombination mit Wildblumen geeignet ist, und erst nachträglich junge Wildpflanzen einsetzt. Wird eine kombinierte Wildblumen- und Grassamenmischung verwendet, können sich die Wildblumensämlinge meist nicht gegen die Gräser durchsetzen, so dass die Grasfläche schließlich viel zu wenig Blumen enthält. Wildblumen werden inzwischen als preisgünstige Jungpflanzen in Saatschalen angeboten; man kann sie aber auch selbst aus Samen ziehen. Mähen darf man erst, nachdem die Wildblumen ausgesamt haben und das Laub der Zwiebelgewächse abgestorben ist, was bis zum Spätsommer dauern kann. (Der Rasenschnitt lässt sich kompostieren; der Kompost muss allerdings eine ausreichend hohe Temperatur entwickeln, damit Gras- und andere Samen abgetötet werden.) Unter diesen Bedingungen können sich heimische Wildblumen, die nicht in der ursprünglichen Mischung enthalten waren, von umliegenden Feldern aussäen und vermehren. Ein bis zwei Mähgänge (die Messer des Rasenmähers müssen so hoch wie möglich eingestellt werden) dürften anfallen, bevor die herbstblühenden Zwiebeln erscheinen.

Die Kartoffelrose *(Rosa rugosa)* 'Rubra' mit Hagebutten.

Es kann allerdings passieren, dass die Wildblumen noch immer hoch genug sind, um kleinwüchsige Bodendeckerrosen und Stauden in der Blütezeit zu verdecken. Wenn um die Beetbereiche herum nicht wenigstens ein Streifen gemäht wird, was allerdings nicht unbedingt natürlich wirkt, muss die Höhe der Rosen und anderen Bodendecker auf die Höhe der Wiese zur Blütezeit abgestimmt werden (etwa 50 cm).

In der Wiese können durch regelmäßiges Mähen Pfade angelegt werden, aber aufgrund des mageren Bodens und der nur zögerlich nachwachsenden Gräser sind diese Wege nicht sonderlich strapazierfähig. Wo Robustheit gefragt ist, sollte man die Wegbänder von vornherein mit einer strapazierfähigen Sportrasenmischung einsäen, die zwergwüchsige Weidelgräser enthält. Da die Linienführung der Wege ein wesentliches Gestaltungselement darstellt, sollte sie auf die Geländeform abgestimmt sein und ganz gezielt bestimmte Bereiche der Bepflanzung einbeziehen. Für eine möglichst natürliche Wirkung sollte man schnurgerade Wege vermeiden.

Auf sehr nährstoffreichen Böden begünstigt späte Mahd – eine Voraussetzung für die natürliche Wirkung – die Ausbreitung derber Gräser und wuchernder Unkräuter wie Ampfer, Disteln und Nesseln, gegen die sich Wildblumen kaum durchsetzen können. Ausgewilderte Zwiebelpflanzen lassen sich jedoch immer noch ziehen; in diesem Fall wird nach dem Einziehen der Blätter erstmals gemäht. Danach kann von Zeit zu Zeit gemäht werden, immer mit möglichst hoher Einstellung der Messer des Rasenmähers. Auch hier kann man kürzer geschnittene Wege einmähen, damit die Füße trocken bleiben. Wie bei der Wildblumenwiese sollte der Grasschnitt ausgerecht werden, damit die Bodenfruchtbarkeit mit den Jahren abnimmt. So können allmählich feinere Gräser die derben verdrängen, was es nachträglich eingesetzten Wildblumen ermöglicht, sich gegen die Konkurrenten zu behaupten.

Eine andere Möglichkeit, auf relativ fruchtbarem Boden eine halbwegs natürliche Wirkung zu erzielen, besteht darin, die Kulturmaßnahmen in den Herbst zu verlegen und typische Getreideunkräuter wie Klatschmohn, Rittersporn, Hasenohr, Kornblumen, Kornraden, Zittergras, Kamille und Saatwucherblumen zu säen. Es lohnt sich, nach besonders schönen Formen der Wilden Möhre *(Daucus carota)* Ausschau zu halten, deren breite, wie Spitze wirkende weiße Blütendolden ungemein dekorativ sind. Im Sommer, zusammen mit Rosen, wirkt eine solche Zusammenstellung geradezu spektakulär. Im Herbst müssen sämtliche Pflegemaßnahmen allerdings so lange warten, bis die Pflanzen ausgesamt haben, damit der Zyklus erneut beginnen kann. Ein Nachteil ist, dass das Gelände im Anschluss an die Kultivierung eine ganze Zeit lang kahl wirkt. Außerdem gibt es keine Möglichkeit, frühlings- oder herbstblühende ausgewilderte Zwiebelpflanzen einzubinden; auch dürften einige längerfristig angelegte Graswege erforderlich sein, die bei den Pflegemaßnahmen stören.

Zweijährige können viel zur Schönheit naturnaher Gärten beitragen, brauchen aber einige offene Stellen im Boden, um sich darauf auszusamen. Wo der Boden von undurchdringlichen, immergrünen Bodendeckern überzogen ist, kommen sie daher nicht in Frage. Wo indes rigoroser Rückschnitt der Rosen erforderlich ist, wie er in naturnahen Gärten manchmal anfällt, weil alljährlicher Schnitt meist zu zeitaufwendig ist, sind Zweijährige ideale Lückenfüller. Am schönsten wirken in Verbindung mit Rosen Silberblatt, Nachtviolen, *Angelica* und *Smyrnium perfoliatum*, etwas später im Gartenjahr Fingerhüte (insbesondere *Digitalis purpurea* 'Sutton's Apricot' und die weiß blühende *D. p.* f. *albiflora*), Eselsdistel *(Onopordum nervosum)* und weiße Knorpelmöhre *(Ammi majus)*. Nach dem Aussamen sollten die alten Pflanzen abgeräumt werden, um Platz zu schaffen für das nächste Jahr.

Die China-Rose *Rosa × odorata* 'Mutabilis' (syn. 'Tipo Ideale').

Viele Stauden sind wie geschaffen für den naturnahen Garten; jährliches Neupflanzen ist hier allerdings ebenso wenig vorgesehen wie Anstäben (einzelne Pflanzen dürfen ruhig umfallen). Auch solche Paradebeispiele züchterischer Kunst wie turmartig aufragende Rittersporne sind fehl am Platz. Weil naturnahe Gärten meist sehr groß sind und die Pflanzungen aus der Ferne betrachtet werden, sind sehr dunkle Farben, die vom Hintergrund geschluckt werden, eher ungeeignet.

Einige in Europa heimische Pflanzen, die kaum je im Garten zu sehen sind, können in naturnahen Bereichen durchaus eine Rolle spielen, etwa weißes und rotes Leimkraut *(Silene latifolia* und *S. dioica)*, Kerbel *(Anthriscus sylvestris* und seine dunkelblättrige Form 'Ravenswing'*)*, Fenchel *(Foeniculum vulgare)* und Malven *(Malva crispa, M. c.* f. *alba* und *M. sylvestris)*.

Einige der schöneren Formen der Schafgarbe *(Achillea millefolium)* haben einen Platz verdient, ebenso die standfesteren Varianten größerer und imposanterer Arten wie *A. filipendulina* 'Parker's Variety', *A. ptarmica* 'Major' und *A. tomentosa*. Bewährt haben sich auch viele Akeleien *(Aquilegia)*; sie versamen sich überall im Garten; wenn unterschiedliche Sorten dicht beieinander stehen, fallen sie allerdings nicht ganz echt. Es gibt zahlreiche gute Auslesen von *A. vulgaris*; extreme Füllung passt jedoch nicht in den naturnahen Garten und geht nicht mit so markanter Form einher, dass sie auf Distanz zur Geltung kommt. Einige der schlichteren Formen von *A. v.* var. *stellata* dürften daher wohl die dekorativsten sein, in Nordamerika die langspornigen Wildarten.

Die cremeweißen fedrigen Blütenstände des Geißbarts *(Aruncus dioicus)* machen sich ausgezeichnet neben Rosen. Man sollte bevorzugt männliche Exemplare pflanzen, denn die Blüten der weiblichen färben sich rasch braun und produzieren Unmengen von Samen. Auf feuchteren Böden lässt sich mit den größeren, zarter getönten Astilben die gleiche Wirkung erzielen. Am besten geeignet sind wohl *Astilbe rivularis* und die Hybriden von *A. thunbergii*. Astern sind meist zu pflegeintensiv für den naturnahen Garten; sie wollen regelmäßig geteilt und neu gepflanzt, gegen Schädlinge und Krankheiten gespritzt und angestäbt werden. In Nordamerika hingegen geben einige der dort heimischen Arten dem Garten einen so authentischen Charakter, dass sie das bisschen Mehr an Pflege wert sind. *Aster macrophyllus* ist eine sehr wild anmutende Art, die blüht, bevor die Rosen ihren Höhepunkt überschritten haben. Andere wie *A. turbinellus* sind sehr anmutig und pflegeleicht; sie stehen in voller Blüte, wenn die Rosen ihre Herbstfarben anlegen und mit Hagebutten geschmückt sind. Wie Astern muss man auch Indianernesseln *(Monarda)* regelmäßig auf Mehltau kontrollieren und immer wieder umsetzen, ein Aufwand, der sich höchstens auf feuchten Böden im heimischen Nordamerika lohnt.

Dass mich die Kombination von Glockenblumenblau und Rosa normalerweise eher kalt lässt, kam bereits zur Sprache. Im naturnahen Garten finde ich diesen Farbklang jedoch äußerst nützlich. Das zarte Blau von *Campanula lactiflora* harmoniert ausgezeichnet mit blassgelben oder weißen Rosen; einige Storchschnäbel und Salbei *(Salvia pratensis* Haematodes-Gruppe*)* zeigen den gleichen Blauton. Der echte schneeweiße Klon von *Campanula lactiflora* 'Alba' (nicht seine schmutzig grauen Doppelgänger) wirkt genauso schön neben rosa Rosen. Das intensive Blauviolett von Glockenblumen wie *C.* 'Elizabeth', *C. glomerata* 'Superba', *C. latifolia* 'Brantwood' und *C. latiloba* 'Highcliffe Variety' passt ausgezeichnet zu kräftigem Gelb. Andere wertvolle Wildarten sind die cremeweiße *C. alliariifolia*, die blaue oder weiße *C. persicifolia*, *C. punctata* und *C. takesimana*.

In naturnahe Gärten gehören unbedingt Gräser; sie steuern einen willkommenen Texturkontrast zu den Rosen bei. Bogig überhängende Gräser brauchen etwas Raum, um sich entfalten zu können, und sollten nicht zwischen Rosen und anderen Pflanzen eingeklemmt stehen – am besten wirken sie zwischen niedrigen Bodendeckern, wo sie ihre schöne Gestalt präsentieren können. Inzwischen gibt es viele brauchbare Sorten von Schmiele *(Deschampsia)*, Chinaschilf *(Miscanthus)*, Pfeifengras *(Molinia)* und anderen; von grellen Panaschierungen oder goldgelben Blättern rate ich jedoch ab. Der feine weiße Längsstreifen im Blatt von *Miscanthus sinensis* 'Gracillimus' wirkt jedoch keineswegs schreiend oder unnatürlich; er bringt ein zartes Silbergrau ein, das so nützlich wie attraktiv ist. Schlanke, aufrechte Sorten wie diese stören den Gesamteindruck einer Gruppe keineswegs.

Die größten Gräser wie Pampasgras *(Cortaderia)* und der hoch aufstrebende Chinaschilf *(Miscanthus)* lassen sich sogar im Gras platzieren – allerdings nicht als eigenständige Solitärpflanzen, sondern als lockere, unregelmäßig gestaltete Kolonien mit einzelnen etwas abseits stehenden Exemplaren. Ein kleiner Nachteil vieler Gräser ist, dass sie ihre volle Größe erst nach der Rosenblüte erreichen und am reizvollsten im Herbst sind, wenn die wie Federschöpfe wirkenden Blütenstände erscheinen und die Blätter die Farbe von Pergament annehmen. Am besten kombiniert man solche Gräser wohl mit Rosen, die im Herbst ebenfalls spezielle Reize entfalten, seien es Laubfarben oder Hagebutten.

Zu den wenigen Pflanzen, die zur Rosenzeit eine Wolke winziger weißer Blüten entfalten, gehört das Riesenschleierkraut *(Crambe cordifolia)*. Auch Kugeldisteln, insbesondere *Echinops ritro*, *E. bannaticus* 'Taplow Blue' und die neuere *E. sphaerocephalus* 'Arctic Glow', für Staudenrabatten alle etwas derb, sind wie geschaffen für den naturnahen Garten, zumal ihr Laub einen interessanten Kontrast bildet. Einige der größeren Wolfsmilchgewächse wirken ebenfalls gut mit Rosen, so die sommerblühende hellgrüne *Euphorbia cornigera* und *E. schillingii*, aber auch die bronzelaubige *E. griffithii* 'Dixter' mit zinnoberroten Hochblättern, die sich im Herbst scharlachrot färben. Auch einige Arten des Mädesüß *(Filipendula)* zeichnen sich durch anmutige Blüten in Bonbonrosa oder Weiß und schönes Laub aus; sie eignen sich für nicht zu trockene Standorte. Zu den dekorativsten gehören *Filipendula camtschatica*, *F. palmata*, *F. purpurea* und die höhere und imposantere *F. rubra*.

Taglilien *(Hemerocallis)* passen ebenfalls in den naturnahen Garten, insbesondere Sorten mit dem Charme der »unverbesserten« Art. Wie die Gräser sorgen sie für Blattkontraste. Nur wenige reichen an die Anmut der zitronengelben, im Spätfrühling blühenden *Hemerocallis lilioasphodelus* heran. Manche Hybriden wie die gelbe 'Marion Vaughn', 'Corky' und 'Golden Chimes' verfügen zwar noch über Blätter und Blüten mit den eleganten Konturen der Wildart, doch viele moderne Züchtungen haben runde Blüten, denen Schönheit der Linienführung völlig fehlt.

Wie in Rabatten können Staudenwicken wie *Lathyrus grandiflorus*, *L. latifolius* und *L. rotundifolius* über Strauchrosen oder die Kuppeln von Ramblern drapiert werden, obwohl angesichts der Größe naturnaher Gärten wohl mehrere Pflanzen erforderlich sein dürften. Deren Dimensionen gestatten es sogar, den ungeheuer wuchsfreudigen goldlaubigen Hopfen *(Humulus lupulus* 'Aurea'*)* in große Sträucher und Rambler (insbesondere weiße oder blassgelbe Sorten) wachsen zu lassen.

Die Auswahl der Pflanzen für den naturnahen Garten muss sich selbstverständlich an der heimischen Flora orientieren. In einem mediterranen Garten etwa würden sich vorwiegend Trockenheit liebende Pflanzen finden, Lippenblütler wie Lavendel, Salbei, Brandkraut *(Phlomis)* und Rosmarin, aber auch Zistrosen *(Cistus)*, Bartiris und andere Vertreter der Macchienflora. Passende Rosen sollten etwas mehr Trockenheit und höhere Temperaturen vertragen wie etwa *Rosa stellata* var. *mirifica* und Hybriden von *R. persica* wie Euphrates und Tigris®. In einem solchen Pflanzkonzept sind Elemente erkennbar, wie sie Beth Chatto in ihrem Kiesgarten verwirklicht hat – ein guter Tipp für die trockensten Landstriche Englands und des Kontinents.

In einem naturnahen Garten in Nordamerika mit Frösten von bis zu – 20 °C würde man hingegen Pflanzen wie Fuchsbohne *(Thermopsis)*, Färberhülse *(Baptisia)*, *Veronicastrum virginicum*, Phlox *(Phlox maculata)* oder Wiesenknopf *(Sanguisorba canadensis)* erwarten, frostempfindlichere wie etwa Bartfaden *(Penstemon)*, Palmlilie *(Yucca)* und Kalifornischen Baummohn *(Romneya)* dagegen im wärmeren Südwesten. Es ist nicht ganz einfach, Rosen zu finden, die in heißeren Klimazonen über mehrere Monate blühen; die einfacheren Hybriden der China-Rose gedeihen hier jedoch gut.

Selbstverständlich ist auch ein Kompromiss möglich: ein zwanglos konzipierter Garten mit locker arrangierten Pflanzengruppen und Beeten ohne scharf abgestochene Kanten inmitten von grob gemähtem Gras, jedoch in leuchtenderen Farben und mit edleren, vielfältigeren Blumen gestaltet. Er könnte näher beim Haus und den pflegeintensiven Bereichen angesiedelt sein, ohne allzu direkte optische Verbindung zur Landschaft jenseits des Zauns. So etwas ist in Bagatelle in Paris zu sehen, in Gestalt eines Sichtungsgartens für vorwiegend neuere bodendeckende Rosen. Die bepflanzten Bereiche zeigen keine strenge Formgebung und auch keine Abgrenzung zum Rasen; das Gras wird nur im Bereich der äußeren Umrisse der Rosen geschnitten. Hier könnten auch Rosen in leuchtenderen Farben und mit edel geformten Blüten stehen, begleitet von imposanteren Sträuchern und Stauden ohne jeden Zusammenhang mit der heimischen Flora. Diese Art Pflanzung erfordert weit weniger Raum als ein wirklich naturnaher Garten und lässt sich auch auf einem Stadtrandgrundstück von eher bescheidenen Abmessungen verwirklichen, vorausgesetzt, die Zwanglosigkeit wird nicht durch allzu deutlich sichtbare schnurgerade Einfriedungen gestört.

Der naturnahe Garten bietet hervorragende Möglichkeiten, große Flächen mit wild wirkenden Blumen und Rosen zu bepflanzen, so dass der Eindruck entsteht, sie gehörten einfach dorthin. Ansatzweise ist eine solche Gestaltung in England in Elsing Hall (Norfolk) verwirklicht, aber auch in Italien in dem bezaubernd romantischen Garten in Ninfa. Mir ist kein Garten bekannt, in dem alle genannten Gestaltungsvorschläge realisiert sind. Ich hoffe jedoch, dass möglichst viele Rosenfreunde die Herausforderung annehmen, die Schönheit der Natur mit dem Zauber der Rose zu verbinden.

OBEN Ein naturnah gestalteter Gartenbereich in Bagatelle, zu Sichtungszwecken vorwiegend mit neuen Bodendeckerrosen bepflanzt. Ein paar größere, als Solitäre gezogene Strauchrosen lockern das Bild auf, wie hier 'Oleander Rose'.

LINKS Die Rugosa-Rose 'William Baffin', eine Vertreterin der winterharten kanadischen Explorer-Reihe, ist mit ihrem zwanglosen, offenen Wuchs wie geschaffen für den naturnahen Garten.

SEITE 166–167 In diesem naturnah anmutenden Bereich des Gartens von Lower Brook House (Shropshire) durften sich einige Exemplare von 'Rambling Rector' ungehindert ausbreiten. Das Ergebnis ist ein Bild voll natürlichen Charmes.

Jede in der nachfolgenden Übersicht aufgeführte Rosensorte verfügt über besondere Vorzüge, sei es Blühfreude, Farbe, Blütenform, Toleranz gegenüber klimatischen Extremen, Laubqualität oder Habitus. Zwar vereint kaum eine alle Stärken in sich, doch jede trägt - im richtigen Umfeld - zur Verschönerung und Bereicherung des Gartens bei. Rosen in Modefarben wie leuchtendem Gelb oder Orange wurden ebenso wenig ausgeschlossen wie solche mit mehrfarbigen Blüten. Sie lassen sich zwar selten überzeugend mit Alten Rosen kombinieren, wirken aber nicht weniger dekorativ als eine gestreifte Tulpe oder eine zweifarbige Dahlie. Berührungsängste oder Überheblichkeit sind daher fehl am Platz. Zahlreiche Gärten können von der bunten und komplexen Farbpalette dieser Rosen profitieren, vorausgesetzt, sie werden so platziert, dass sie nicht die gesamte übrige Bepflanzung in den Schatten stellen.

Ich scheue mich nicht, viele Rosen aufzuführen, die nicht überall ohne weiteres erhältlich sind; ich hoffe, dass die Rosenschulen die Herausforderung annehmen und sie für ihre Kunden beschaffen und vermehren. Weltweite Bezugsquellen für Rosen finden sich in der jährlich erscheinenden Zusammenstellung *The Combined Rose List*. Europäische Anbieter enthält der *PPP Index, Pflanzeneinkaufsführer für Europa*; für die Britischen Inseln stehen der *Plant Finder* sowie *Find That Rose* zur Verfügung (nähere Angaben in der Bibliographie). Einige spezialisierte Rosenschulen sind auf Seite 185 aufgeführt.

Die in der Liste angegebenen Temperaturen geben die ungefähre Minimaltemperatur an, die die betreffende Sorte auf den Britischen Inseln oder in Mitteleuropa verträgt. Die tatsächliche Winterhärte hängt jedoch von einer Vielzahl von Faktoren ab, so dass die angegebenen Werte nur ein grober Anhaltspunkt sein können. Rosen, die noch niedrigere Wintertemperaturen aushalten, sind mit einem K versehen; ein W bedeutet dagegen, dass sich die betreffende Sorte auch für praktisch frostfreie oder noch wärmere Gegenden eignet.

Codenamen und Synonyme sind im Index aufgeführt.

🏆: »Award of Garden Merit«, eine Auszeichnung der Royal Horticultural Society für hervorragende und darüber hinaus pflegeleichte Pflanzen.

Abkürzungen: gestr. = gestreift; ger. = gerandet; überl. = überlaufen; schatt. = schattiert

Vielseitig verwendbare Rosen

Bodendeckerrosen (niederliegend)

Sorte		Farbe	Temperatur		Verwendung
Alba Meidiland®		weiß	- 25 °C		Strauch/Bodendecker
Avon		zartrosa	- 25 °C		Bodendecker/Patio
'Ayrshire Queen'		purpur-karmesinrot	- 32 °C	K	Rambler/Bodendecker
Berkshire		kirschf.	- 25 °C		Bodendecker
Douceur Normande®		korallenrosa	- 32 °C	K	Strauch/Bodendecker
Essex		tiefrosa	- 25 °C		Bodendecker
Eyeopener		rot	- 25 °C		Bodendecker
Fiona®		scharlachrot	- 25 °C		Strauch/Bodendecker
Glenshane		scharlachrot	- 25 °C		Bodendecker
Grouse		weiß	- 25 °C		Bodendecker
Grouse 2000		rosig weiß	- 25 °C		Bodendecker
Gwent		gelb	- 25 °C		Bodendecker
Hampshire		scharlachrot	- 25 °C		Bodendecker
Heidekönigin®		rosa	- 25 °C		Miniatur, kletternd/ Bodendecker
Heideschnee®		weiß	- 25 °C		Bodendecker
Hertfordshire		kirschrot	- 25 °C		Bodendecker
× *jacksonii* 'Max Graf'		rosa	- 25 °C	K	Bodendecker/Rugosa
× *jacksonii* Weiße Max Graf®		weiß	- 25 °C	K	Bodendecker/Rugosa
Kent®		weiß	- 25 °C		Strauch/Bodendecker
Laura Ashley		kirschrosa	- 25 °C		Miniatur, kletternd/ Bodendecker
Lovely Fairy®		rosa	- 25 °C		Polyantha/ Bodendecker
Magic Carpet		magenta	- 25 °C		Strauch/Bodendecker
'Newry Pink'		rosa	- 32 °C	K	Rugosa/kletternd/ Bodendecker
nitida		rosa	- 32 °C	K	Strauch/Bodendecker
Northamptonshire		blass lachsrosa	- 25 °C		Bodendecker
'Nozomi'	🏆	blassrosa	- 25 °C		Miniatur, kletternd/ Bodendecker
Our Molly		hellrot	- 25 °C		Strauch/Bodendecker
Oxfordshire		rosa	- 25 °C		Bodendecker
Pathfinder		zinnoberrot	- 25 °C		Bodendecker
'Paulii'		weiß	- 32 °C	K	Rugosa/Bodendecker
Pink Bells®		rosa	- 25 °C		Bodendecker
Pink Flower Carpet™		tiefrosa	- 25 °C		Bodendecker
Pink Meidiland®		tiefrosa	- 25 °C		Bodendecker
Red Blanket®	🏆	rot	- 25 °C		Strauch/Bodendecker
Red Trail		rot	- 25 °C		Strauch/Bodendecker
Rosy Cushion®	🏆	blassrosa	- 25 °C		Strauch/Bodendecker
Schneesturm®		weiß	- 25 °C		Bodendecker
Sonnenschirm®		gelb	- 25 °C		Bodendecker
Snow Carpet®	🏆	weiß	- 25 °C		Bodendecker
Suffolk		scharlachrot	- 25 °C		Bodendecker
Suma	🏆	kirschrot	- 25 °C		Bodendecker
Surrey	🏆	rosa	- 25 °C		Strauch/Bodendecker
Sussex		apricot	- 25 °C		Bodendecker
Swany®	🏆	weiß	- 25 °C		Miniatur/ Bodendecker
White Flower Carpet®		weiß	- 25 °C		Bodendecker
White Meidiland®		weiß	- 25 °C		Strauch/Bodendecker
Wiltshire		lachsrosa	- 25 °C		Strauch/Bodendecker

Busch- oder Beetrosen (i. A. aufrechter Wuchs und kleiner als 1,2 m)

Sorte		Farbe	Temperatur		Verwendung
Abbeyfield Rose	🏆	tiefrosa	- 25 °C		Teehybride
Acey Deucy™		tief karmesinrot	- 25 °C		Miniatur
Alexander®	🏆	zinnoberrot	- 25 °C		Teehybride
Amber Queen®	🏆	apricot	- 25 °C		Floribunda
Angela Rippon®		lachsrosa	- 25 °C		Miniatur
Anisley Dickson®	🏆	orangerosa	- 25 °C		Floribunda
Anna Ford®	🏆	orange	- 25 °C		Patio
Anna Livia	🏆	lachsrosa	- 25 °C		Floribunda
Anne Harkness		apricot	- 25 °C		Floribunda
'Apricot Nectar'		apricotrosa	- 25 °C		Floribunda
Apricot Summer®		pfirsichrosa	- 25 °C		Patio
'Arthur Bell'	🏆	gelb	- 25 °C		Floribunda
Auckland Metro		weiß, apricot überl.	- 25 °C	W	Teehybride
Auguste Renoir®		tiefrosa	- 25 °C		Teehybride (Romantica®-R.)
'Baby Darling'		apricot	- 25 °C		Miniatur
Baby Love		gelb	- 25 °C		Miniatur/Patio
Benita®		tiefgelb	- 25 °C		Floribunda
'Betty Uprichard'		kupfrig lachsrot	- 25 °C		Teehybride
Big Purple®		purpurn	- 25 °C		Teehybride
Birthday Girl		lachsf., cremef. ger.	- 25 °C		Floribunda
Blue Moon®		mauve	- 25 °C		Teehybride
Brown Velvet		rotbraun	- 25 °C		Floribunda
Centenaire de Lourdes®		rosa	- 25 °C		Floribunda
'Chanelle'		blass pfirsichf.	- 25 °C		Floribunda
Cherry Brandy®		orange-lachsrot	- 25 °C		Teehybride
Cider Cup	🏆	apricot	- 25 °C		Miniatur/Patio
City of Belfast®		scharlachrot	- 25 °C		Floribunda
City of London®		blassrosa	- 25 °C		Floribunda
Claire Rayner		zinnoberrot, blassgelb gestr.	- 25 °C		Floribunda/Patio
Congratulations		lachsrosa	- 25 °C		Teehybride
Cornsilk™		blassgelb	- 25 °C		Miniatur
'Crimson Glory'		karmesinrot	- 25 °C		Teehybride
Cupcake™		lachsf.	- 25 °C		Miniatur

Sorte		Farbe	Frosthärte		Typ
'Dainty Bess'		blassrosa	- 25 °C		Teehybride
Dawn Chorus		orange	- 25 °C		Teehybride
Doris Tysterman®		hellorange	- 25 °C		Teehybride
Drummer Boy		scharlachrot	- 25 °C		Floribunda/Patio
'Duet'		rosa	- 25 °C		Teehybride
Duke Sunblaze®		rosa	- 25 °C		Miniatur
Dutch Gold®		mattgelb	- 25 °C		Teehybride
Elina®	🏆	blassgelb	- 25 °C		Teehybride
Elizabeth of Glamis®		lachsrosa	- 25 °C		Floribunda
'Ellen Willmott'		blass apricot	- 25 °C		Teehybride
'English Miss'		rosa	- 25 °C		Floribunda
Escapade®	🏆	mauve-rosa	- 25 °C		Floribunda
Especially for You		gelb	- 25 °C		Teehybride
Europeana®		dunkelrot	- 25 °C		Floribunda
Eurostar		goldgelb	- 25 °C		Floribunda
Evelyn Fison		dunkelrot	- 25 °C		Floribunda
Fellowship		orange-lachsrot	- 25 °C		Floribunda
Fragrant Cloud		korallenrot	- 25 °C		Teehybride
Fragrant Delight®		lachsrot	- 25 °C		Floribunda
Fragrant Dream		lachsrot	- 25 °C		Teehybride
Freedom®	🏆	gelb	- 25 °C		Teehybride
Gingernut		gelbbraun	- 25 °C		Patio
Gloria Dei	🏆	mattgelb, rosa ger.	- 25 °C		Teehybride
Gold Bunny®		gelb	- 25 °C	W	Teehybride
Gold Medal®		goldgelb	- 25 °C	W	Teehybride/Grandiflora
Golden Wedding		gelb	- 25 °C		Floribunda
Grand Nord®		elfenbeinf.	- 25 °C	W	Teehybride
'Gruß an Aachen'		rosig weiß	- 20 °C	W	Polyantha/Floribunda
'Horstmanns Rosenresli'		weiß	- 25 °C		Floribunda
Ice Cream		rahmweiß	- 25 °C		Teehybride
Indian Summer	🏆	orange	- 25 °C		Teehybride
Ingrid Bergman®	🏆	rot	- 25 °C		Teehybride
International Herald Tribune®		purpurn	- 25 °C		Floribunda
'Irène Watts'	🏆	blass lachsrosa	- 20 °C	W	China
Just Joey®	🏆	pfirsichf.	- 25 °C		Teehybride
'Katharina Zeimet'		weiß	- 25 °C		Polyantha
Keepsake		karmesinrosa	- 25 °C		Teehybride
L'Aimant		lachsrosa	- 25 °C		Floribunda
'Lady Sylvia'		rosa	- 25 °C		Teehybride
'Lavender Jewel'		mauve-rosa	- 25 °C		Miniatur
Lilli Marleen		tiefrot	- 25 °C		Floribunda
Little Bo-Peep		rosa	- 25 °C		Miniatur/Patio
'Lovers' Meeting'		orange	- 25 °C		Teehybride
Loving Memory		tiefrot	- 25 °C		Teehybride
'Mme Abel Chatenay'		rosa	- 20 °C	W	Teehybride
'Mme Butterfly'		blass pfirsichf.	- 25 °C		Teehybride
'Mme Caroline Testout'		rosa	- 25 °C		Teehybride
'Mme Louis Laperrière'		dunkelrot	- 25 °C		Teehybride
'Magenta'		mauve-rosa	- 25 °C		Teehybride
Mandarin®		orange, später lachsf.	- 25 °C		Miniatur
Margaret Merril	🏆	zartrosa	- 25 °C		Floribunda/Teehybride
'Marlena'		dunkelrot	- 25 °C		Floribunda
Marry Me		rosa	- 25 °C		Patio
'Mevrouw Nathalie Nypels'	🏆	rosa	- 25 °C		Polyantha
'Michèle Meilland'		fleischrosa	- 25 °C		Teehybride
Minnie Pearl®		blassrosa	- 25 °C		Miniatur
Mischief		korallen	- 25 °C		Teehybride
'Mister Lincoln'		dunkelrot	- 25 °C	W	Teehybride
'Mrs Oakley Fisher'	🏆	apricot	- 25 °C		Teehybride
Mountbatten®	🏆	gelb	- 25 °C		Floribunda
Mullard Jubilee		karmesinrot	- 25 °C		Teehybride
'National Trust'		rot	- 25 °C		Teehybride
New Zealand		blassrosa	- 25 °C	W	Teehybride
News®		purpurn	- 25 °C		Floribunda
Octavia Hill		rosa	- 25 °C		Floribunda/Strauch
'Ophelia'		rosa	- 25 °C		Teehybride
Orange Sunblaze®		orange	- 25 °C		Miniatur
Panache		zinnoberrot	- 25 °C		Patio
Papa Meilland®		dunkelrot	- 20 °C	W	Teehybride
Pascali®		rahmweiß	- 25 °C		Teehybride
Paul Shirville	🏆	lachsrosa	- 25 °C		Teehybride
'Piccadilly'		korallenrot/gelb	- 25 °C		Teehybride
Playboy®		orangegelb	- 25 °C		Floribunda
Playgirl™		kirschrosa	- 25 °C		Floribunda
Polar Star		rahmweiß	- 25 °C		Teehybride
Pretty Polly®		rosa	- 25 °C		Miniatur
Princess Alice		gelb	- 25 °C		Floribunda
Pristine®		rosig weiß	- 25 °C		Teehybride
Queen Mother	🏆	rosa	- 25 °C		Patio
'Queen of Bedders'		kirschrot	- 25 °C		Bourbon
Red Devil®	🏆	tiefrot	- 25 °C		Teehybride
Red Rascal		tiefrot	- 25 °C		Patio
Regensberg®		kirschrosa, weiß ger.	- 25 °C		Floribunda/Patio
Remember Me®	🏆	kupferf.	- 25 °C		Teehybride
Robin Redbreast®		scharlachrot, weiße Mitte	- 25 °C		Miniatur/Bodendecker/Patio
Rosemary Harkness		orange-lachsrot	- 25 °C		Teehybride
'Rosemary Rose'		karmesinrot	- 25 °C		Floribunda
'Royal Highness'		blassrosa	- 25 °C		Teehybride
Royal Salute		tiefrosa	- 25 °C		Miniatur
Royal William	🏆	tief karmesinrot	- 25 °C		Teehybride
Savoy Hotel	🏆	blassrosa	- 25 °C		Teehybride
Schneewittchen®	🏆	weiß	- 25 °C	W	Floribunda
Sexy Rexy®	🏆	blassrosa	- 25 °C		Floribunda
Sheila's Perfume		pfirsichf., rot ger.	- 25 °C		Floribunda
Shine On		orangerot	- 25 °C		Patio
Silver Jubilee®	🏆	lachsrosa	- 25 °C		Teerose
'Southampton'	🏆	apricot	- 25 °C		Floribunda
Sue Lawley		rot, rosa ger.	- 25 °C		Floribunda
Summer Dream		pfirsichrosa	- 25 °C		Teehybride
Sun Hit™		tiefgelb	- 25 °C		Patio
Sunset Boulevard		orange-apricot	- 25 °C		Floribunda
Super Star®		zinnoberrot	- 25 °C		Teehybride
Sweet Dream	🏆	pfirsich-apricot	- 25 °C		Patio
Sweet Magic	🏆	orange	- 25 °C		Miniatur/Patio
Sweet Memories		blassgelb	- 25 °C		Patio
Tequila Sunrise	🏆	gelb, rot ger.	- 25 °C		Teehybride
The Lady	🏆	gelb schatt.	- 25 °C		Teehybride
The McCartney Rose		tiefrosa	- 25 °C		Teehybride
The Times Rose	🏆	tiefrot	- 25 °C		Floribunda
Tiger Cub		gold, rot gestr.	- 25 °C		Patio
Tintinara		hellrot	- 25 °C		Teehybride
Tip Top®		korallen	- 25 °C		Floribunda/Patio
Top Marks		zinnoberrot	- 25 °C		Miniatur/Patio
Troika®		zinnoberrot	- 25 °C		Teehybride
Trumpeter®	🏆	scharlachrot	- 25 °C		Floribunda
Tynwald		cremef.	- 25 °C		Teehybride
'Typhoon'		korallen	- 25 °C		Teehybride
Valencia®		apricot	- 25 °C		Teehybride
Valentine Heart		rosa	- 25 °C		Floribunda
Warm Wishes		pfirsichf.	- 25 °C		Teehybride
Westerland™	🏆	apricot	- 25 °C		Floribunda
Whisky Mac		apricot	- 25 °C		Teehybride
'White Pet'	🏆	weiß	- 25 °C		Polyantha
'White Wings'		weiß	- 25 °C		Teehybride
Yesterday®	🏆	magenta	- 25 °C		Polyantha
'Yvonne Rabier'	🏆	weiß	- 25 °C		Polyantha

Strauchrosen

Sorte		Farbe	Frosthärte		Typ
Abraham Darby®		zartrosa	- 25 °C		Strauch (Engl. Rose)
'Agnes'		hellgelb	- 37 °C	K	Rugosa
'Alba Maxima'	🏆	weiß	- 32 °C	K	Alba
'Alba Semiplena'	🏆	weiß	- 32 °C	K	Alba
'Alexander MacKenzie'		rot	- 32 °C	K	Strauch
'Archiduc Charles'		rosa, kirschf. schatt.	- 15 °C	W	Teerose
'Archiduc Joseph'		kupferf.	- 15 °C	W	Teerose
'Assemblage des Beautés'		hell karmesinrot	- 32 °C	K	Gallica
'Autumn Delight'		blass cremef.	- 25 °C		Moschata-Hybr.
'Ballerina'	🏆	rosa	- 25 °C		Moschata-Hybr./Polyantha
'Baron Girod de l'Ain'		tiefrot, weiß ger.	- 25 °C		Remontant
'Baronne Henriette de Snoy'		kupferrosa	- 15 °C	W	Teerose
'Beau Narcisse'		purpurmauve	- 32 °C	K	Gallica
'Belle Isis'		blassrosa	- 32 °C	K	Gallica
'Belle Poitevine'		magenta	- 37 °C	C	Rugosa
Biddulph Grange		rot	- 25 °C		Strauch
'Blanche Double de Coubert'	🏆	weiß	- 37 °C	K	Rugosa
'Bon Silène'		karmesinrot	- 15 °C	W	Teerose
Bonica®	🏆	rosa	- 25 °C	K	Strauch/Bodendecker
'Boule de Neige'		weiß	- 25 °C		Bourbon

Sorte		Farbe	Frosthärte		Klasse
'Bourbon Queen'		rosa	- 25 °C		Bourbon
Brother Cadfael		rosa	- 25 °C		Engl. Rose
'Buff Beauty'	🏆	blass apricot	- 25 °C		Moschata-Hybr.
californica		rosa	- 37 °C	K	Strauch
'Camaïeux'		weiß, rosa gestr.	- 32 °C	K	Gallica
'Cantabrigiensis'	🏆	blassgelb	- 32 °C	K	Strauch
'Cardinal de Richelieu'	🏆	purpurviolett	- 32 °C	K	Gallica
Cardinal Hume®		hell purpurn	- 25 °C		Strauch
Carefree Beauty™		kirschrosa	- 32 °C	K	Strauch
'Cécile Brunner'	🏆	rosa	- 25 °C		Polyantha
'Céleste'	🏆	rosa	- 32 °C	K	Alba
'Celsiana'		rosa	- 32 °C	K	Damaszener
× *centifolia*		rosa	- 25 °C		Zentifolie
× *centifolia* 'Cristata'	🏆	rosa	- 25 °C		Zentifolie
× *centifolia* 'Muscosa'	🏆	rosa	- 25 °C		Moosrose
'Cerise Bouquet'	🏆	kirschrot	- 25 °C		Strauch
'Charles de Mills'	🏆	purpur-karmesinrot	- 32 °C	K	Gallica
Charles Rennie Mackintosh®		rosa	- 25 °C		Strauch (Engl. Rose)
'Chianti'		weinrot	- 25 °C		Strauch (Engl. Rose)
'Chloris'		blassrosa	- 32 °C	K	Alba
'Clotilde Soupert'		weiß, Mitte blassrosa	- 25 °C	W	Polyantha
Cocktail®		scharlachrot	- 25 °C		Strauch
'Commandant Beaurepaire'		rosa, karmesinrot gestr.	- 25 °C		Bourbon
'Complicata'	🏆	rosa	- 32 °C	K	Gallica
'Comtesse Cécile de Chabrillant'		dunkelrosa	- 25 °C		Remontant
'Comtesse du Caÿla'		pfirsich/kupferf. schatt.	- 15 °C	W	Teerose
'Conrad Ferdinand Meyer'		rosa	- 25 °C	K	Rugosa
'Cornelia'	🏆	kupferrosa	- 25 °C		Moschata-Hybr.
Cottage Rose™		rosa	- 25 °C		Strauch (Engl. Rose)
'Country Dancer'		kirschrosa	- 32 °C	K	Strauch
'Coupe d'Hébé'		rosa	- 25 °C		Bourbon
'Cramoisi Supérieur'		rot	- 15 °C	W	China
'Cymbifolia'		weiß	- 32 °C	K	Alba
'D'Aguesseau'		karmesinrot	- 32 °C	K	Gallica
'De Meaux'		rosa	- 25 °C		Zentifolie
'De Rescht'	🏆	purpurkirschf.	- 25 °C		Portland-Damaszener
'Declic'		fliederrosa	- 25 °C		Strauch
'Dentelle de Malines'		blassrosa	- 25 °C		Strauch
'Directeur Alphand'		schwarzrot	- 25 °C		Remontant
'Doncasteri'		dunkelrosa	- 25 °C		Strauch
Douceur Normande®		korallenrosa	- 25 °C	K	Strauch/Bodendecker
'Duc de Guiche'	🏆	kirschrot	- 32 °C	K	Gallica
'Duchesse d'Angoulême'		blassrosa	- 32 °C	K	Gallica
'Duchesse de Montebello'	🏆	blassrosa	- 32 °C	K	Gallica
'Duchesse de Verneuil'		rosa	- 25 °C		Moosrose
'Dupontii'		weiß, rosa überl.	- 32 °C	K	Strauch
ecae		gelb	- 32 °C	K	Strauch
elegantula 'Persetosa'		rosa	- 32 °C	K	Strauch
'Etoile de Lyon'		mattgelb	- 15 °C	W	Teerose
Euphrates		lachsf., Mitte kastanienbraun	- 15 °C		*R. persica*-Hybr.
'Eva'		dunkel karmesinrot	- 25 °C		Strauch
Evelyn®		apricot	- 25 °C		Strauch (Engl. Rose)
'Fantin-Latour'	🏆	blassrosa	- 25 °C		Zentifolie
fedtschenkoana		weiß	- 32 °C	K	Strauch
'Felicia'	🏆	blassrosa	- 25 °C		Moschata-Hybr.
'Félicité Parmentier'	🏆	blassrosa	- 25 °C		Alba × Damaszener
'Ferdinand Pichard'	🏆	blassrosa, karmesinrot gestr.	- 25 °C		Bourbon
'Fimbriata'		rosa	- 25 °C	K	Rugosa
'Francesca'		apricot	- 25 °C		Moschata-Hybr.
Francine Austin®		weiß	- 25 °C		Strauch (Engl. Rose)
× *francofurtana* 'Empress Josephine'	🏆	rosa	- 32 °C	K	Strauch
'Fritz Nobis'	🏆	rosa	- 25 °C		Strauch
'Fru Dagmar Hastrup'	🏆	rosa	- 32 °C	K	Rugosa
'Frühlingsgold'	🏆	blassgelb	- 32 °C	K	Pimpinellifolia-Hybr.
'Frühlingsmorgen'		rosa schatt.	- 32 °C	K	Pimpinellifolia-Hybr.
gallica var. *officinalis*	🏆	kirschrot	- 32 °C	K	Gallica
gallica 'Versicolor'		kirschrot, weiß gestr.	- 32 °C	K	Gallica
'Général Galiéni'		korallenrot	- 15 °C	W	Teerose
'Général Kléber'		rosa	- 25 °C		Moosrose
'Général Schablikine'		korallenrot	- 15 °C	W	Teerose
'Georges Vibert'		karmesinrot, blassrosa gestr.	- 32 °C	K	Gallica
'Geranium'	🏆	kirschrot	- 32 °C	K	*R. moyesii*-Hybr.
Gertrude Jekyll®		sattrosa	- 25 °C		Strauch (Engl. Rose)
Glamis Castle		weiß	- 25 °C		Strauch (Engl. Rose)
glauca	🏆	dunkelrosa	- 32 °C	K	Strauch
'Gloire de Ducher'		purpur-karmesinrot	- 25 °C		Remontant
'Gloire des Mousseuses'		kirschrosa	- 25 °C		Moosrose
Golden Celebration™		goldgelb	- 25 °C		Strauch (Engl. Rose)
Golden Chersonese		gelb	- 32 °C	K	Strauch
'Golden Wings'	🏆	blassgelb	- 32 °C	K	Strauch
Graham Thomas		bernsteingelb	- 25 °C		Strauch (Engl. Rose)
'Great Maiden's Blush'		weiß, rosa überl.	- 32 °C	K	Alba
'Great Western'		magenta-karmesinrot	- 25 °C		Bourbon
'Grootendorst Supreme'		tief karmesinrot	- 32 °C	K	Rugosa
'Hansa'		magenta-kirschf.	- 37 °C	C	Rugosa
× *harisonii* 'Harison's Yellow'		gelb	- 32 °C	K	Pimpinellifolia-Hybr.
'Helen Knight'	🏆	gelb	- 32 °C	C	*R. ecae*-Hybr.
'Henri Martin'	🏆	karmesinrot	- 25 °C		Moosrose
'Henry Hudson'		weiß	- 37 °C	K	Rugosa
Heritage®		blassrosa	- 25 °C		Strauch (Engl. Rose)
'Hermosa'		rosa	- 20 °C	W	China
'Highdownensis'	🏆	rosa	- 32 °C	K	*R. moyesii*-Hybr.
'Honorine de Brabant'		blassrosa, kirschrot gestr.	- 25 °C		Bourbon
'Hugh Dickson'		karmesinrot	- 25 °C		Remontant
'Indigo'		purpurn	- 25 °C		Portland-Damaszener
'Ipsilanté'		rosa	- 25 °C		Damaszener
'Ispahan'	🏆	rosa	- 25 °C		Damaszener
Jacqueline du Pré	🏆	blassrosa/rahmweiß	- 25 °C		Strauch
'Jacques Cartier'	🏆	rosa	- 32 °C	W	Portland-Damaszener
'James Mason'		scharlachrot	- 25 °C		Gallica
'James Veitch'		purpurn	- 25 °C		Damaszener-Portland-Moosr.
Jayne Austin		apricot	- 25 °C		Strauch (Engl. Rose)
'Jens Munk'		rosa	- 42 °C	C	Rugosa
John Keats		rosa	- 25 °C		Strauch (Romantica®-R.)
'Joseph's Coat'		gelb, rot ger.	- 25 °C		Strauch/kletternd
'Kathleen'		blassrosa	- 25 °C		Moschata-Hybr.
'Kathleen Harrop'		blass magenta	- 25 °C		Bourbon
Kathryn Morley		rosa	- 25 °C		Strauch (Engl. Rose)
'Kazanlik'		rosa	- 25 °C		Damaszener
'Königin von Dänemark'	🏆	rosa	- 32 °C	K	Alba
L. D. Braithwaite®		karmesinrot	- 25 °C		Strauch (Engl. Rose)
'La Ville de Bruxelles'		rosa	- 25 °C		Damaszener
'Lanei'		karmesinrot	- 25 °C		Moosrose
Lavender Dream®		mauve-rosa	- 25 °C		Strauch
'Lavender Lassie'	🏆	mauve-rosa	- 25 °C		Moschata-Hybr.
'Le Rire Niais'		rosa	- 25 °C		Zentifolie
'Léon Lecomte'		rosa	- 25 °C		Damaszener
'Le Vésuve'		karmesinrosa	- 15° C	W	China
Leander®		apricot	- 25 °C		Strauch (Engl. Rose)
'Leda'		weiß, rot ger.	- 32 °C	K	Damaszener
Lilian Austin®		lachsrot	- 25 °C		Strauch (Engl. Rose)
'Lillian Gibson'		blassrosa	- 32 °C	K	*R. blanda*-Hybr.
Linda Campbell		karmesinrot	- 32 °C	K	Rugosa
'Lord Penzance'		blassgelb, rosa ger.	- 25 °C		*R. rubiginosa*-Hybr.
'Louis Philippe'		karmesinrot	- 20 °C	W	China
'Louis van Houtte'		tief karmesinrot	- 25 °C		Remontant
'Louis XIV'		dunkelrot	- 15 °C	W	China
'Louise Odier'		rosa	- 25 °C		Bourbon
'Mabel Morrison'		weiß	- 25 °C		Remontant
macrophylla 'Master Hugh'	🏆	rosa	- 25 °C		Strauch
'Mme Delaroche-Lambert'		karmesinrot	- 25 °C		Damaszener-Portland-Moosr.
'Mme Ernest Calvat'		rosa	- 25 °C	W	Bourbon
'Mme Georges Bruant'		weiß	- 25 °C		Rugosa
'Mme Knorr'	🏆	rosa	- 32 °C	K	Portland-Damaszener
'Mme Lauriol de Barny'		rosa	- 25 °C		Bourbon
'Mme Legras de Saint Germain'	🏆	weiß	- 25 °C		Alba × Noisette
'Mme Louis Lévêque'	🏆	rosa	- 25 °C		Damaszener-Portland-Moosr.
'Mme Pierre Oger'		blassrosa	- 25 °C		Bourbon
'Mme Plantier'	🏆	weiß	- 25 °C		Alba × Noisette
'Mme Wagram, Comtesse de Turenne'		rosa	- 15 °C	W	Teerose
'Mme Zöetmans'		weiß	- 25 °C		Damaszener
'Magna Charta'		kirschrot	- 25 °C		Remontant

'Maiden's Blush'		weiß, rosa überl.	- 32 °C	K	Alba
'Maman Cochet'		rosa	- 15 °C	W	Teerose
Many Happy Returns	🏆	zartrosa	- 25 °C		Strauch/Floribunda
'Marguerite Hilling'	🏆	rosa	- 25 °C		Strauch
'Marie-Jeanne'		weiß	- 25 °C	W	Polyantha
'Marie Pavič'		rosig weiß	- 25 °C	W	Polyantha
'Marie van Houtte'		cremef., rosa überl.	- 15 °C	W	Teerose
Marjorie Fair®		karmesinrot, Mitte weiß	- 25 °C		Polyantha/Strauch
'Martin Frobisher'		rosa	- 37 °C	K	Rugosa
Mary Rose®		rosa	- 25 °C		Strauch (Engl. Rose)
'Menja'		blassrosa	- 25 °C		Strauch
Moje Hammarberg®		magenta	- 37 °C	K	Rugosa
'Monsieur Tillier'		kupfrig kirschrot	- 15 °C	W	Teerose
'Moonlight'		blassgelb	- 25 °C		Moschata-Hybr.
'Morden Blush'		blassrosa	- 37 °C	K	Strauch
'Morden Centennial'		kirschrosa	- 32 °C	K	Strauch
'Morden Ruby'		dunkelrosa	- 32 °C	K	Strauch
'Mousseline'		blassrosa	- 25 °C		Damaszener-Portland-Moosr.
moyesii		rot	- 32 °C	K	Strauch
'Mrs Anthony Waterer'		purpur-karmesinrot	- 25 °C	K	Rugosa
'Mrs B. R. Cant'		tief lachsrot	- 15 °C	W	Teerose
Mrs Doreen Pike		rosa	- 25 °C	K	Rugosa (Engl. Rose)
'Mrs Dudley Cross'		apricot, rosa überl.	- 15 °C	W	Teerose
'Mrs John Laing'		sattrosa	- 25 °C		Remontant
'Nevada'		blassgelb/weiß	- 32 °C	K	Strauch
nitida		rosa	- 32 °C	K	Strauch/Bodendecker
'Nova Zembla'		rosig weiß	- 25 °C	K	Rugosa
'Nuits de Young'		purpurn	- 25 °C		Moosrose
'Nur Mahal'		karmesinrot	- 25 °C		Moschata-Hybr.
nutkana 'Plena'	🏆	rosa	- 32 °C	K	Strauch
'Nyveldt's White'		weiß	- 32 °C	K	Rugosa
× *odorata* 'Mutabilis'	🏆	gelb/rosa/rot	- 15 °C	W	China
× *odorata* 'Ochroleuca'		blassgelb	- 15 °C	W	China
× *odorata* 'Pallida'		rosa	- 20 °C	W	China
× *odorata* Sanguinea-Gruppe		rot	- 15 °C	W	China
'Oeillet Panaché'		blassrosa, kirschrot gestr.	- 25 °C		Moosrose
'Oeillet Parfait'		rosa	- 32 °C	K	Gallica
'Ombrée Parfaite'		kirsch/karmesin/purpurn	- 32 °C	K	Gallica
'Pax'		rahmweiß	- 25 °C		Moschata-Hybr.
Pearl Drift®		perlweiß	- 25 °C		Strauch
'Penelope'	🏆	blass pfirsichf.	- 25 °C		Moschata-Hybr.
Perdita®		blass pfirsichf.	- 25 °C		Strauch (Engl. Rose)
'Perle d'Or'	🏆	blass pfirsichf.	- 25 °C		Polyantha
'Petite de Hollande'		rosa	- 25 °C		Zentifolie
pimpinellifolia 'Andrewsii'	🏆	rosa	- 37 °C	K	Strauch
pimpinellifolia 'Double White'		weiß	- 37 °C	K	Strauch
pimpinellifolia 'Grandiflora'		blassgelb	- 37 °C	K	Strauch
pimpinellifolia 'Mary, Queen of Scots'		blasslila	- 37 °C	K	Strauch
pimpinellifolia 'William III'		karmesinrot	- 37 °C	K	Strauch
'Pink Grootendorst'	🏆	rosa	- 32 °C	K	Rugosa
'Pink Prosperity'		rosa	- 25 °C		Moschata-Hybr.
Playtime		kirschrosa	- 32 °C	K	Rugosa/Bodendecker
Pleine de Grâce		weiß	- 25 °C		Strauch
'Pompon Blanc Parfait'		rosig weiß	- 32 °C	K	Alba
'Pompon Panaché'		cremef., kirschrosa gestr.	- 32 °C	K	Gallica
'Prairie Dawn'		rosa	- 32 °C	K	Strauch
'Président de Sèze'	🏆	fliederrosa	- 32 °C	K	Gallica
primula	🏆	blassgelb	- 32 °C	K	Strauch
'Prince Charles'		karmesinrot	- 25 °C		Bourbon
'Professeur Emile Perrot'		rosa	- 25 °C		Damaszener
'Prosperity'	🏆	rosig weiß	- 25 °C		Moschata-Hybr.
'Raubritter'		rosa	- 32 °C	K	Strauch/Rambler
Redouté		blassrosa	- 25 °C		Strauch (Engl. Rose)
'Reine des Centifeuilles'		rosa	- 25 °C		Zentifolie
'Reine des Violettes'		magenta	- 25 °C		Remontant
'Reine Victoria'		rosa	- 25 °C		Bourbon
'Robin Hood'		kirschrot	- 25 °C		Moschata-Hybr.
Robusta®		scharlachrot	- 32 °C	K	Rugosa
'Roger Lambelin'		dunkelrot, weiß ger.	- 25 °C		Remontant
'Rosa Zwerg'		rosa	- 32 °C	K	Rugosa
'Rose à Parfum de l'Haÿ'		purpur-karmesinrot	- 32 °C	K	Rugosa
'Roseraie de l'Haÿ'	🏆	purpur-karmesinrot	- 32 °C	K	Rugosa
'Rose d'Amour'	🏆	rosa	- 25 °C		Strauch
Rote Max Graf®		scharlachrot	- 32 °C	K	Bodendecker/Rugosa
'Rotes Meer'		purpur-karmesinrot	- 32 °C	K	Rugosa
rubiginosa	🏆	rosa	- 32 °C	K	Weinrose
rugosa 'Alba'	🏆	weiß	- 37 °C	C	Rugosa
rugosa 'Rubra'	🏆	kirschrot	- 32 °C	K	Rugosa
'Rugspin'		rot	- 32 °C	K	Rugosa
'Ruskin'		karmesinrot	- 25 °C	K	Rugosa
'Safrano'		apricot	- 15 °C	W	Teerose
Saint Cecilia®		blassrosa	- 25 °C		Strauch (Engl. Rose)
Saint Swithun		rosa	- 25 °C		Strauch (Engl. Rose)
Sally Holmes®		rosig weiß	- 25 °C		Strauch/Moschata-Hybr.
'Scabrosa'	🏆	magenta	- 37 °C	K	Rugosa
'Scharlachglut'	🏆	scharlachrot	- 25 °C		Strauch
Schnee-Eule®		weiß	- 37 °C	K	Rugosa/Bodendecker
'Schneekoppe'		weiß, rosa überl.	- 37 °C	K	Rugosa
'Schneezwerg'	🏆	weiß	- 32 °C	K	Rugosa
'Sealing Wax'		rot	- 32 °C	K	*R. moyesii*-Hybr.
'Shailer's White Moss'	🏆	weiß	- 25 °C		Moosrose
Sharifa Asma®		blassrosa	- 25 °C		Strauch (Engl. Rose)
'Shropshire Lass'		zartrosa	- 25 °C		Strauch (Engl. Rose)
soulieana	🏆	weiß	- 32 °C	K	Strauch/Rambler
'Sourire d'Orchidée'		blass fleischrosa	- 25 °C		Strauch
'Souvenir d'Elise Vardon'		blass pfirsichf. schatt.	- 15 °C	W	Teerose
'Souvenir d'un Ami'		blass lachsrosa	- 15 °C	W	Teerose
'Souvenir de la Malmaison'		zartrosa	- 20 °C	W	Bourbon
'Souvenir de Mme Auguste Charles'		rosa	- 25 °C		Bourbon
'Souvenir de Philémon Cochet'		weiß	- 32 °C	K	Rugosa
'Souvenir de St Anne's'	🏆	zartrosa	- 25 °C		Bourbon
'Stanwell Perpetual'		zartrosa	- 37 °C	K	Pimpinellifolia-Hybr.
sweginzowii 'Macrocarpa'		rosa	- 25 °C		Strauch
Tango		scharlachr./korallen/gelb	- 25 °C		Strauch
The Alexandra Rose		pfirsichf.	- 25 °C		Strauch (Engl. Rose)
'The Bishop'		magenta-purpurn	- 25 °C		Centifolia × Gallica
The Countryman®		dunkelrosa	- 25 °C		Strauch (Engl. Rose)
The Dark Lady		karmesinrot	- 25 °C		Strauch (Engl. Rose)
'The Fairy'	🏆	rosa	- 25 °C	W	Polyantha
The Pilgrim		apricot	- 25 °C		Strauch (Engl. Rose)
The Prince®		dunkel karmesinrot	- 25 °C		Strauch (Engl. Rose)
The Seckford Rose		rosa	- 25 °C		Strauch
'Thérèse Bugnet'		rosa	- 37 °C	K	Rugosa
'Thisbe'		blassgelb	- 25 °C		Moschata-Hybr.
Tigris®		gelb mit rotem Auge	- 15 °C	W	*R. persica*-Hybr.
Toulouse-Lautrec®		gelb	- 25 °C		Strauch (Romantica®-R.)
'Tricolore de Flandre'		blassrosa, kirschrot gestr.	- 32 °C	K	Gallica
'Triomphe du Luxembourg'		lachsrosa	- 15 °C	W	Teerose
Tumbling Waters		weiß	- 25 °C		Strauch
'Tuscany Superb'	🏆	dunkelrot	- 32 °C	K	Gallica
'Unique Blanche'		weiß	- 25 °C		Zentifolie
'Vanguard'		lachsf.	- 25 °C		Rugosa
'Vanity'		kirschrot	- 25 °C	W	Moschata-Hybr.
'Variegata di Bologna'		weiß, karmesinrot gestr.	- 25 °C		Bourbon
'Vick's Caprice'		rosa, weiß gestr.	- 25 °C		Bourbon
villosa		rosa	- 32 °C	K	Strauch
virginiana	🏆	rosa	- 37 °C	K	Strauch
'White Cécile Brunner'		weiß	- 25 °C	W	Polyantha
'White Grootendorst'		weiß	- 32 °C	K	Rugosa
'Wilhelm'	🏆	dunkelrot	- 25 °C		Moschata-Hybr.
'William Baffin'		rosa	- 37 °C	K	Rugosa/Rugosa, kletternd
'William Lobb'	🏆	purpurn	- 25 °C		Moosrose
'William R. Smith'		cremef., rosa überl.	- 15 °C	W	Teerose
willmottiae		magentarosa	- 37 °C	K	Strauch
Winchester Cathedral®		weiß	- 25 °C		Strauch
Windrush®		blassgelb	- 25 °C		Strauch
'Winnipeg Parks'		rot	- 32 °C	K	Strauch
'Wolley-Dod'		rosa	- 32 °C	K	Strauch
woodsii		rosa	- 37 °C	K	Strauch
xanthina 'Canary Bird'	🏆	gelb	- 25 °C		Strauch
xanthina f. *hugonis*	🏆	blassgelb	- 32 °C	K	Strauch
Yellow Dagmar Hastrup		blassgelb	- 32 °C	K	Rugosa
'Zéphirine Drouhin'	🏆	kirschrosa	- 25 °C		Bourbon
'Zigeunerknabe'	🏆	purpur-karmesinrot	- 25 °C		Strauch

Kletterrosen

Sorte		Farbe	Frosthärte		Typ
'Adélaïde d'Orléans'	🏆	weiß (hellrosa)	- 25 °C		Rambler
'Aimée Vibert'		rosig weiß	- 25 °C		Noisette
'Albéric Barbier'	🏆	cremef.	- 20 °C		Rambler
'Albertine'	🏆	kupferrosa	- 25 °C		Rambler
'Alchymist'		apricot-gelb	- 25 °C		Kletterr./Strauch
'Alexandre Girault'		kirschrot	- 25 °C		Rambler
'Alexandre Tremouillet'		rahmweiß, Mitte blassgelb	- 25 °C		Rambler
'Alister Stella Grey'	🏆	hellgelb	- 15 °C	W	Noisette
Altissimo®	🏆	rot	- 25 °C		Kletterrose
Antique '89®		blassrosa, rot ger.	- 25 °C		Kletterrose
'Auguste Gervais'		blass apricot	- 25 °C		Rambler
'Aviateur Blériot'		blass apricotgelb	- 25 °C		Rambler
Awakening		hellrosa	- 25 °C		Rambler
'Ayrshire Queen'		purpur-karmesinrot	- 32 °C		Rambler/Bodendecker
banksiae var. *banksiae*		weiß	- 10° C	W	Rambler
banksiae var. *lutea*	🏆	mattgelb	- 15 °C	W	Rambler
Bantry Bay®		sattrosa	- 25 °C		Teehybride, kletternd
'Belvedere'		rosa	- 25 °C		Rambler
'Belle Portugaise'		hell pfirsichf.	- 15 °C	W	Kletterrose
'Bennett's Seedling'		weiß	- 25 °C		Rambler
'Black Boy'		karmesinrot	- 15 °C	W	Kletterrose
'Blairii No 2'	🏆	rosa	- 25 °C		Bourbon, kletternd
'Bleu Magenta'		purpurn	- 25 °C		Rambler
'Blossomtime'		rosa	- 25 °C		Kletterrose
'Blush Rambler'		rosa	- 25 °C		Rambler
'Blushing Lucy'		rosa	- 25 °C		Rambler
'Bobbie James'	🏆	weiß	- 25 °C		Rambler
'Bougainville'		fliederrosa	- 15 °C	W	Noisette
'Bouquet d'Or'		apricot-gelb	- 15 °C	W	Noisette
bracteata		weiß	- 15 °C	W	Kletterrose
Breath of Life		pfirsichrosa	- 25 °C		Teehybride, kletternd
'Brenda Colvin'		zartrosa	- 25 °C		Rambler
brunonii 'La Mortola'		cremeweiß	- 20 °C		Rambler
'Captain Samuel Holland'		rosa	- 37 °C	K	Strauch/Kletterr.
Casino®		gelb	- 25 °C	W	Teehybride, kletternd
'Céline Forestier'	🏆	blassgelb	- 15 °C	W	Noisette
'Champneys' Pink Cluster'		blassrosa	- 15 °C	W	Noisette
'Chaplin's Pink Climber'		karmesinrosa	- 25 °C		Kletterrose
'Cherub'		lachsrosa	- 15 °C	W	Rambler
City of York		weiß	- 25 °C		Kletterrose
Clair Matin®		blassrosa	- 25 °C		Kletterrose
'Claire Jacquier'		blassgelb	- 15 °C	W	Noisette
'Climbing Blue Moon'		mauve	- 25 °C	W	Teehybride, kletternd
'Climbing Cécile Brunner'	🏆	rosa	- 25 °C	W	Polyantha, kletternd
'Climbing Devoniensis'		cremef.	- 15 °C	W	Teerose, kletternd
'Climbing Ena Harkness'		rot	- 25 °C		Teehybride, kletternd
'Climbing Etoile de Hollande'	🏆	dunkelrot	- 25 °C		Teehybride, kletternd
Climbing Gold Bunny		gelb	- 25 °C	W	Teehybride, kletternd
'Climbing Josephine Bruce'		scharlachrot	- 25 °C		Teehybride, kletternd
'Climbing Lady Hillingdon'	🏆	apricot	- 15 °C	W	Teerose, kletternd
'Climbing Lady Sylvia'		rosa	- 25 °C		Teehybride, kletternd
'Climbing Mme Abel Chatenay'		rosa	- 20 °C	W	Teehybride, kletternd
'Climbing Mme Butterfly'		blass pfirsichf.	- 25 °C		Teehybride, kletternd
'Climbing Mme Caroline Testout'		rosa	- 25 °C		Teehybride, kletternd
'Climbing Masquerade'		gelb/rot	- 25 °C		Floribunda, kletternd
'Climbing McGredy's Yellow'		blassgelb	- 25 °C		Teehybride, kletternd
'Climbing Mrs Herbert Stevens'		weiß	- 20 °C	W	Teehybride, kletternd
'Climbing Mrs Sam McGredy'	🏆	kupfrig lachsrot	- 25 °C		Teehybride, kletternd
'Climbing Niphetos'		weiß	- 15 °C		Teerose, kletternd
'Climbing Ophelia'		rosa	- 25 °C		Teehybride, kletternd
'Climbing Paul Lédé'		pfirsichrosa	- 15 °C	W	Teerose, kletternd
'Climbing Pompon de Paris'		dunkelrosa	- 20 °C	W	China, kletternd
'Climbing Schneewittchen'	🏆	weiß	- 25 °C	W	Floribunda, kletternd
'Climbing Shot Silk'	🏆	korallenrosa	- 25 °C		Teehybride, kletternd
'Climbing Souvenir de la Malmaison'		zartrosa	- 20 °C	W	Bourbon, kletternd
'Compassion'	🏆	rosa	- 25 °C		Teehybride, kletternd
Constance Spry®	🏆	rosa	- 25 °C		Kletterr./Strauch (Engl. Rose)
'Cooperi'		weiß	- 15 °C	W	Rambler
'Crépuscule'		apricot	- 15 °C	W	Noisette
'Crimson Shower'	🏆	hell karmesinrot	- 25 °C		Rambler
'Cupid'		blass pfirsichrosa	- 25 °C		Teehybride, kletternd

Sorte		Farbe	Frosthärte		Typ
'Debutante'		rosa	- 25 °C		Rambler
'Desprez à Fleurs Jaune'	🏆	mattgelb	- 15 °C	W	Noisette
'Dorothy Perkins'		rosa	- 25 °C	W	Rambler
'Dream Girl'	🏆	lachsrosa	- 25 °C		Kletterrose
Dublin Bay®	🏆	scharlachrot	- 25 °C		Kletterrose
'Dundee Rambler'		weiß	- 25 °C		Rambler
'Easlea's Golden Rambler'		mattgelb	- 25 °C		Rambler
'Edmond Proust'		hellrosa	- 25 °C		Rambler
'Elisa Robichon'		blassrosa	- 25 °C		Rambler
'Emily Gray'		mattgelb	- 20 °C		Rambler
'Félicité et Perpétue'	🏆	weiß, rosa überl.	- 25 °C	W	Rambler
filipes 'Kiftsgate'	🏆	weiß	- 25 °C		Rambler
'Flora'		rosa	- 25 °C		Rambler
× *fortuneana*		weiß	- 15 °C		Rambler
'Francis E. Lester'	🏆	rosa	- 25 °C		Rambler
'François Juranville'	🏆	lachsrot	- 25 °C		Rambler
Galway Bay®		kirsch-korallen	- 25 °C		Teehybride, kletternd
'Gardenia'		rahmweiß	- 15 °C	W	Rambler
'Geschwinds Nordlandsrose'		blassrosa	- 25 °C	K	Rambler
'Geschwinds Orden'		kirschrot	- 25 °C	K	Rambler/Rugosa
'Ghislaine de Féligonde'		blass apricot	- 20 °C		Rambler
gigantea		rahmweiß	- 15 °C	W	Climber
'Gloire de Dijon'	🏆	apricot-rosa	- 15 °C	W	Teerose, kletternd
Gloriana '97		kirschrosa	- 25 °C		Miniatur, kletternd
Golden Showers®	🏆	mattgelb	- 25 °C		Kletterrose
'Goldfinch'		cremef.	- 25 °C		Rambler
Good as Gold		gelb	- 25 °C		Miniatur, kletternd
'Grimpant Cramoisi Supérieur'		rot	- 15 °C	W	Teerose, kletternd
'Guinée'		dunkelrot	- 25 °C		Teehybride, kletternd
Handel®	🏆	blassrosa, kirschrot ger.	- 25 °C		Kletterrose
'Heideröslein'		rosa	- 25 °C		Rambler/Strauch
helenae		weiß	- 25 °C		Rambler
'Henry Kelsey'		rot	- 37 °C	K	Kletterrose
High Hopes		rosa	- 25 °C		Kletterrose
Highfield®		gelb	- 25 °C		Teehybride, kletternd
'Jean Guichard'		dunkelrosa	- 15 °C	W	Rambler
'Jeanne Lajoie'		rosa	- 25 °C	K	Miniatur, kletternd
'John Cabot'		kirschrot	- 37 °C	K	Kletterrose
'John Davies'		blassrosa	- 37 °C	K	Kletterrose
'Kew Rambler'		rosa	- 25 °C		Rambler
'La Follette'		rosa	- 15 °C	W	Kletterrose
laevigata		weiß	- 15 °C	W	Rambler
'Lamarque'		weiß	- 15 °C	W	Noisette
Laura Ford®	🏆	gelb/pfirsichf.	- 25 °C		Miniatur, kletternd
'Laure Davoust'		rosa	- 25 °C		Rambler
Lavinia	🏆	sattrosa	- 25 °C		Teehybride, kletternd
Leaping Salmon		lachsrosa	- 25 °C		Teehybride, kletternd
'Léontine Gervais'		apricot-rosa	- 25 °C		Rambler
'Leverkusen'		blassgelb	- 25 °C		Kletterrose
Little Rambler		blassrosa	- 25 °C		Miniatur, kletternd
longicuspis var. *sinowilsonii*		weiß	- 25 °C		Rambler
Lord Byron		pfirsichf.	- 25 °C		Kletterr. (Romantica®-R.)
'Lykkefund'		weiß, apricot schatt.	- 25 °C		Rambler
'Mme Alfred Carrière'		weiß	- 20 °C	W	Noisette
'Mme de Sancy de Parabère'		rosa	- 25 °C		Boursault
'Mme Driout'		rosa, karmesinrot gestr.	- 15 °C	W	Teerose, kletternd
'Mme Grégoire Staechelin'	🏆	sattrosa	- 25 °C		Teehybride, kletternd
'Mme Hardy'	🏆	weiß	- 32 °C	K	Damaszener, kletternd
'Mme Isaac Pereire'	🏆	kirschrot	- 25 °C		Bourbon, kletternd
'Mme Jules Gravereaux'		apricot	- 15 °C	W	Teerose, kletternd
'Mme Legras de Saint Germain'	🏆	weiß	- 25 °C		Alba × Noisette
'Mme Plantier'	🏆	weiß	- 25 °C		Alba × Noisette
'Maigold'	🏆	goldgelb	- 25 °C		Pimpinellifolia-Hybr.
'Maréchal Niel'		mattgelb	- 15 °C	W	Noisette
'May Queen'		rosa	- 25 °C		Rambler
'Meg'		pfirsichrosa	- 25 °C		Teehybride, kletternd
'Mermaid'	🏆	blassgelb	- 20 °C	W	Kletterrose
'Mrs F. W. Flight'		dunkelrosa	- 25 °C		Rambler
mulliganii	🏆	weiß	- 25 °C		Rambler
multiflora		weiß	- 25 °C		Rambler/Strauch
multiflora 'Carnea'		rosa	- 25 °C		Rambler
'Narrow Water'		blassrosa	- 20 °C		Noisette
'New Dawn'		blassrosa	- 25 °C		Kletterr./Rambler
Nice Day		lachsrosa	- 25 °C		Miniatur, kletternd

Night Light®		goldgelb	- 25 °C		Kletterrose
'Noisette Carnée'		rosa	- 20 °C	W	Noisette
× *odorata* 'Pseudindica'		pfirsichf.	- 15 °C	W	China, kletternd
'Parade'	🏆	kirschrot	- 25 °C		Kletterrose
Parure d'Or®		mattgelb, rosa ger.	- 25 °C		Teehybride, kletternd
'Paul Noël'		kupfrig lachsrot	- 25 °C		Rambler
'Paul Transon'	🏆	kupfrig lachsrot	- 25 °C		Rambler
'Paul's Himalayan Musk'	🏆	blassrosa	- 25 °C		Rambler
'Paul's Lemon Pillar'		blass zitronengelb	- 25 °C		Teehybride, kletternd
'Paul's Scarlet Climber'		hellrot	- 25 °C		Kletterr./Rambler
Penny Lane		rosig, pfirsichf. Mitte	- 25 °C		Kletterrose
'Phyllis Bide'	🏆	blass pfirsichrosa	- 25 °C		Rambler
'Pink Perpétué'		rosa	- 25 °C		Kletterrose
'Princesse de Nassau'		cremef.	- 20 °C	W	Rambler
'Princesse Louise'		weiß	- 25 °C		Rambler
'Princesse Marie'		rosa	- 25 °C		Rambler
'Rambling Rector'	🏆	weiß	- 25 °C		Rambler
'Rêve d'Or'		apricot-gelb	- 15 °C	W	Noisette
Rosalie Coral		zinnoberrot	- 25 °C		Miniatur, kletternd
'Rose-Marie Viaud'		kirsch-purpurn	- 25 °C		Rambler
'Rosy Mantle'		dunkelrosa	- 25 °C		Kletterrose
'Royal Gold'		goldgelb	- 25 °C	W	Kletterrose
rubus		weiß	- 15 °C	W	Rambler
'Ruga'		rosig weiß	- 25 °C		Rambler
'Sander's White Rambler'	🏆	weiß	- 25 °C		Rambler
'Schoolgirl'		apricot	- 25 °C		Kletterrose
'Seagull'	🏆	weiß	- 25 °C		Rambler
'Sombreuil'		weiß	- 15 °C	W	Teerose, kletternd
'Souvenir d'Alphonse Lavallée'		dunkelrot	- 25 °C		Remontant, kletternd
'Souvenir de Claudius Denoyel'		dunkelrot	- 25 °C		Teehybride, kletternd
'Souvenir de Mme Léonie Viennot'		kupferrosa	- 15 °C	W	Teerose, kletternd
'Souvenir du Docteur Jamain'		dunkelrot	- 25 °C		Remontant, kletternd
Sparkling Scarlet		scharlachrot	- 25 °C		Floribunda, kletternd
'Splendens'		rosig weiß	- 25 °C		Rambler
Summer Wine	🏆	korallen	- 25 °C		Kletterrose
Super Dorothy®		rosa	- 25 °C		Rambler
Super Excelsa®		karmesinrot	- 25 °C		Rambler
Super Fairy		rosa	- 25 °C		Rambler
Super Sparkle		karmesinrot	- 25 °C		Rambler
'Swan Lake'		blassrosa	- 25 °C		Kletterrose
Sympathie®		karmesinrot	- 25 °C		Kletterrose
'Tausendschön'		pfirsichf. schatt.	- 25 °C	W	Rambler
'Tea Rambler'		rosa	- 25 °C		Rambler
'The Garland'	🏆	weiß	- 25 °C		Rambler
'Toby Tristam'		cremef.	- 25 °C		Rambler
'Treasure Trove'		blass apricot	- 25 °C		Rambler
'Veilchenblau'	🏆	purpurviolett	- 25 °C		Rambler
'Venusta Pendula'		rosig weiß	- 25 °C		Rambler
'Violette'		purpurviolett	- 25 °C		Rambler
'Vicomtesse Pierre du Fou'		rot	- 20 °C	W	Teehybride, kletternd
Warm Welcome	🏆	zinnoberrot	- 25 °C		Miniatur, kletternd
'Wedding Day'		weiß	- 25 °C		Rambler
White Cloud™		weiß	- 25 °C		Kletterr./Strauch
White Cockade®	🏆	weiß	- 25 °C		Kletterrose
'Wickwar'		rahmweiß	- 25 °C		Rambler
'William Allen Richardson'		apricot-gelb	- 15 °C	W	Noisette

Rosen für Laubengänge *siehe* Rosen für Pergolen, Laubengänge und Girlanden

Rosen mit schöner Herbstfärbung

B = Blüten H = Hagebutten L = Laub

'Aimée Vibert'		rosig weiß (B)	- 25 °C		Noisette
'Autumn Delight'		blass cremef. (B)	- 25 °C		Moschata-Hybr.
'Blanche Double de Coubert'	🏆	weiß (H, L)	- 37 °C	K	Rugosa
californica		rosa (H)	- 37 °C	K	Strauch
'Dart's Dash'		rot (H, L)	- 32 °C	K	Rugosa
'Delicata'		karmesinrosa (H, L)	- 32 °C	K	Rugosa/Bodendecker
'Doncasteri'		tiefrosa (H)	- 25 °C		Strauch
elegantula 'Persetosa'		rosa (L)	- 32 °C	K	Strauch
fedtschenkoana		weiß (B, H)	- 32 °C	K	Strauch
filipes 'Kiftsgate'	🏆	weiß (H)	- 25 °C		Rambler
Fiona®		scharlachrot (B, H)	- 25 °C		Strauch/Bodendecker
Foxi®		tiefrosa (B, H)	- 32 °C	K	Rugosa
'Geranium'	🏆	kirschrot (H)	- 32 °C	K	*R. moyesii*-Hybr.
glauca	🏆	dunkelrosa (H)	- 32 °C	K	Strauch
helenae		gelb (H)	- 25 °C		Strauch
'Herbstfeuer'		dunkelrot (B, H, L)	- 25 °C		*R. rubiginosa*-Hybr.
'Highdownensis'	🏆	rosa (H)	- 32 °C	K	*R. moyesii* Hybr.
× *kochiana*		rosa (H, L)	- 32 °C	K	Strauch
'Lavender Lassie'	🏆	mauve-rosa (B)	- 25 °C		Moschata-Hybr.
'Mevrouw Nathalie Nypels'	🏆	rosa (B)	- 25 °C		Polyantha
Moje Hammarberg®		magenta (B, H, L)	- 37 °C		Rugosa
'Monte Cassino'		tiefrosa (L, H)	- 37 °C		Rugosa
'Moonlight'		blassgelb (B)	- 25 °C		Moschata-Hybr.
moyesii		rot (H)	- 32 °C	C	Strauch
multiflora		weiß (H)	- 25 °C		Rambler/Strauch
nitida		rosa (H, L)	- 32 °C	K	Strauch/Bodendecker
'Nyveldt's White'		weiß (H, L)	- 32 °C	K	Rugosa
× *odorata* 'Mutabilis'	🏆	gelb/rosa/rot (B)	- 15 °C	W	China
× *odorata* Sanguinea-Gruppe		rot (B)	- 15 °C	W	China
pendulina		rosa (H, L)	- 25 °C		Strauch
'Penelope'	🏆	blass pfirsichf. (B, H)	- 25 °C		Moschata-Hybr.
pimpinellifolia 'Double White'		weiß (B, L)	- 37 °C	K	Strauch
'Rosa Zwerg'		rosa (H, L)	- 32 °C	K	Rugosa
'Rotes Meer'		purpur-karmesinrot (B, H, L)	- 32 °C	K	Rugosa
rubiginosa	🏆	rosa (H)	- 32 °C	K	Weinrose
rugosa 'Alba'	🏆	weiß (H, L)	- 37 °C	K	Rugosa
rugosa 'Rubra'	🏆	kirschrot (H, L)	- 32 °C	K	Rugosa
'Scabrosa'	🏆	magenta (H, L)	- 37 °C	K	Rugosa
Schnee-Eule®		weiß (H, L)	- 37 °C	K	Rugosa/Bodendecker
'Schneekoppe'		weiß, rosa überl. (H, L)	- 37 °C	K	Rugosa
'Schneezwerg'	🏆	weiß (H, L)	- 32 °C	K	Rugosa
'Sealing Wax'		rot (H)	- 32 °C	K	*R. moyesii*-Hybr.
soulieana	🏆	weiß (H)	- 32 °C	K	Strauch/Rambler
sweginzowii 'Macrocarpa'		rosa (H)	- 25 °C		Strauch
Tequila Sunrise	🏆	gelb, rot ger. (B)	- 25 °C		Teehybride
The Seckford Rose		rosa (B)	- 25 °C		Strauch
'Thérèse Bugnet'		rosa (B, L)	- 37 °C	K	Rugosa
'Thisbe'		blassgelb (B)	- 25 °C		Moschata-Hybr.
'Vanguard'		lachsrot (B)	- 25 °C		Rugosa
'Vanity'		kirschrot (B)	- 25 °C	W	Moschata-Hybr.
villosa		rosa (H)	- 32 °C	K	Strauch
virginiana	🏆	rosa (H, L)	- 37 °C	K	Strauch
'Wickwar'		blassrosa (H)	- 25 °C		Rambler
'Winnipeg Parks'		rot (B)	- 32 °C	K	Strauch
'Wolley-Dod'		rosa (H)	- 32 °C	K	Strauch
woodsii		rosa (H)	- 37 °C	K	Strauch

Rosen für die Beetkultur

Diese sollten sich durch ebenmäßigen, kompakten Wuchs auszeichnen und ausdauernd blühen. Obgleich die älteren Sorten kaum mehrmals blühen, habe ich einige der besten Gartenformen aufgenommen, um zu zeigen, wie sich eine klassische Bepflanzung gestaltet. Die Beetkultur lebt von der anhaltend dekorativen Wirkung; derbes Laub fällt hier weniger ins Gewicht als bei Rosen, die in geringer Zahl eingesetzt und von nahem betrachtet werden.

Anna Livia	🏆	lachsrosa	- 25 °C	Floribunda
Birthday Girl		cremef., lachsrot ger.	- 25 °C	Floribunda
'Duet'		rosa	- 25 °C	Teehybride
Elizabeth of Glamis®		lachsrosa	- 25 °C	Floribunda
Evelyn Fison		tiefrot	- 25 °C	Floribunda
Fellowship		orange-lachsrot	- 25 °C	Floribunda
Fidélio®		orangerot	- 25 °C	Teehybride
French Lace		weiß, pfirsichf. überl.	- 25 °C	Floribunda
'Irène Watts'	🏆	blass lachsrosa	- 20 °C	China
'Katharina Zeimet'		weiß	- 25 °C	Polyantha
Keepsake		karmesinrosa	- 25 °C	Teehybride
'Korresia'		gelb	- 25 °C	Floribunda
Lilli Marleen		tiefrot	- 25 °C	Floribunda
'Lovers' Meeting'		orange	- 25 °C	Teehybride
'Marlena'		tiefrot	- 25 °C	Floribunda
Mischief		korallen	- 25 °C	Teehybride
'Piccadilly'		korallenrot/gelb	- 25 °C	Teehybride
Playboy®		orangegelb	- 25 °C	Floribunda
Playgirl™		kirschrosa	- 25 °C	Floribunda
Regensberg®		kirschrosa, weiß ger.	- 25 °C	Floribunda/Patio
Remember Me®	🏆	kupferf.	- 25 °C	Teehybride
'Royal Highness'		blassrosa	- 25 °C	Teehybride
Royal William	🏆	tief karmesinrot	- 25 °C	Teehybride

Sexy Rexy®	🏆 blassrosa	- 25 °C		Floribunda
Sunset Boulevard	apricot-orange	- 25 °C		Floribunda
Susan Hampshire	rosa	- 25 °C		Teehybride
The Times Rose	🏆 tiefrot	- 25 °C		Floribunda
Tip Top®	korallen	- 25 °C		Floribunda/Patio
Troika®	zinnoberrot	- 25 °C		Teehybride
Trumpeter®	🏆 scharlachrot	- 25 °C		Floribunda
'Typhoon'	korallen	- 25 °C		Teehybride

Rosen für Ketten siehe *Rosen für Pergolen, Laubengänge und Girlanden*

Rosen mit ungewöhnlicher Laubfärbung

g = blaugrün/grau p = rosa überlaufen r = rot/bronze

Basildon Bond	apricot (r)	- 25 °C		Teehybride
Blessings®	lachsrot (r)	- 25 °C		Teehybride
brunonii 'La Mortola'	rahmweiß (g)	- 20 °C		Rambler
'Carmenetta'	tiefrosa (p)	- 32 °C	K	Strauch
'Copper Gem'	kupferf. (r)	- 25 °C		Teehybride
Dawn Chorus	orange (r)	- 25 °C		Teehybride
Europeana®	dunkelrot (r)	- 25 °C		Floribunda
fedtschenkoana	weiß (g)	- 32 °C	K	Strauch
glauca	🏆 dunkelrosa (g/p)	- 32 °C	K	Strauch
Gordon's College	lachsrot (r)	- 25 °C		Floribunda
soulieana	🏆 weiß (g)	- 32 °C	K	Strauch/Rambler
The Times Rose	🏆 tiefrot (r)	- 25 °C		Floribunda
'Wickwar'	rahmweiß (g)	- 25 °C		Rambler

Rosen für die Kultur unter Glas

Die folgenden Rosen können Wände und Dächer von Gewächshäusern und Wintergärten überziehen. Die meisten für Töpfe und Kübel empfohlenen Sorten (s. S. 178) können hier ebenso gut verwendet werden wie zahlreiche Tee-, China-, Bourbon- und Remontant-Rosen, obgleich diese angesichts der beschränkten Raumverhältnisse einige Erziehung brauchen, um reizvoll zu wirken.

'Climbing Devoniensis'	cremef.	- 15 °C	W	Teerose, kletternd
'Climbing Mme Abel Chatenay'	rosa	- 20 °C	W	Teehybride, kletternd
'Climbing Niphetos'	weiß	- 15 °C	W	Teerose, kletternd
'Climbing Ophelia'	rosa	- 25 °C		Teehybride, kletternd
'Climbing Pompon de Paris'	tiefrosa	- 20 °C	W	China, kletternd
'Gloire de Dijon'	🏆 apricot-rosa	- 15 °C	W	Teerose, kletternd
'Grimpant Cramoisi Supérieur'	rot	- 15 °C	W	Teerose, kletternd
'Lamarque'	weiß	- 15 °C	W	Noisette
'Mme Driout'	rosa, karmesinrot gestr.	- 15 °C	W	Teerose, kletternd
'Mme Jules Gravereaux'	apricot	- 15 °C	W	Teerose, kletternd
'Maréchal Niel'	mattgelb	- 15 °C	W	Noisette
× *odorata* 'Pseudindica'	pfirsichf.	- 15 °C	W	China, kletternd
'Sombreuil'	weiß	- 15 °C	W	Teerose, kletternd
'William Allen Richardson'	apricot-gelb	- 15 °C	W	Noisette

Schnittrosen

Im Idealfall stehen edle Blüten auf recht langen, nicht zu starren und nicht zu schwächlichen Stielen. Ein paar kurzstieligere Sorten sind jedoch für so genannte Biedermeiersträuße aufgeführt, ebenso einige mit steiferen Stielen, aber außergewöhnlich schönen Blüten. Nur wenige Rosen eignen sich nicht zum Schnitt; die Liste könnte daher beträchtlich länger sein. Ich habe mich auf Sorten beschränkt, die ich für besonders gut geeignet halte, darunter einige ältere Teehybriden, deren Anmut vielen neueren Sorten fehlt.

Big Purple®	purpurn	- 25 °C		Teehybride
Blue Moon®	mauve	- 25 °C		Teehybride
'Boule de Neige'	weiß	- 25 °C		Bourbon
'Buff Beauty'	🏆 blass apricot	- 25 °C		Moschata-Hybr.
'Camaïeux'	weiß, magenta gestr.	- 32 °C	K	Gallica
'Cécile Brunner'	🏆 rosa	- 25 °C		Polyantha
'Charles de Mills'	🏆 purpur-karmesinrot	- 32 °C	K	Gallica
'Commandant Beaurepaire'	rosa, karmesinrot gestr.	- 25 °C		Bourbon
'Comtesse Cécile de Chabrillant'	tiefrosa	- 25 °C		Remontant
Congratulations	lachsrosa	- 25 °C		Teehybride
Dawn Chorus	orange	- 25 °C		Teehybride
'Directeur Alphand'	schwarzrot	- 25 °C		Remontant
Elina®	🏆 blassgelb	- 25 °C		Teehybride
'Felicia'	🏆 blassrosa	- 25 °C		Moschata-Hybr.
'Ferdinand Pichard'	🏆 rosa, karmesinrot gestr.	- 25 °C		Bourbon
Fulton Mackay	apricot-gelb	- 25 °C		Teehybride
gallica 'Versicolor'	🏆 kirschrot, weiß gestr.	- 32 °C	K	Gallica
Glad Tidings	rot	- 25 °C		Teehybride
Graham Thomas	bernsteingelb	- 25 °C		Strauch
'Honorine de Brabant'	blassrosa, kirschf. gestr.	- 25 °C		Bourbon
'Hugh Dickson'	karmesinrot	- 25 °C		Remontant
Ice Cream	rahmweiß	- 25 °C		Teehybride
Ingrid Bergman®	🏆 rot	- 25 °C		Teehybride
Kordes' Golden Times	gelb	- 25 °C	W	Floribunda
'Lady Sylvia'	rosa	- 25 °C		Teehybride
'Louis van Houtte'	tief karmesinrot	- 25 °C		Remontant
'Louis XIV'	tiefrot	- 15 °C	W	China
'Louise Odier'	rosa	- 25 °C		Bourbon
Loving Memory	tiefrot	- 25 °C		Teehybride
'Mabel Morrison'	weiß	- 25 °C		Remontant
'Mme Butterfly'	blass pfirsichf.	- 25 °C		Teehybride
'Mme Caroline Testout'	rosa	- 25 °C		Teehybride
Mme Georges Delbard®	karmesinrot	- 25 °C		Teehybride
'Mme Jules Gravereaux'	apricot	- 15 °C	W	Teerose, kletternd
'Mme Louis Laperrière'	tiefrot	- 25 °C		Teehybride
'Mme Pierre Oger'	blassrosa	- 25 °C		Bourbon
'Mme Victor Verdier'	karmesinrot	- 25 °C		Remontant
'Maman Cochet'	rosa	- 15 °C		Teerose
'Michèle Meilland'	fleischrosa	- 25 °C		Teehybride
'Mrs Dudley Cross'	apricotrosa	- 15 °C		Teerose
'Mrs John Laing'	sattrosa	- 25 °C		Remontant
Octavia Hill	rosa	- 25 °C		Floribunda/Strauch
'Ophelia'	rosa	- 25 °C		Teehybride
Papa Meilland®	tiefrot	- 20 °C		Teehybride
Pascali®	rahmweiß	- 25 °C		Teehybride
'Perle d'Or'	🏆 blass pfirsichf.	- 25 °C		Polyantha
Summer Dream	pfirsichrosa	- 25 °C		Teehybride
Tynwald	cremef.	- 25 °C		Teehybride
'Typhoon'	korallen	- 25 °C		Teehybride
Valencia®	apricot	- 25 °C		Teehybride

Rosen für Zäune

Die folgenden Rosen eignen sich für Zäune und auch für Mauern von etwa 1,2–2 m Höhe. Höhere Kletterrosen sind nicht aufgeführt, weil sie für die meisten Gärten zu groß werden. Für ganz große Gärten mit sehr langen Zäunen eignen sich viele der starkwüchsigeren Sorten, die unter den Kletterrosen (s. S. 172–173) aufgeführt sind. Manche als Sträucher klassifizierte Rosen, insbesondere einige Bourbon- und Remontant-Rosen, haben so biegsame Triebe, dass sie sich gut aufleiten lassen und an Zäunen gedeihen; allerdings sind sie an Hauswänden relativ anfällig für Pilzkrankheiten. (Empfehlenswerte Rosen für Hauswände sind unter Rosen für Mauern, S. 180–181 aufgeführt).

'Baron Girod de l'Ain'	tiefrot, weiß ger.	- 25 °C		Remontant
'Boule de Neige'	weiß	- 25 °C		Remontant
Clair Matin®	blassrosa	- 25 °C		Kletterrose
'Commandant Beaurepaire'	rosa, karmesinrot gestr.	- 25 °C		Bourbon
'Declic'	fliederrosa	- 25 °C		Strauch
'Directeur Alphand'	schwarzrot	- 25 °C		Remontant
'Dorothy Perkins'	rosa	- 25 °C	W	Rambler
'Edmond Proust'	hellrosa	- 25 °C		Rambler
'Ferdinand Pichard'	🏆 rosa, karmesinrot gestr.	- 25 °C		Bourbon
'François Juranville'	🏆 lachsrot	- 25 °C		Rambler
'Gloire de Ducher'	purpur-karmesinrot	- 25 °C		Remontant
'Goldfinch'	cremef.	- 25 °C		Rambler
Graham Thomas	bernsteingelb	- 25 °C		Strauch
'Heideröslein'	rosa	- 25 °C		Rambler/Strauch
'Honorine de Brabant'	blassrosa, kirschrot gestr.	- 25 °C		Bourbon
'Hugh Dickson'	karmesinrot	- 25 °C		Remontant
'Jeanne Lajoie'	rosa	- 25 °C	K	Miniatur, kletternd
'Joseph's Coat'	gelb, rot ger.	- 25 °C		Strauch/Climber
Laura Ford®	🏆 gelb	- 25 °C		Miniatur, kletternd
'Lavender Lassie'	🏆 mauverosa	- 25 °C		Moschata-Hybr.
'Leverkusen'	blassgelb	- 25 °C		Kletterrose
Little Rambler	blassrosa	- 25 °C		Miniatur, kletternd
Lord Byron	pfirsichf.	- 25 °C		Kletterr. (Romantica®-R.)
'Louis van Houtte'	tief karmesinrot	- 25 °C		Remontant
'Louise Odier'	rosa	- 25 °C		Bourbon
'Mme Ernest Calvat'	rosa	- 25 °C	W	Bourbon
'Mme Hardy'	🏆 weiß	- 32 °C	K	Damaszener, kletternd
'Mme Isaac Pereire'	🏆 kirschrot	- 25 °C		Bourbon, kletternd
'Mme Lauriol de Barny'	rosa	- 25 °C		Bourbon
'Mme Legras de Saint Germain'	🏆 weiß	- 25 °C		Alba × Noisette
'Mme Pierre Oger'	blassrosa	- 25 °C		Bourbon
'Mme Plantier'	🏆 weiß	- 25 °C		Alba × Noisette

'Mrs John Laing'		sattrosa	- 25 °C		Remontant
Nice Day		lachsrosa	- 25 °C		Miniatur, kletternd
'Noisette Carnée'		rosa	- 20 °C	W	Noisette
'Paul Noël'		kupfrig lachsrot	- 25 °C		Rambler
'Paul Transon'	🏆	kupfrig lachsrot	- 25 °C		Rambler
'Phyllis Bide'	🏆	blass pfirsichrosa	- 25 °C		Rambler
'Raubritter'		rosa	- 32 °C	K	Strauch/Rambler
'Reine des Violettes'		magenta-purpurn	- 25 °C		Remontant
'Reine Victoria'		rosa	- 25 °C		Bourbon
'Roger Lambelin'		tiefrot, weiß ger.	- 25 °C		Remontant
'Sander's White Rambler'	🏆	weiß	- 25 °C		Rambler
soulieana	🏆	weiß	- 32 °C	C	Strauch/Rambler
'Souvenir d'Alphonse Lavallée'		tiefrot	- 25 °C		Remontant, kletternd
'Souvenir de Mme Auguste Charles'		rosa	- 25 °C		Bourbon
'Souvenir de St Anne's'	🏆	blassrosa	- 25 °C		Bourbon
'Souvenir du Docteur Jamain'		dunkelrot	- 25 °C		Remontant, kletternd
Super Dorothy®		rosa	- 25 °C		Rambler
Super Excelsa®		karmesinrot	- 25 °C		Rambler
Super Fairy		rosa	- 25 °C		Rambler
Super Sparkle		karmesinrot	- 25 °C		Rambler
'Variegata di Bologna'		weiß, karmesinrot gestr.	- 25 °C		Bourbon
Warm Welcome	🏆	zinnoberrot	- 25 °C		Miniatur, kletternd

Rosen mit besonders schönem Duft

Alle hier aufgeführten Rosen duften intensiv. Aber auch Rosen, die nur schwach duften, jedoch sehr reich blühen und/oder wie die Moschata-Hybriden und die Synstalae-Rambler einen weithin wahrnehmbaren Duft besitzen, können den Garten wirkungsvoll »parfümieren«. Nur wenige der kleineren Rosen (Patio- und Miniaturrosen) sind stark duftend; hier bietet sich ein weites Experimentierfeld für Rosenzüchter.

Abraham Darby®		zartrosa	- 25 °C		Strauch
'Aimée Vibert'		rosig weiß	- 25 °C		Rambler
'Assemblage des Beautés'		hell karmesinrot	- 32 °C	K	Gallica
Avon		zartrosa	- 25 °C		Bodendecker/Patio
'Belle Isis'		blassrosa	- 32 °C	K	Gallica
'Belvedere'		rosa	- 25 °C		Rambler
Big Purple®		purpurn	- 25 °C		Teehybride
'Blairii No 2'	🏆	rosa	- 25 °C		Bourbon, kletternd
'Blanche Double de Coubert'	🏆	weiß	- 37 °C	K	Rugosa
Blue Moon®		mauve	- 25 °C		Teehybride
'Boule de Neige'		weiß	- 25 °C		Remontant
'Bourbon Queen'		rosa	- 25 °C		Bourbon
'Brenda Colvin'		zartrosa	- 25 °C		Rambler
Brother Cadfael		rosa	- 25 °C		Strauch (Engl. Rose)
brunonii 'La Mortola'		rahmweiß	- 20 °C		Rambler
'Camaïeux'		weiß, magenta gestr.	- 32 °C	K	Gallica
'Céleste'	🏆	rosa	- 32 °C	K	Alba
'Céline Forestier'	🏆	blassgelb	- 15 °C	W	Noisette
× *centifolia* (Kohlrose)		rosa	- 25 °C		Zentifolie
× *centifolia* 'Cristata'	🏆	rosa	- 25 °C		Zentifolie
× *centifolia* 'Muscosa'	🏆	rosa	- 25 °C		Moosrose
'Champneys' Pink Cluster'		zartrosa	- 15 °C	W	Noisette
'Charles de Mills'	🏆	purpur-karmesinrot	- 32 °C	K	Gallica
Charles Rennie Mackintosh®		rosa	- 25 °C		Strauch (Engl. Rose)
'Chianti'		weinrot	- 25 °C		Strauch (Engl. Rose)
Chinatown®		gelb	- 25 °C		Floribunda/Strauch
'Chloris'		blassrosa	- 32 °C	K	Alba
City of London®		zartrosa	- 25 °C		Floribunda
'Climbing Blue Moon'		mauve	- 25 °C	W	Teehybride, kletternd
'Climbing Ena Harkness'		rot	- 25 °C		Teehybride, kletternd
'Climbing Etoile de Hollande'	🏆	tiefrot	- 25 °C		Teehybride, kletternd
'Climbing Souvenir de la Malmaison'		zartrosa	- 20 °C	W	Bourbon, kletternd
'Complicata'	🏆	rosa	- 32 °C	C	Gallica
'Conrad Ferdinand Meyer'		rosa	- 25 °C	K	Rugosa
Constance Spry®	🏆	rosa	- 25 °C		Kletterr./Strauch (Engl. Rose)
'Cornelia'	🏆	kupferrosa	- 25 °C		Moschata-Hybr.
'Coupe d'Hébé'		rosa	- 25 °C		Bourbon
'Crimson Glory'		karmesinrot	- 25 °C		Teehybride
'De Rescht'	🏆	purpur-kirschf.	- 25 °C		Portland-Damaszener
'Directeur Alphand'		schwarzrot	- 25 °C		Remontant
'Duc de Guiche'	🏆	kirschrot	- 32 °C	K	Gallica
'Duchesse d'Angoulême'		blassrosa	- 32 °C	K	Gallica
'Duchesse de Montebello'	🏆	blassrosa	- 32 °C	K	Gallica
'Duchesse de Verneuil'		rosa	- 25 °C		Moosrose
'Dupontii'		weiß, rosa überl.	- 32 °C	K	Strauch
Evelyn®		apricot	- 25 °C		Strauch (Engl. Rose)
'Fantin-Latour'	🏆	blassrosa	- 25 °C		Zentifolie
'Felicia'	🏆	blassrosa	- 25 °C		Moschata-Hybr.
'Félicité Parmentier'	🏆	blassrosa	- 25 °C		Alba × Damaszener
'Fimbriata'		rosa	- 25 °C	K	Rugosa
Fragrant Cloud		korallenrot	- 25 °C		Teehybride
Fragrant Delight®		lachsrot	- 25 °C		Floribunda
Fragrant Dream		lachsrot	- 25 °C		Teehybride
'Fritz Nobis'	🏆	rosa	- 25 °C		Strauch
'Général Kléber'		rosa	- 25 °C		Moosrose
'Georges Vibert'		karmesinrot, blassrosa gestr.	- 32 °C	K	Gallica
gigantea		rahmweiß	- 15 °C	W	Climber
Glamis Castle		weiß	- 25 °C		Strauch
'Great Maiden's Blush'		weiß, rosa überl.	- 32 °C	K	Alba
'Guinée'		dunkelrot	- 25 °C		Teehybride, kletternd
'Hansa'		magenta	- 37 °C	K	Rugosa
'Henri Martin'	🏆	karmesinrot	- 25 °C		Moosrose
'Henry Hudson'		weiß	- 37 °C	K	Rugosa
Heritage®		blassrosa	- 25 °C		Strauch (Engl. Rose)
Indian Summer	🏆	orange	- 25 °C		Teehybride
'Indigo'		purpurn	- 25 °C		Portland-Damaszener
'Ipsilanté'		rosa	- 25 °C		Damaszener
'Ispahan'	🏆	rosa	- 25 °C		Damaszener
'James Mason'		scharlachrot	- 25 °C		Gallica
'Kazanlik'		rosa	- 25 °C		Damaszener
'Königin von Dänemark'	🏆	rosa	- 32 °C	K	Alba
L'Aimant		lachsrosa	- 25 °C		Floribunda
'La Ville de Bruxelles'		rosa	- 25 °C		Damaszener
'Lady Sylvia'		rosa	- 25 °C		Teehybride
'Lamarque'		weiß	- 15 °C	W	Noisette
'Lavender Lassie'	🏆	lilarosa	- 25 °C		Moschata-Hybr.
Little Rambler		blassrosa	- 25 °C		Miniatur, kletternd
'Louis van Houtte'		tief karmesinrot	- 25 °C		Remontant
'Lovers' Meeting'		orange	- 25 °C		Teehybride
'Lykkefund'		weiß, apricot schatt.	- 25 °C		Rambler
'Mme Alfred Carrière'		weiß	- 20 °C	W	Noisette
'Mme Butterfly'		blass pfirsichf.	- 25 °C		Teehybride
'Mme Delaroche-Lambert'		karmesinrot	- 25 °C		Damaszener-Portland-Moosrose
'Mme Ernest Calvat'		rosa	- 25 °C	W	Bourbon
'Mme Hardy'	🏆	weiß	- 32 °C	K	Damaszener, kletternd
'Mme Isaac Pereire'	🏆	kirschrot	- 25 °C		Bourbon, kletternd
'Mme Knorr'	🏆	rosa	- 32 °C	K	Portland-Damaszener
'Mme Lauriol de Barny'		rosa	- 25 °C		Bourbon
'Mme Legras de Saint Germain'	🏆	weiß	- 25 °C		Alba × Noisette
'Mme Louis Laperrière'		tiefrot	- 25 °C		Teehybride
'Mme Louis Lévêque'	🏆	rosa	- 25 °C		Damaszener-Portland-Moosrose
'Mme Plantier'	🏆	weiß	- 25 °C		Alba × Noisette
'Magenta'		mauverosa	- 25 °C		Teehybride
'Maiden's Blush'		weiß, rosa überl.	- 32 °C	K	Alba
Margaret Merril	🏆	zartrosa	- 25 °C		Floribunda/Teehybride
Mary Rose®		rosa	- 25 °C		Strauch (Engl. Rose)
'May Queen'		rosa	- 25 °C		Rambler
'Mister Lincoln'		tiefrot	- 25 °C	W	Teehybride
Moje Hammarberg®		magentarosa	- 37 °C	K	Rugosa
'Mrs Anthony Waterer'		purpur-karmesinrot	- 25 °C	K	Rugosa
'Mrs John Laing'		sattrosa	- 25 °C		Remontant
mulliganii	🏆	weiß	- 25 °C		Rambler
multiflora		weiß	- 25 °C		Rambler/Strauch
New Zealand		blassrosa	- 25 °C	W	Teehybride
'Nova Zembla'		rosig weiß	- 25 °C	K	Rugosa
'Nuits de Young'		purpurn	- 25 °C		Moosrose
'Nur Mahal'		karmesinrot	- 25 °C		Moschata-Hybr.
'Nyveldt's White'		weiß	- 32 °C	K	Rugosa
× *odorata* 'Pallida'		rosa	- 20 °C	W	China
'Ombrée Parfaite'		kirsch/karmesin/purpurn	- 32 °C	K	Gallica
'Ophelia'		rosa	- 25 °C		Teehybride
Papa Meilland®		tiefrot	- 20 °C	W	Teehybride
Paul Shirville	🏆	lachsrosa	- 25 °C		Teehybride

'Paul's Lemon Pillar'		blass zitronengelb	- 25 °C		Teehybride, kletternd
Pleine de Grâce		weiß	- 25 °C		Strauch
'Pompon Blanc Parfait'		rosig weiß	- 32 °C	K	Alba
'Président de Sèze'	🏆	fliederrosa	- 32 °C	K	Gallica
primula (Laub)	🏆	blassgelb	- 32 °C	K	Strauch
'Princesse de Nassau'		cremef.	- 20 °C	W	Rambler
'Professeur Emile Perrot'		rosa	- 25 °C		Damaszener
'Rambling Rector'	🏆	weiß	- 25 °C		Rambler
'Reine des Centifeuilles'		rosa	- 25 °C		Zentifolie
'Reine Victoria'		rosa	- 25 °C		Bourbon
'Rose à Parfum de l'Haÿ'		purpur-karmesinrot	- 32 °C	K	Rugosa
Rosemary Harkness		orange-lachsf.	- 25 °C		Teehybride
'Roseraie de l'Haÿ'	🏆	purpur-karmesinrot	- 32 °C	K	Rugosa
rubiginosa (Laub)	🏆	rosa	- 32 °C	K	Weinrose
rugosa 'Alba'	🏆	weiß	- 37 °C	K	Rugosa
rugosa 'Rubra'	🏆	kirschrot	- 32 °C	K	Rugosa
'Ruskin'		karmesinrot	- 25 °C	K	Rugosa
Saint Swithun		rosa	- 25 °C		Strauch (Engl. Rose)
'Schoolgirl'		apricot	- 25 °C		Kletterrose
'Shailer's White Moss'	🏆	weiß	- 25 °C		Moosrose
Sharifa Asma®		blassrosa	- 25 °C		Strauch (Engl. Rose)
Sheila's Perfume		pfirsichf., rot ger.	- 25 °C		Floribunda
'Sombreuil'		weiß	- 15 °C	W	Teerose, kletternd
'Souvenir d'Alphonse Lavallée'		tiefrot	- 25 °C		Remontant, kletternd
'Souvenir de la Malmaison'		zartrosa	- 20 °C	W	Bourbon
'Souvenir de Philémon Cochet'		weiß	- 32 °C	K	Rugosa
'Splendens'		rosig weiß	- 25 °C		Rambler
Susan Hampshire		rosa	- 25 °C		Teehybride
Sympathie®		karmesinrot	- 25 °C		Kletterrose
The Compass Rose		weiß	- 25 °C		Strauch (Engl. Rose)
The Countryman®		tiefrosa	- 25 °C		Strauch (Engl. Rose)
The McCartney Rose		tiefrosa	- 25 °C		Teehybride
The Prince®		tief karmesinrot	- 25 °C		Strauch (Engl. Rose)
'Thisbe'		blassgelb	- 25 °C		Moschata-Hybr.
Toulouse-Lautrec®		gelb	- 25 °C		Strauch (Romantica®-Reihe)
'Treasure Trove'		blass apricot	- 25 °C		Rambler
Troika®		zinnoberrot	- 25 °C		Teehybride
'Tuscany Superb'	🏆	tiefrot	- 32 °C	K	Gallica
Tynwald		cremef.	- 25 °C		Teehybride
'Typhoon'		korallen	- 25 °C		Teehybride
'Unique Blanche'		weiß	- 25 °C		Zentifolie
Valentine Heart		rosa	- 25 °C		Floribunda
'Vanity'		kirschrot	- 25 °C	W	Moschata-Hybr.
'Wedding Day'		weiß	- 25 °C		Rambler
Westerland™	🏆	apricot	- 25 °C		Floribunda
'Wickwar'		rahmweiß	- 25 °C		Rambler
'William Lobb'	🏆	purpurn	- 25 °C		Moosrose
Windrush®		blassgelb	- 25 °C		Strauch
'Zéphirine Drouhin'	🏆	kirschrosa	- 25 °C		Bourbon

Rosen für Hanging Baskets (Blumenampeln)

Die Auswahl der Sorten richtet sich nach der Größe des Behälters und der Fähigkeit der Rose, ihn hübsch zu drapieren oder gar zu verdecken. Vorteilhaft sind ein graziöser, niederliegender Wuchs und relativ kleine Blätter. Empfehlenswert ist ein leichtes Kompostsubstrat (möglichst ohne Erde). Sorgfältiges Düngen ist wichtig, am besten mit einem Depotdünger, ergänzt durch Flüssigdünger, sobald die Rosen Anzeichen von Nährstoffmangel zeigen. Wie in allen Kübeln kann Wasser speicherndes Granulat in den Kompost eingearbeitet werden, das die Wasserversorgung regulieren hilft.

Avon		zartrosa	- 25 °C		Bodendecker/Patio
Gwent		gelb	- 25 °C		Bodendecker
Hertfordshire		kirschrot	- 25 °C		Bodendecker
Kent®		weiß	- 25 °C		Strauch/Bodendecker
Magic Carpet		magentarosa	- 25 °C		Strauch/Bodendecker
Pathfinder		zinnoberrot	- 25 °C		Bodendecker
Queen Mother	🏆	rosa	- 25 °C		Patio
Schneesturm®		weiß	- 25 °C		Bodendecker
Wiltshire		lachsrosa	- 25 °C		Strauch/Bodendecker

Rosen für Hecken

Hier richtet sich die Auswahl nach der erforderlichen Höhe und dem verfügbaren Raum. Schmale, aufrechte Rosen sind an der Basis oft nur spärlich belaubt; andere Rosen, kleine Sträucher, Stauden oder sogar Einjährige können die kahlen »Knöchel« verbergen. Die Rosen sollten ein möglichst attraktives Bild bieten, selbst wenn sie nicht blühen, mit ansprechendem Laub und relativ dichtem, vollem Wuchs. Jeden Strauch einzeln zu schneiden ist bei einer längeren Hecke ziemlich aufwendig; wenn die Rosen jährlichen Rückschnitt mit Heckenschere oder Astsäge vertragen, ist viel gewonnen. Nachfolgend aufgeführt sind Rosen selbst für die größten Hecken, etwa zur Einfassung eines naturnahen Gartens. Miniatur-, Patio- oder Bodendeckersorten lassen sich als Einfassung nutzen.

Abraham Darby®		zartrosa	- 25 °C		Strauch (Engl. Rose)
'Agnes'		hellgelb	- 37 °C	C	Rugosa
'Alba Maxima'	🏆	weiß	- 32 °C	K	Alba
'Alba Semiplena'	🏆	weiß	- 32 °C	K	Alba
Anne Harkness		apricot	- 25 °C		Floribunda
'Ballerina'	🏆	rosa	- 25 °C		Moschata-Hybr./Polyantha
'Belle Poitevine'		magentarosa	- 37 °C	C	Rugosa
'Blanche Double de Coubert'	🏆	weiß	- 37 °C	K	Rugosa
Bonica®	🏆	rosa	- 25 °C	K	Strauch/Bodendecker
'Buff Beauty'	🏆	blass apricot	- 25 °C		Moschata-Hybr.
Centenaire de Lourdes®		rosa	- 25 °C		Floribunda
'Charles de Mills'	🏆	purpur-karmesinrot	- 32 °C	K	Gallica
'Cornelia'	🏆	kupferrosa	- 25 °C		Moschata-Hybr.
'De Meaux'		rosa	- 25 °C		Zentifolie
Escapade®	🏆	mauve-rosa	- 25 °C		Floribunda
'Eutin'		tief karmesinrot	- 25 °C		Floribunda
'Excellenz von Schubert'		rosa	- 25 °C		Polyantha
'Fantin-Latour'	🏆	blassrosa	- 25 °C		Zentifolie
'Felicia'	🏆	blassrosa	- 25 °C		Moschata-Hybr.
'Fervid'		scharlachrot	- 25 °C		Floribunda
Freedom®	🏆	gelb	- 25 °C		Teehybride
'Fru Dagmar Hastrup'	🏆	rosa	- 32 °C	K	Rugosa
gallica var. *officinalis*	🏆	kirschrot	- 32 °C	K	Gallica
gallica 'Versicolor'	🏆	kirschrot, weiß gestr.	- 32 °C	K	Gallica
Glamis Castle		weiß	- 25 °C		Strauch (Engl. Rose)
'Hansa'		magenta	- 37 °C	K	Rugosa
'Henry Hudson'		weiß	- 37 °C	K	Rugosa
'Jacques Cartier'	🏆	rosa	- 32 °C	W	Portland-Damaszener
L.D. Braithwaite®		karmesinrot	- 25 °C		Strauch (Engl. Rose)
'Mabel Morrison'		weiß	- 25 °C		Remontant
'Mme Caroline Testout'		rosa	- 25 °C		Teehybride
'Marguerite Hilling'	🏆	rosa	- 25 °C		Strauch
'Marie-Jeanne'		weiß	- 25 °C		Polyantha
'Marie Pavić'		rosig weiß	- 25 °C		Polyantha
Marjorie Fair®		karmesinrot, weißes Auge	- 25 °C		Polyantha/Strauch
'Martin Frobisher'		rosa	- 37 °C	K	Rugosa
'Mevrouw Nathalie Nypels'	🏆	rosa	- 25 °C		Polyantha
'Morden Blush'		blassrosa	- 37 °C	K	Strauch
'Nevada'		blassgelb/weiß	- 32 °C	K	Strauch
'Penelope'	🏆	blass pfirsichf.	- 25 °C		Moschata-Hybr.
'Petite de Hollande'		rosa	- 25 °C		Zentifolie
pimpinellifolia 'Double White'		weiß	- 37 °C	K	Strauch
pimpinellifolia 'Grandiflora'		blassgelb	- 37 °C	K	Strauch
Princess Alice		gelb	- 25 °C		Floribunda
'Prosperity'	🏆	rosig weiß	- 25 °C		Moschata-Hybr.
'Rosa Zwerg'		rosa	- 32 °C	K	Rugosa
'Rose à Parfum de l'Haÿ'		purpur-karmesinrot	- 32 °C	K	Rugosa
'Roseraie de l'Haÿ'	🏆	purpur-karmesinrot	- 32 °C	K	Rugosa
'Rose d'Amour'	🏆	rosa	- 25 °C		Strauch
rubiginosa	🏆	rosa	- 32 °C	K	Weinrose
rugosa 'Alba'	🏆	weiß	- 37 °C	K	Rugosa
rugosa 'Rubra'	🏆	kirschrot	- 32 °C	K	Rugosa
Sally Holmes®		rosig weiß	- 25 °C		Strauch/Moschata-Hybr.
'Scabrosa'	🏆	magentarosa	- 37 °C	K	Rugosa
Schnee-Eule®		weiß	- 37 °C	K	Rugosa/Bodendecker
Schneewittchen®	🏆	weiß	- 25 °C	W	Floribunda
'Schneezwerg'	🏆	weiß	- 32 °C	K	Rugosa
'Souvenir de Philémon Cochet'		weiß	- 32 °C	K	Rugosa
'The Fairy'	🏆	rosa	- 25 °C	W	Polyantha
The McCartney Rose		tiefrosa	- 25 °C		Teehybride
'Thisbe'		blassgelb	- 25 °C		Moschata-Hybr.
Toulouse-Lautrec®		gelb	- 25 °C		Strauch (Romantica®-Reihe)
'Vanity'		kirschrot	- 25 °C	W	Moschata-Hybr.
'White Pet'	🏆	weiß	- 25 °C		Polyantha
Windrush®		blassgelb	- 25 °C		Strauch
'Zigeunerknabe'	🏆	purpur-karmesinrot	- 25 °C		Strauch

Rosen für Pergolen, Arkaden und Ketten

Wichtig sind hier ein anmutiger Wuchs, eine größere Anzahl biegsamer (und somit leicht erziehbarer) Triebe, nicht zu derbes Laub und vorzugsweise hängende Blütentriebe. Nur wenige kletternde Teehybriden oder Floribunda-Rosen erfüllen diese Kriterien, weshalb sie hier unberücksichtigt bleiben (bis auf Sorten mit vorzüglichen Blüten). Die Rosen sollten bis zum oberen Ende der Pergola oder des Laubenganges und noch bis zur Mitte des nächsten Pfostens reichen, was eine Höhe von etwa 4-5 m erfordert. Damit scheiden viele beliebte und sonst ausgezeichnete Rambler aus. Einige Sorten sind als früh oder spät blühend ausgewiesen, um die Abstimmung mit der Blütezeit der Begleitpflanzen zu erleichtern.

f = früh   s = spät

Sorte		Farbe	Frosthärte		Typ
'Adélaïde d'Orléans'	🏆	weiß (hellrosa)	- 25 °C		Rambler
'Aimée Vibert'		rosig weiß	- 25 °C		Noisette
'Albéric Barbier'	🏆	cremef. (f)	- 20 °C		Rambler
'Albertine'	🏆	kupferrosa (f)	- 25 °C		Rambler
'Alexandre Girault'		kirschrot	- 25 °C		Rambler
'Alexandre Tremouillet'		rahmweiß, blass-gelbe Mitte	- 25 °C		Rambler
'Alister Stella Grey'	🏆	hellgelb	- 15 °C	W	Noisette
'Auguste Gervais'		blass apricot	- 25 °C		Rambler
'Aviateur Blériot'		blass apricotgelb (f)	- 25 °C		Rambler
Awakening		hellrosa	- 25 °C		Rambler
banksiae var. *banksiae*		weiß (f)	- 10 °C	W	Rambler
banksiae var. *lutea*	🏆	mattgelb (f)	- 15 °C	W	Rambler
'Black Boy'		karmesinrot	- 15 °C	W	Kletterrose
'Blairii No 2'	🏆	rosa	- 25 °C		Bourbon, kletternd
'Bleu Magenta'		purpurn	- 25 °C		Rambler
'Blush Rambler'		rosa	- 25 °C		Rambler
'Céline Forestier'	🏆	blassgelb	- 15 °C	W	Noisette
'Chaplin's Pink Climber'		karmesinrot-rosa	- 25 °C		Kletterrose
City of York		weiß	- 25 °C		Kletterrose
'Climbing Cécile Brunner'	🏆	rosa	- 25 °C	W	Polyantha, kletternd
'Climbing Ena Harkness'		rot	- 25 °C		Teehybride, kletternd
'Climbing Mme Caroline Testout'		rosa	- 25 °C		Teehybride, kletternd
'Climbing Mrs Herbert Stevens'		weiß	- 20 °C	W	Teehybride, kletternd
'Climbing Paul Lédé'		pfirsichrosa	- 15 °C	W	Teerose, kletternd
'Climbing Schneewittchen'	🏆	weiß	- 25 °C	W	Floribunda, kletternd
'Crépuscule'		apricot	- 15 °C	W	Noisette
'Crimson Shower'	🏆	hell karmesinrot (s)	- 25 °C		Rambler
'Debutante'		rosa (s)	- 25 °C		Rambler
'Desprez à Fleurs Jaunes'	🏆	mattgelb	- 15 °C	W	Noisette
'Dorothy Perkins'		rosa (s)	- 25 °C	W	Rambler
'Dundee Rambler'		weiß	- 25 °C		Rambler
'Edmond Proust'		hellrosa	- 25 °C		Rambler
'Elisa Robichon'		zartrosa	- 25 °C		Rambler
'Emily Gray'		mattgelb	- 20 °C		Rambler
'Félicité et Perpétue'	🏆	weiß, rosa überl.	- 25 °C	W	Rambler
'Flora'		rosa	- 25 °C		Rambler
'Francis E. Lester'	🏆	rosa	- 25 °C		Rambler
'François Juranville'	🏆	lachsrot (f)	- 25 °C		Rambler
'Gardenia'		rahmweiß	- 15 °C	W	Rambler
'Ghislaine de Féligonde'		blass apricot	- 20 °C		Rambler
'Gloire de Dijon'	🏆	apricot-rosa	- 15 °C	W	Teerose, kletternd
'Jean Guichard'		tiefrosa	- 15 °C	W	Rambler
'Kew Rambler'		rosa	- 25 °C		Rambler
'La Follette'		rosa/karmesinrot	- 15 °C	W	Kletterrose
'Lamarque'		weiß	- 15 °C	W	Noisette
'Laure Davoust'		rosa	- 25 °C		Rambler
Lavinia	🏆	sattrosa	- 25 °C		Teehybride, kletternd
'Léontine Gervais'		apricot-rosa (f)	- 25 °C		Rambler
'Mme Alfred Carrière'		weiß (f)	- 20 °C	W	Noisette
'Mme Driout'		rosa, karmesinrot gestr. (f)	- 15 °C	W	Teerose, kletternd
'Mme Grégoire Staechelin'	🏆	sattrosa	- 25 °C		Teehybride, kletternd
'Maréchal Niel'		mattgelb	- 15 °C	W	Noisette
'May Queen'		rosa	- 25 °C		Rambler
'Mermaid'	🏆	blassgelb	- 20 °C	W	Kletterrose
mulliganii	🏆	weiß	- 25 °C		Rambler
'Narrow Water'		blassrosa	- 20 °C		Noisette
'New Dawn'		blassrosa	- 25 °C		Kletterr./Rambler
'Paul Noël'		kupfrig lachsrot (f)	- 25 °C		Rambler
'Paul Transon'	🏆	kupfrig lachsrot	- 25 °C		Rambler
'Rêve d'Or'		apricot-gelb	- 15 °C	W	Noisette
'Rose-Marie Viaud'		kirsch-purpurn (s)	- 25 °C		Rambler
'Seagull'	🏆	weiß	- 25 °C		Rambler
'Sombreuil'		weiß	- 15 °C	W	Teerose, kletternd
Summer Wine	🏆	korallen	- 25 °C		Kletterrose
Super Excelsa®		karmesinrot	- 25 °C		Rambler
Super Sparkle		karmesinrot	- 25 °C		Rambler
'Tausendschön'		pfirsichf. schatt.	- 25 °C	W	Rambler
'Tea Rambler'		rosa	- 25 °C		Rambler
'Treasure Trove'		blass apricot	- 25 °C		Rambler
'Veilchenblau'	🏆	purpurn (f)	- 25 °C		Rambler
'Violette'		purpurn	- 25 °C		Rambler
'William Allen Richardson'		apricot-gelb	- 15 °C	W	Noisette

Rosen für Säulen

Die hier aufgeführten Sorten eignen sich auch für Kegel und Obelisken – Elemente, die im Garten oft wie Ausrufezeichen eingesetzt werden und von leuchtender Farbgebung profitieren. Die spiralförmige Erziehung fördert die Blütenbildung; biegsame Triebe sind daher von Vorteil. Weil einzelne Triebe und Blätter kaum sichtbar sind, spielen Habitus und Laub eine vergleichsweise untergeordnete Rolle.

Sorte		Farbe	Frosthärte		Typ
'Albéric Barbier'	🏆	cremef.	- 20 °C		Rambler
'Albertine'	🏆	kupferrosa	- 25 °C		Rambler
'Alchymist'		apricot-gelb	- 25 °C		Kletterr./Strauch
'Alexandre Tremouillet'		rahmweiß, blassgelbe Mitte	- 25 °C		Rambler
Altissimo®	🏆	rot	- 25 °C		Kletterrose
Antique '89®		blassrosa, rot ger.	- 25 °C		Kletterrose
'Auguste Gervais'		blass apricot	- 25 °C		Rambler
'Aviateur Blériot'		blass apricotgelb	- 25 °C		Rambler
Awakening		hellrosa	- 25 °C		Rambler
'Black Boy'		karmesinrot	- 15 °C	W	Kletterrose
'Blairii No 2'	🏆	rosa	- 25 °C		Bourbon, kletternd
'Bleu Magenta'		purpurn	- 25 °C		Rambler
'Blossomtime'		rosa	- 25 °C		Kletterrose
'Blush Rambler'		rosa	- 25 °C		Rambler
'Blushing Lucy'		rosa	- 25 °C		Rambler
'Bougainville'		fliederrosa	- 15 °C	W	Noisette
'Captain Samuel Holland'		rosa	- 37 °C	K	Strauch/Kletterr.
Casino®		gelb	- 25 °C	W	Teehybride, kletternd
'Champneys' Pink Cluster'		zartrosa	- 15 °C	W	Noisette
'Chaplin's Pink Climber'		karmesinrosa	- 25 °C		Kletterrose
'Cherub'		lachsrosa	- 15 °C	W	Rambler
City of York		weiß	- 25 °C		Kletterrose
Clair Matin®		blassrosa	- 25 °C		Kletterrose
'Climbing Blue Moon'		mauve	- 25 °C	W	Teehybride, kletternd
'Climbing Ena Harkness'		rot	- 25 °C		Teehybride, kletternd
'Climbing Etoile de Hollande'	🏆	tiefrot	- 25 °C		Teehybride, kletternd
Climbing Gold Bunny		gelb	- 25 °C	W	Teehybride, kletternd
'Climbing Masquerade'		gelb/rot	- 25 °C		Floribunda, kletternd
'Climbing McGroty's Yellow'		blassgelb	- 25 °C		Teehybride, kletternd
'Climbing Mrs Herbert Stevens'		weiß	- 20 °C	W	Teehybride, kletternd
'Climbing Schneewittchen'	🏆	weiß	- 25 °C	W	Floribunda, kletternd
'Crépuscule'		apricot	- 15 °C	W	Noisette
'Crimson Shower'	🏆	hell karmesinrot	- 25 °C		Rambler
'Debutante'		rosa	- 25 °C		Rambler
'Dorothy Perkins'		rosa	- 25 °C	W	Rambler
'Dream Girl'	🏆	lachsrosa	- 25 °C		Kletterrose
'Easlea's Golden Rambler'		mattgelb	- 25 °C		Rambler
'Edmond Proust'		hellrosa	- 25 °C		Rambler
'Emily Gray'		mattgelb	- 20 °C		Rambler
'François Juranville'	🏆	lachsrot	- 25 °C		Rambler
Galway Bay®		kirschf.-korallen	- 25 °C		Teehybride, kletternd
'Gardenia'		rahmweiß	- 15 °C	W	Rambler
'Ghislaine de Féligonde'		blass apricot	- 20 °C		Rambler
Gloriana '97		kirschrosa	- 25 °C		Miniatur, kletternd
Golden Showers®	🏆	mattgelb	- 25 °C		Kletterrose
'Goldfinch'		cremef.	- 25 °C		Rambler
Good as Gold		gelb	- 25 °C		Miniatur, kletternd
Handel®	🏆	blassrosa, kirschf. ger.	- 25 °C		Kletterrose
Heidekönigin®		rosa	- 25 °C		Miniatur, kletternd/ Bodendecker
'Heideröslein'		rosa	- 25 °C		Rambler/Strauch
High Hopes		rosa	- 25 °C		Kletterrose
'Jeanne Lajoie'		rosa	- 25 °C	K	Miniatur, kletternd
'Kew Rambler'		rosa	- 25 °C		Rambler
'Laure Davoust'		rosa	- 25 °C		Rambler
Lavinia	🏆	sattrosa	- 25 °C		Teehybride, kletternd
Leaping Salmon		lachsrosa	- 25 °C		Teehybride, kletternd

'Léontine Gervais'		apricot-rosa	- 25 °C		Rambler
'Leverkusen'		blassgelb	- 25 °C		Kletterrose
Lord Byron		pfirsichf.	- 25 °C		Kletterr. (Romantica®-R.)
'Mme de Sancy de Parabère'		rosa	- 25 °C		Boursault
'Mme Driout'		rosa, karmesinrot gestr.	- 15 °C	W	Teerose, kletternd
'Mme Grégoire Staechelin'	🏆	sattrosa	- 25 °C		Teehybride, kletternd
'Mme Hardy'	🏆	weiß	- 32 °C	K	Damaszener, kletternd
'Mme Isaac Pereire'	🏆	kirschrot	- 25 °C		Bourbon, kletternd
'Mme Lauriol de Barny'		rosa	- 25 °C		Bourbon
'Mme Legras de Saint Germain'	🏆	weiß	- 25 °C		Alba × Noisette
'Mme Plantier'	🏆	weiß	- 25 °C		Alba × Noisette
'Maigold'	🏆	goldgelb	- 25 °C		Pimpinellifolia-Hybr.
'Mary Wallace'		rosa	- 25 °C		Kletterrose
'May Queen'		rosa	- 25 °C		Rambler
'Mrs F. W. Flight'		tiefrosa	- 25 °C		Rambler
multiflora 'Carnea'		rosa	- 25 °C		Rambler
'New Dawn'		blassrosa	- 25 °C		Kletterr./Rambler
Night Light®		goldgelb	- 25 °C		Kletterrose
'Noisette Carnée'		rosa	- 20 °C	W	Noisette
'Parade'	🏆	kirschrot	- 25 °C		Kletterrose
Parure d'Or®		mattgelb, rosa ger.	- 25 °C		Teehybride, kletternd
'Paul Noël'		kupfrig lachsrot	- 25 °C		Rambler
'Paul Transon'	🏆	kupfrig lachsrot	- 25 °C		Rambler
'Paul's Lemon Pillar'		blass zitronengelb	- 25 °C		Teehybride, kletternd
'Paul's Scarlet Climber'		hellrot	- 25 °C		Kletterr./Rambler
Penny Lane		rosig, pfirsichf. Mitte	- 25 °C		Kletterrose
'Phyllis Bide'	🏆	blass pfirsichrosa	- 25 °C		Rambler
'Pink Perpétué'		rosa	- 25 °C		Kletterrose
'Rose-Marie Viaud'		kirschf.-purpurn	- 25 °C		Rambler
'Rosy Mantle'		tiefrosa	- 25 °C		Kletterrose
'Royal Gold'		goldgelb	- 25 °C	W	Kletterrose
'Sander's White Rambler'	🏆	weiß	- 25 °C		Rambler
'Schoolgirl'		apricot	- 25 °C		Kletterrose
'Souvenir de Claudius Denoyel'		tiefrot	- 25 °C		Teehybride, kletternd
'Souvenir de Mme Léonie Viennot'		kupferrosa	- 15 °C	W	Teerose, kletternd
Sparkling Scarlet		scharlachrot	- 25 °C		Floribunda, kletternd
Summer Wine	🏆	korallen	- 25 °C		Kletterrose
Super Dorothy®		rosa	- 25 °C		Rambler
Super Excelsa®		karmesinrot	- 25 °C		Rambler
Super Fairy		rosa	- 25 °C		Rambler
Super Sparkle		karmesinrot	- 25 °C		Rambler
'Swan Lake'		zartrosa	- 25 °C		Kletterrose
'Tausendschön'		pfirsichf. schatt.	- 25 °C	W	Rambler
'Veilchenblau'	🏆	purpurviolett	- 25 °C		Rambler
'Venusta Pendula'		rosig weiß	- 25 °C		Rambler
'Violette'		purpurviolett	- 25 °C		Rambler
Warm Welcome	🏆	zinnoberrot	- 25 °C		Miniatur, kletternd

Rosen für Töpfe oder Tröge

Auch hier kommt es auf anmutigen Wuchs und schönes Laub an; niederliegende Bodendeckersorten, die bogenförmig über den Rand des Behälters wachsen, sind oft sehr dekorativ. Die Blütenfarbe sollte mit der des Kübels harmonieren; Terrakotta kann sich mit karmesinroten oder violettrosa Rosen »beißen«. Nicht aufgenommen habe ich Remontant-Rosen, Teerosen und alte Teehybriden, die vor hundert Jahren als Topfpflanzen sehr beliebt waren. Sie erfordern sorgfältiges Erziehen und Pinzieren, ein Aufwand, zu dem außer ganz fanatischen Gartenliebhabern kaum jemand bereit sein dürfte. Aus den kletternden Miniaturrosen lassen sich in großen Töpfen oder Trögen Kegel oder Pyramiden ziehen.

Apricot Summer®		pfirsichrosa	- 25 °C		Patio
Avon		zartrosa	- 25 °C		Bodendecker/Patio
Bush Baby		blass lachsrot	- 25 °C		Miniatur
Cider Cup	🏆	tief apricot	- 25 °C		Miniatur/Patio
Gingernut		gelbbraun	- 25 °C		Patio
Gloriana '97		kirschrosa	- 25 °C		Miniatur, kletternd
Goldjuwel		gelb	- 25 °C		Patio
Good as Gold		gelb	- 25 °C		Miniatur, kletternd
Gwent		gelb	- 25 °C		Bodendecker
Hertfordshire		kirschrot	- 25 °C		Bodendecker
'Jeanne Lajoie'		rosa	- 25 °C	K	Miniatur, kletternd
Kent®		weiß	- 25 °C		Strauch/Bodendecker
Laura Ford®	🏆	gelb	- 25 °C		Miniatur, kletternd
Little Bo-Peep		rosa	- 25 °C		Miniatur/Patio
Little Rambler		blassrosa	- 25 °C		Miniatur, kletternd
Lovely Fairy®		rosa	- 25 °C		Polyantha/Bodendecker
Magic Carpet		magentarosa	- 25 °C		Strauch/Bodendecker
Marry Me		rosa	- 25 °C		Patio
Nice Day		lachsrosa	- 25 °C		Miniatur, kletternd
Orange Sunblaze®		orange	- 25 °C		Miniatur
Pathfinder		zinnoberrot	- 25 °C		Bodendecker
Peek A Boo		pfirsichorange	- 25 °C		Miniatur/Patio
Pretty Polly®		rosa	- 25 °C		Miniatur
Queen Mother	🏆	rosa	- 25 °C		Patio
Robin Redbreast®		scharlachrot, weißes Auge	- 25 °C		Miniatur/Bodendecker/Patio
Rosalie Coral		zinnoberrot	- 25 °C		Miniatur, kletternd
Schneesturm®		weiß	- 25 °C		Bodendecker
Shine On		orangerot	- 25 °C		Patio
Suma	🏆	kirschrot	- 25 °C		Bodendecker
Sun Hit™		tiefgelb	- 25 °C		Patio
Sweet Dream	🏆	pfirsichf.-apricot	- 25 °C		Patio
Sweet Magic	🏆	orange	- 25 °C		Miniatur/Patio
Sweet Memories		blassgelb	- 25 °C		Patio
Tiger Cub		gold, karmesinrot gestr.	- 25 °C		Patio
Top Marks		zinnoberrot	- 25 °C		Miniatur/Patio
Warm Welcome	🏆	zinnoberrot	- 25 °C		Miniatur, kletternd
'White Pet'	🏆	weiß	- 25 °C		Polyantha
Wiltshire		lachsrosa	- 25 °C		Strauch/Bodendecker

Rosen für den Schatten und für sonnenabgewandte Mauern

Gartenfreunde in kühleren gemäßigten Regionen gehen meist davon aus, dass Rosen volle Sonne bevorzugen; viele tolerieren indes einen offenen Standort ohne direkte Sonne oder Stellen, an denen sie nur stundenweise Sonne erhalten. In heißeren Klimazonen vertragen die Rosen mehr Schatten, und die Auswahl an Sorten für den Halbschatten ist viel größer. Alba- und Rugosa-Rosen sowie Moschata-Hybriden gehören zu den Klassen, die im Halbschatten zufrieden stellend blühen.

'Alba Maxima'	🏆	weiß	- 32 °C	K	Alba
Alba Meidiland®		weiß	- 25 °C		Strauch/Bodendecker
'Alba Semiplena'	🏆	weiß	- 32 °C	K	Alba
'Albéric Barbier'	🏆	cremef.	- 20 °C		Rambler
Awakening		hellrosa	- 25 °C		Rambler
'Belle Poitevine'		magenta	- 37 °C	K	Rugosa
'Belvedere'		rosa	- 25 °C		Rambler
'Blanche Double de Coubert'	🏆	weiß	- 37 °C	K	Rugosa
'Bourbon Queen'		rosa	- 25 °C		Bourbon
'Buff Beauty'	🏆	blass apricot	- 25 °C		Moschata-Hybr.
californica		rosa	- 37 °C	K	Strauch
Casino®		gelb	- 25 °C	W	Teehybride, kletternd
'Céleste'	🏆	rosa	- 32 °C	K	Alba
'Cerise Bouquet'	🏆	kirschrot	- 25 °C		Strauch
'Chloris'		blassrosa	- 32 °C	K	Alba
City of York		weiß	- 25 °C		Kletterrose
'Climbing Paul Lédé'		pfirsichrosa	- 15 °C	W	Teerose, kletternd
'Complicata'	🏆	rosa	- 32 °C	K	Gallica
'Conrad Ferdinand Meyer'		rosa	- 25 °C	K	Rugosa
'Cornelia'	🏆	kupferrosa	- 25 °C		Moschata-Hybr.
'Dentelle de Malines'		blassrosa	- 25 °C		Strauch
'Dundee Rambler'		weiß	- 25 °C		Rambler
'Emily Gray'		mattgelb	- 20 °C		Rambler
'Felicia'	🏆	blassrosa	- 25 °C		Moschata-Hybr.
'Félicité Parmentier'	🏆	blassrosa	- 25 °C		Alba × Damaszener
'Félicité et Perpétue'	🏆	weiß, rosa überl.	- 25 °C	W	Rambler
'Fimbriata'		rosa	- 25 °C	K	Rugosa
'Flora'		rosa	- 25 °C		Rambler
Francine Austin®		weiß	- 25 °C		Strauch (Engl. Rose)
'Frot Loads'		zinnoberrot	- 25 °C		Floribunda
'Fru Dagmar Hastrup'	🏆	rosa	- 32 °C	K	Rugosa
gallica var. *officinalis*	🏆	kirschrot	- 32 °C	K	Gallica
glauca	🏆	dunkelrosa	- 32 °C	K	Strauch
'Gloire de Dijon'	🏆	apricot-rosa	- 15 °C	W	Teerose, kletternd
Golden Showers®	🏆	mattgelb	- 25 °C		Kletterrose
'Goldfinch'		cremef.	- 25 °C		Rambler
'Great Maiden's Blush'		weiß, rosa überl.	- 32 °C	K	Alba
'Grootendorst Supreme'		dunkel karmesinrot	- 32 °C	K	Rugosa
'Hansa'		magenta	- 37 °C	K	Rugosa
× *harisonii* 'Harison's Yellow'		gelb	- 32 °C	K	Pimpinellifolia-Hybr.
'Henry Hudson'		weiß	- 37 °C	K	Rugosa
'Henry Kelsey'		rot	- 37 °C	K	Kletterrose
'Honorine de Brabant'		blassrosa, kirschf. gestr.	- 25 °C		Bourbon

Sorte		Farbe	Frosthärte		Typ
'Jens Munk'		rosa	- 42 °C	K	Rugosa
'Kathleen Harrop'		blass magenta	- 25 °C		Bourbon
'Königin von Dänemark'	🏆	rosa	- 32 °C	K	Alba
'Lavender Lassie'	🏆	lilarosa	- 25 °C		Moschata-Hybr.
'Leverkusen'		blassgelb	- 25 °C		Kletterrose
Linda Campbell		karmesinrot	- 32 °C	K	Rugosa
'Louise Odier'		rosa	- 25 °C		Bourbon
'Mme Alfred Carrière'		weiß	- 20 °C	W	Noisette
'Mme Alice Garnier'		rosa	- 25 °C		Rambler
'Mme de Sancy de Parabère'		rosa	- 25 °C		Boursault
'Mme Ernest Calvat'		rosa	- 25 °C	W	Bourbon
'Mme Grégoire Staechelin'	🏆	rosa	- 25 °C		Teehybride, kletternd
'Mme Hardy'	🏆	weiß	- 32 °C	K	Damaszener, kletternd
'Mme Isaac Pereire'	🏆	kirschrot	- 25 °C		Bourbon, kletternd
'Mme Lauriol de Barny'		rosa	- 25 °C		Bourbon
'Mme Plantier'	🏆	weiß	- 25 °C		Alba × Noisette
'Maiden's Blush'		weiß, rosa überl.	- 32 °C	K	Alba
'Maigold'	🏆	goldgelb	- 25 °C		Pimpinellifolia-Hybr.
'Martin Frobisher'		rosa	- 37 °C	K	Rugosa
'May Queen'		rosa	- 25 °C		Rambler
'Mermaid'	🏆	blassgelb	- 20 °C	W	Kletterrose
Moje Hammarberg®		magenta	- 37 °C	C	Rugosa
'Moonlight'		blassgelb	- 25 °C		Moschata-Hybr.
'Morden Blush'		blassrosa	- 37 °C	K	Strauch
'Morden Centennial'		kirschrosa	- 32 °C	K	Strauch
'Morden Ruby'		dunkelrosa	- 32 °C	K	Strauch
'Mrs Anthony Waterer'		purpur-karmesinrot	- 25 °C	K	Rugosa
Mrs Doreen Pike		rosa	- 25 °C	K	Rugosa (Engl. Rose)
'Nevada'		blassgelb/weiß	- 32 °C	K	Strauch
'New Dawn'		blassrosa	- 25 °C		Kletterr./Rambler
nitida		rosa	- 32 °C	K	Strauch/Bodendecker
'Nova Zembla'		rosig weiß	- 25 °C	K	Rugosa
nutkana 'Plena'	🏆	rosa	- 32 °C	K	Strauch
'Nyveldt's White'		weiß	- 32 °C	K	Rugosa
'Parade'	🏆	kirschrot	- 25 °C		Kletterrose
'Paul's Lemon Pillar'		blass zitronengelb	- 25 °C		Teehybride, kletternd
'Paul's Scarlet Climber'		hellrot	- 25 °C		Kletterr./Rambler
Pearl Drift®		perlweiß	- 25 °C		Strauch
'Penelope'	🏆	blass pfirsichf.	- 25 °C		Moschata-Hybr.
pimpinellifolia 'Grandiflora'		blassgelb	- 37 °C	K	Strauch
pimpinellifolia 'Mary, Queen of Scots'		blasslila	- 37 °C	K	Strauch
'Pink Grootendorst'	🏆	rosa	- 32 °C	K	Rugosa
Playtime		kirschrosa	- 32 °C	K	Rugosa/Bodendecker
Pleine de Grâce		weiß	- 25 °C		Strauch
'Pompon Blanc Parfait'		rosig weiß	- 32 °C	K	Alba
'Prosperity'	🏆	rosig weiß	- 25 °C		Moschata-Hybr.
'Raubritter'		rosa	- 32 °C	K	Strauch/Rambler
Robusta®		scharlachrot	- 32 °C	K	Rugosa
'Rosa Zwerg'		rosa	- 32 °C	K	Rugosa
'Rose à Parfum de l'Haÿ'		purpur-karmesinrot	- 32 °C	K	Rugosa
'Roseraie de l'Haÿ'	🏆	purpur-karmesinrot	- 32 °C	K	Rugosa
Rote Max Graf®		scharlachrot	- 32 °C	K	Bodendecker/Rugosa
'Rotes Meer'		purpur-karmesinrot	- 32 °C	K	Rugosa
rugosa 'Alba'	🏆	weiß	- 37 °C	K	Rugosa
rugosa 'Rubra'	🏆	kirschrot	- 32 °C	K	Rugosa
'Rugspin'		rot	- 32 °C	K	Rugosa
'Ruskin'		karmesinrot	- 25 °C	K	Rugosa
Sally Holmes®		rosig weiß	- 25 °C		Strauch/Moschata-Hybr.
'Scabrosa'	🏆	magenta	- 37 °C	K	Rugosa
'Scharlachglut'	🏆	scharlachrot	- 25 °C		Strauch
Schnee-Eule®		weiß	- 37 °C	K	Rugosa/Bodendecker
'Schneekoppe'		weiß, rosa überl.	- 37 °C	K	Rugosa
'Schneezwerg'	🏆	weiß	- 32 °C	K	Rugosa
'Souvenir de Claudius Denoyel'		dunkelrot	- 25 °C		Teehybride, kletternd
'Souvenir de Philémon Cochet'		weiß	- 32 °C	K	Rugosa
'Splendens'		rosig weiß	- 25 °C		Rambler
'Stanwell Perpetual'		blassrosa	- 37 °C	K	Pimpinellifolia-Hybr.
Sympathie®		karmesinrot	- 25 °C		Kletterrose
'The Fairy'	🏆	rosa	- 25 °C	W	Polyantha
The Seckford Rose		rosa	- 25 °C		Strauch
'Thérèse Bugnet'		rosa	- 37 °C	K	Rugosa
'Thisbe'		blassgelb	- 25 °C		Moschata-Hybr.
'Treasure Trove'		blass apricot	- 25 °C		Rambler

Sorte		Farbe	Frosthärte		Typ
'Veilchenblau'	🏆	purpurviolett	- 25 °C		Rambler
villosa		rosa	- 32 °C	K	Strauch
virginiana	🏆	rosa	- 37 °C	C	Strauch
Westerland™	🏆	apricot	- 25 °C		Floribunda
'White Grootendorst'		weiß	- 32 °C	K	Rugosa
'William Baffin'		rosa	- 37 °C	K	Rugosa/Rugosa, kletternd
'Wolley-Dod'		rosa	- 32 °C	K	Strauch
woodsii		rosa	- 37 °C	K	Strauch
Yellow Dagmar Hastrup		blassgelb	- 32 °C	K	Rugosa
'Zéphirine Drouhin'	🏆	kirschrosa	- 25 °C		Bourbon

Rosen für Hochstämme

Meine Abneigung gegenüber Hochstammrosen mit staksigem Wuchs und derbem Laub dürfte inzwischen bekannt sein. So habe ich die meisten Teehybriden und Floribunda Rosen ausgeschlossen, die unschön belaubt sind und den hässlichen Ansatz der Krone zur Schau stellen, und mich auf hängende oder niederliegend wachsende Sorten konzentriert.

Sorte		Farbe	Frosthärte		Typ
Alba Meidiland®		weiß	- 25 °C		Strauch/Bodendecker
'Albéric Barbier'	🏆	cremef.	- 20 °C		Rambler
'Albertine'	🏆	kupferrosa	- 25 °C		Rambler
'Alexandre Tremouillet'		rahmweiß, Mitte blassgelb	- 25 °C		Rambler
'Auguste Gervais'		blass apricot	- 25 °C		Rambler
'Aviateur Blériot'		blass apricotgelb	- 25 °C		Rambler
Avon		zartrosa	- 25 °C		Bodendecker/Patio
Awakening		hellrosa	- 25 °C		Rambler
'Ballerina'	🏆	rosa	- 25 °C		Moschata-Hybr./Polyantha
Centenaire de Lourdes®		rosa	- 25 °C		Floribunda
'Climbing Pompon de Paris'		dunkelrosa	- 20 °C	W	China, kletternd
'Crimson Shower'	🏆	hell karmesinrot	- 25 °C		Rambler
'Debutante'		rosa	- 25 °C		Rambler
'Dorothy Perkins'		rosa	- 25 °C	W	Rambler
Douceur Normande®		korallenrosa	- 25 °C	C	Strauch/Bodendecker
Eyeopener		rot	- 25 °C		Bodendecker
'Félicité et Perpétue'	🏆	weiß, rosa überl.	- 25 °C	W	Rambler
'François Juranville'	🏆	lachsrot	- 25 °C		Rambler
'Gardenia'		rahmweiß	- 15 °C	W	Rambler
Grouse		weiß	- 25 °C		Bodendecker
Grouse 2000		rosig weiß	- 25 °C		Bodendecker
Gwent		gelb	- 25 °C		Bodendecker
Heidekönigin®		rosa	- 25 °C		Miniatur, kletternd/Bodendecker
'Heideröslein'		rosa	- 25 °C		Rambler/Strauch
Heideschnee®		weiß	- 25 °C		Bodendecker
Hertfordshire		kirschrot	- 25 °C		Bodendecker
'Jeanne Lajoie'		rosa	- 25 °C	K	Miniatur, kletternd
'Katharina Zeimet'		weiß	- 25 °C		Polyantha
Kent®		weiß	- 25 °C		Strauch/Bodendecker
'Laure Davoust'		rosa	- 25 °C		Rambler
'Léontine Gervais'		apricot-rosa	- 25 °C		Rambler
Lovely Fairy®		rosa	- 25 °C		Polyantha/Bodendecker
'Mme Caroline Testout'		rosa	- 25 °C		Teehybride
'May Queen'		rosa	- 25 °C		Rambler
'Neige d'Avril'		weiß	- 25 °C		Rambler
'New Dawn'		blassrosa	- 25 °C		Kletterr./Rambler
Nice Day		lachsrosa	- 25 °C		Miniatur, kletternd
'Paul Noël'		kupfrig lachsrot	- 25 °C		Rambler
'Paul Transon'	🏆	kupfrig lachsrot	- 25 °C		Rambler
'Phyllis Bide'	🏆	blass pfirsichrosa	- 25 °C		Rambler
Pink Bells®		rosa	- 25 °C		Bodendecker
Pink Flower Carpet™		dunkelrosa	- 25 °C		Bodendecker
Red Blanket®	🏆	rot	- 25 °C		Strauch/Bodendecker
Red Trail		rot	- 25 °C		Strauch/Bodendecker
Rosalie Coral		zinnoberrot	- 25 °C		Miniatur, kletternd
'Sander's White Rambler'	🏆	weiß	- 25 °C		Rambler
Schneesturm®		weiß	- 25 °C		Bodendecker
Snow Carpet®	🏆	weiß	- 25 °C		Bodendecker
Super Dorothy®		rosa	- 25 °C		Rambler
Super Excelsa®		karmesinrot	- 25 °C		Rambler
Super Fairy		rosa	- 25 °C		Rambler
Super Sparkle		karmesinrot	- 25 °C		Rambler
Surrey	🏆	rosa	- 25 °C		Strauch/Bodendecker

Sorte		Farbe	Frost		Wuchs
Sussex		apricot	- 25 °C		Bodendecker
Swany®	🏆	weiß	- 25 °C		Miniatur/Bodendecker
Tumbling Waters		weiß	- 25 °C		Strauch
'Veilchenblau'	🏆	purpurviolett	- 25 °C		Rambler
Warm Welcome	🏆	zinnoberrot	- 25 °C		Miniatur, kletternd
'White Pet'	🏆	weiß	- 25 °C		Polyantha

Rosen für Bäume

Eine ausführliche Behandlung findet sich im Kapitel »Naturnahe Gärten«. Diejenigen Rosen, die für Sträucher oder kleine Bäume zu starkwüchsig sind und sich nur schwer schneiden lassen, sobald sie sich mit ihrer Stütze verwoben haben, sind mit einem U als Hinweis auf ihren ungestümen Wuchs versehen.

Sorte		Farbe	Frost		Wuchs
'Adélaïde d'Orléans'	🏆	weiß (hellrosa)	- 25 °C		Rambler
'Aimée Vibert'		rosig weiß	- 25 °C		Noisette
'Albéric Barbier'	🏆	cremef.	- 20 °C		Rambler
'Alexandre Girault'		kirschrot	- 25 °C		Rambler
'Alexandre Tremouillet'		rahmweiß, blassgelbe Mitte	- 25 °C		Rambler
'Auguste Gervais'		blass apricot	- 25 °C		Rambler
Awakening		hellrosa	- 25 °C		Rambler
banksiae var. *banksiae*		weiß	- 10° C	W	Rambler
banksiae var. *lutea*	🏆	mattgelb	- 15 °C	W	Rambler
'Belvedere'		rosa (U)	- 25 °C		Rambler
'Bennett's Seedling'		weiß	- 25 °C		Rambler
'Bobbie James'	🏆	weiß (U)	- 25 °C		Rambler
'Brenda Colvin'		blassrosa (U)	- 25 °C		Rambler
brunonii 'La Mortola'		rahmweiß (U)	- 20 °C		Rambler
'Claire Jacquier'		blassgelb	- 15 °C	W	Noisette
'Climbing Masquerade'		gelb/rot	- 25 °C		Floribunda, kletternd
Constance Spry®	🏆	rosa	- 25 °C		Kletterr./Strauch (Engl. Rose)
'Debutante'		rosa	- 25 °C		Rambler
'Desprez à Fleurs Jaunes'	🏆	mattgelb	- 15 °C	W	Noisette
'Dundee Rambler'		weiß	- 25 °C		Rambler
'Edmond Proust'		hellrosa	- 25 °C		Rambler
'Elisa Robichon'		blass rosig	- 25 °C		Rambler
'Emily Gray'		mattgelb	- 20 °C		Rambler
'Félicité et Perpétue'	🏆	weiß, rosig überl.	- 25 °C	W	Rambler
filipes 'Kiftsgate'	🏆	weiß (U)	- 25 °C		Rambler
'Flora'		rosa (U)	- 25 °C		Rambler
'Francis E. Lester'	🏆	rosa	- 25 °C		Rambler
'François Juranville'	🏆	lachsrot	- 25 °C		Rambler
'Gardenia'		rahmweiß	- 15 °C	W	Rambler
helenae		weiß (U)	- 25 °C		Rambler
'Jean Guichard'		dunkelrosa	- 15 °C	W	Rambler
'Kew Rambler'		rosa	- 25 °C		Rambler
'Lamarque'		weiß	- 15 °C	W	Noisette
'Léontine Gervais'		apricot-rosa	- 25 °C		Rambler
longicuspis var. *sinowilsonii*		weiß (U)	- 25 °C		Rambler
'Lykkefund'		weiß, apricot schatt. (U)	- 25 °C		Rambler
mulliganii	🏆	weiß (U)	- 25 °C		Rambler
'New Dawn'		blassrosa	- 25 °C		Kletterr./Rambler
'Paul Transon'	🏆	kupfrig lachsrot	- 25 °C		Rambler
'Paul's Himalayan Musk'	🏆	blassrosa (U)	- 25 °C		Rambler
'Princesse de Nassau'		cremef.	- 20 °C	W	Rambler
'Princesse Louise'		weiß	- 25 °C		Rambler
'Princesse Marie'		rosa	- 25 °C		Rambler
'Rambling Rector'	🏆	weiß (U)	- 25 °C		Rambler
'Rêve d'Or'		apricot-gelb	- 15 °C	W	Noisette
'Rose-Marie Viaud'		kirschviolett	- 25 °C		Rambler
rubus		weiß (U)	- 15 °C	W	Rambler
'Ruga'		rosig weiß	- 25 °C		Rambler
'Seagull'	🏆	weiß	- 25 °C		Rambler
'Splendens'		rosig weiß	- 25 °C		Rambler
'The Garland'	🏆	weiß (U)	- 25 °C		Rambler
'Toby Tristam'		cremef.	- 25 °C		Rambler
'Treasure Trove'		blass apricot (U)	- 25 °C		Rambler
'Veilchenblau'	🏆	purpurviolett	- 25 °C		Rambler
'Venusta Pendula'		rosig weiß	- 25 °C		Rambler
'Violette'		purpurviolett	- 25 °C		Rambler
'Wedding Day'		weiß (U)	- 25 °C		Rambler
'Wickwar'		rahmweiß (U)	- 25 °C		Rambler

Rosen für Mauern

Hier fallen Laub und Wuchsform weniger ins Auge als etwa an Pergolen, so dass derbes Laub und steife Triebe weniger nachteilig sind. Die Wahl der Sorte sollte sich auch nach der Farbe der Wand richten. Ausführlichere Hilfen zur Auswahl entsprechender Sorten finden sich im Kapitel »Pergolen, Lauben, Hecken, Mauern«.

Sorte		Farbe	Frost		Wuchs
'Albéric Barbier'	🏆	cremef.	- 20 °C		Rambler
'Albertine'	🏆	kupferrosa	- 25 °C		Rambler
'Alchymist'		apricot-gelb	- 25 °C		Kletterr./Strauch
'Alister Stella Grey'	🏆	hellgelb	- 15 °C	W	Noisette
Altissimo®	🏆	rot	- 25 °C		Kletterrose
Antique '89®		blassrosa, rot ger.	- 25 °C		Kletterrose
'Auguste Gervais'		blass apricot	- 25 °C		Rambler
Awakening		hellrosa	- 25 °C		Rambler
banksiae var. *banksiae*		weiß	-10° C	W	Rambler
banksiae var. *lutea*	🏆	mattgelb	- 15 °C	W	Rambler
Bantry Bay®		sattrosa	- 25 °C		Teehybride, kletternd
'Belle Portugaise'		hell pfirsichf.	- 15 °C	W	Kletterrose
'Black Boy'		karmesinrot	- 15 °C	W	Kletterrose
'Blairii No 2'	🏆	rosa	- 25 °C		Bourbon, kletternd
'Bleu Magenta'		purpurviolett	- 25 °C		Rambler
'Blossomtime'		rosa	- 25 °C		Kletterrose
'Bougainville'		lilarosa	- 15 °C	W	Noisette
'Bouquet d'Or'		apricotgelb	- 15 °C	W	Noisette
bracteata		weiß	- 15 °C	W	Kletterrose
Breath of Life		pfirsichrosa	- 25 °C		Teehybride, kletternd
Casino®		gelb	- 25 °C	W	Teehybride, kletternd
'Céline Forestier'	🏆	blassgelb	- 15 °C	W	Noisette
'Chaplin's Pink Climber'		karmesinrosa	- 25 °C		Kletterrose
City of York		weiß	- 25 °C		Kletterrose
Clair Matin®		blassrosa	- 25 °C		Kletterrose
'Claire Jacquier'		blassgelb	- 15 °C	W	Noisette
'Climbing Blue Moon'		mauve	- 25 °C	W	Teehybride, kletternd
'Climbing Cécile Brunner	🏆	rosa	- 25 °C	W	Polyantha, kletternd
'Climbing Etoile de Hollande'	🏆	dunkelrot	- 25 °C		Teehybride, kletternd
Climbing Gold Bunny		gelb	- 25 °C	W	Teehybride, kletternd
'Climbing Josephine Bruce'		scharlachrot	- 25 °C		Teehybride, kletternd
'Climbing Lady Hillingdon'	🏆	apricot	- 15 °C	W	Teerose, kletternd
'Climbing Lady Sylvia'		rosa	- 25 °C		Teehybride, kletternd
'Climbing Mme Abel Chatenay'		rosa	- 20 °C	W	Teehybride, kletternd
'Climbing Mme Butterfly'		blass pfirsichf.	- 25 °C		Teehybride, kletternd
'Climbing Mme Caroline Testout'		rosa	- 25 °C		Teehybride, kletternd
'Climbing McGredy's Yellow'		blassgelb	- 25 °C		Teehybride, kletternd
'Climbing Mrs Herbert Stevens'		weiß	- 20 °C	W	Teehybride, kletternd
'Climbing Mrs Sam McGredy'	🏆	kupfrig lachsrot	- 25 °C		Teehybride, kletternd
'Climbing Niphetos'		weiß	- 15 °C	W	Teerose, kletternd
'Climbing Ophelia'		rosa	- 25 °C		Teehybride, kletternd
'Climbing Paul Lédé'		pfirsichrosa	- 15 °C	W	Teerose, kletternd
'Climbing Pompon de Paris'		dunkelrosa	- 20 °C	W	China, kletternd
'Climbing Schneewittchen'	🏆	weiß	- 25 °C	W	Floribunda, kletternd
'Climbing Shot Silk'	🏆	korallenrosa	- 25 °C		Teehybride, kletternd
'Climbing Souvenir de la Malmaison'		blassrosa	- 20 °C	W	Bourbon, kletternd
'Compassion'	🏆	rosa	- 25 °C		Teehybride, kletternd
Constance Spry®	🏆	rosa	- 25 °C		Kletterr./Strauch (Engl. Rose)
'Cooperi'		weiß	- 15 °C	W	Rambler
'Crépuscule'		apricot	- 15 °C	W	Noisette
'Cupid'		blass pfirsichrosa	- 25 °C		Teehybride, kletternd
'Desprez à Fleurs Jaunes'	🏆	mattgelb	- 15 °C	W	Noisette
'Dream Girl'	🏆	lachsrosa	- 25 °C		Kletterrose
Dublin Bay®	🏆	scharlachrot	- 25 °C		Kletterrose
'Easlea's Golden Rambler'		mattgelb	- 25 °C		Rambler
'Emily Gray'		mattgelb	- 20 °C		Rambler
× *fortuneana*		weiß	- 15 °C	W	Rambler
'Francis E. Lester'	🏆	rosa	- 25 °C		Rambler
'François Juranville'	🏆	lachsf.	- 25 °C		Rambler
Galway Bay®		kirschf.-korallen	- 25 °C		Teehybride, kletternd
'Gardenia'		rahmweiß	- 15 °C	W	Rambler
'Ghislaine de Féligonde'		blass apricot	- 20 °C		Rambler
gigantea		rahmweiß	- 15 °C	W	Climber
'Gloire de Dijon'	🏆	apricot-rosa	- 15 °C	W	Teerose, kletternd
Gloriana '97		kirschrosa	- 25 °C		Miniatur, kletternd
Golden Showers®	🏆	mattgelb	- 25 °C		Kletterrose
'Grimpant Cramoisi Supérieur'		rot	- 15 °C	W	Teerose, kletternd

'Guinée'		dunkelrot	- 25 °C		Teehybride, kletternd
Handel®	🏆	blassrosa, kirschrot ger.	- 25 °C		Kletterrose
'Heideröslein'		rosa	- 25 °C		Rambler/Strauch
Highfield®		gelb	- 25 °C		Teehybride, kletternd
'Jean Guichard'		dunkelrosa	- 15 °C	W	Rambler
'Jeanne Lajoie'		rosa	- 25 °C	K	Miniatur, kletternd
'Kew Rambler'		rosa	- 25 °C		Rambler
'La Follette'		rosa/karmesinrot	- 15 °C	W	Kletterrose
laevigata		weiß	- 15 °C	W	Rambler
'Lamarque'		weiß	- 15 °C	W	Noisette
Laura Ford®	🏆	gelb/pfirsichf.	- 25 °C		Miniatur, kletternd
'Laure Davoust'		rosa	- 25 °C		Rambler
Lavinia	🏆	sattrosa	- 25 °C		Teehybride, kletternd
Leaping Salmon		lachsrosa	- 25 °C		Teehybride, kletternd
'Léontine Gervais'		apricot rosa	25 °C		Rambler
'Leverkusen'		blassgelb	25 °C		Kletterrose
Little Rambler		blassrosa	- 25 °C		Miniatur, kletternd
Lord Byron		pfirsichf.	- 25 °C		Kletterr. (Romantica®-R.)
'Mme Alfred Carrière'		weiß	- 20 °C	W	Noisette
'Mme Driout'		rosa, rot gestr.	- 15 °C	W	Teerose, kletternd
'Mme Grégoire Staechelin'	🏆	rosa	- 25 °C		Teehybride, kletternd
'Mme Isaac Pereire'	🏆	kirschrot	- 25 °C		Bourbon, kletternd
'Mme Jules Gravereaux'		apricot	- 15 °C	W	Teerose, kletternd
'Maigold'	🏆	goldgelb	- 25 °C		Pimpinellifolia-Hybr.
'Maréchal Niel'		mattgelb	- 15 °C	W	Noisette
'Meg'		pfirsichrosa	- 25 °C		Teehybride, kletternd
'Mermaid'	🏆	blassgelb	- 20 °C	W	Kletterrose
'New Dawn'		blassrosa	- 25 °C		Kletterr./Rambler
Nice Day		lachsrosa	- 25 °C		Miniatur, kletternd
Night Light®		goldgelb	- 25 °C		Kletterrose
× *odorata* 'Pseudindica'		pfirsichf.	- 15 °C	W	China, kletternd
'Parade'	🏆	kirschf.	- 25 °C		Kletterrose
Parure d'Or®		mattgelb, rosa ger.	- 25 °C		Teehybride, kletternd
'Paul Transon'	🏆	kupfrig lachsrot	- 25 °C		Rambler
'Paul's Lemon Pillar'		blass zitronengelb	- 25 °C		Teehybride, kletternd
Penny Lane		rosig/pfirsichf. Mitte	- 25 °C		Kletterrose
'Phyllis Bide'	🏆	blass pfirsichrosa	- 25 °C		Rambler
'Rosa Perpétué'		rosa	- 25 °C		Kletterrose
'Rêve d'Or'		apricot-gelb	- 15 °C	W	Noisette
'Rose-Marie Viaud'		kirschviolett	- 25 °C		Rambler
'Rosy Mantle'		dunkelrosa	- 25 °C		Kletterrose
'Royal Gold'		goldgelb	- 25 °C	W	Kletterrose
'Sander's White Rambler'	🏆	weiß	- 25 °C		Rambler
'Schoolgirl'		apricot	- 25 °C		Kletterrose
'Sombreuil'		weiß	- 15 °C	W	Teerose, kletternd
'Souvenir d'Alphonse Lavallée'		dunkelrot	- 25 °C		Remontant, kletternd
'Souvenir de Claudius Denoyel'		dunkelrot	- 25 °C		Teehybride, kletternd
'Souvenir de Mme Léonie Viennot'		kupferrosa	- 15 °C	W	Teerose, kletternd
'Souvenir du Docteur Jamain'		dunkelrot	- 25 °C		Remontant, kletternd
Sparkling Scarlet		scharlachrot	- 25 °C		Floribunda, kletternd
Super Dorothy®		rosa	- 25 °C		Rambler
Super Excelsa®		karmesinrot	- 25 °C		Rambler
Super Fairy		rosa	- 25 °C		Rambler
Super Sparkle		karmesinrot	- 25 °C		Rambler
'Swan Lake'		blassrosa	- 25 °C		Kletterrose
Sympathie®		karmesinrot	- 25 °C		Kletterrose
'Tausendschön'		pfirsichf. schatt.	- 25 °C	W	Rambler
'Tea Rambler'		rosa	- 25 °C		Rambler
'Veilchenblau'	🏆	purpurviolett	- 25 °C		Rambler
'Violette'		purpurviolett	- 25 °C		Rambler
'Vicomtesse Pierre du Fou'		rot	- 20 °C	W	Teehybride, kletternd
Warm Welcome	🏆	zinnoberrot	- 25 °C		Miniatur, kletternd
White Cockade®	🏆	weiß	- 25 °C		Kletterrose
'William Allen Richardson'		apricot-gelb	- 15 °C	W	Noisette

Höhere Busch- oder Beetrosen

Rosen dieser Größe und dieses Typs machen sich hervorragend als Gruppen im *Mixed Border*. Meine Liste enthält vorwiegend Teehybriden oder Floribunda-Rosen, doch sind auch einige Strauchformen darunter. Viele eignen sich auch für Hecken; bei einigen müsste dann allerdings die hässlich kahle Basis kaschiert werden.

Alexander®	🏆	zinnoberrot	- 25 °C		Teehybride
Cardinal Song		rot	- 25 °C		Teehybride/Grandiflora
Chinatown®		gelb	- 25 °C		Floribunda/Strauch
'Fervid'		scharlachrot	- 25 °C		Floribunda
'Fred Loads'		zinnoberrot	- 25 °C		Floribunda
Gold Medal®		goldgelb	- 25 °C		Teehybride/Grandiflora
Grand Nord®		elfenbeinf.	- 25 °C		Teehybride
Loving Memory		tiefrot	- 25 °C		Teehybride
'Magenta'		mauve-rosa	- 25 °C		Teehybride
Many Happy Returns	🏆	zartrosa	- 25 °C		Strauch/Floribunda
'Mister Lincoln'		dunkelrot	- 25 °C		Teehybride
Octavia Hill		rosa	- 25 °C		Floribunda/Strauch
Oranges and Lemons™		gelb, zinnoberrot gestr.	- 25 °C		Strauch/Floribunda
Pearl Drift®		perlweiß	- 25 °C		Strauch
Solitaire®		gelb, rosa überl.	- 25 °C		Teehybride
'The Queen Elizabeth'	🏆	rosa	- 25 °C		Floribunda/Grandiflora
Tintinara		hellrot	- 25 °C		Teehybride
Tournament of Roses		rosa	- 25 °C		Teehybride/Grandiflora
Troika®		zinnoberrot	- 25 °C		Teehybride
Uncle Walter		dunkelrot	- 25 °C		Teehybride/Strauch

Rosen, die mehr Beachtung verdient hätten

Die folgende kleine Auswahl umfasst Rosen, die nicht überall ohne weiteres erhältlich sind. Dennoch halte ich jede Einzelne für so hervorragend, dass sie eine Bereicherung für den Garten darstellt und sich durch keine andere Sorte ersetzen lässt. So gesehen ist die Liste als Aufforderung an die Rosenschulen zu verstehen, diese Rosen zu vermehren.

'Alexandre Tremouillet'	rahmweiß, Mitte blassgelb	- 25 °C		Rambler
Awakening	hellrosa	- 25 °C		Rambler
'Beau Narcisse'	mauve	- 32 °C	K	Gallica
'Blossomtime'	rosa	- 25 °C		Kletterrose
Centenaire de Lourdes®	rosa	- 25 °C		Floribunda
'Cymbifolia'	weiß	- 32 °C	K	Alba
'Declic'	lilarosa	- 25 °C		Strauch
Douceur Normande®	korallenrosa	- 32 °C	K	Strauch/Bodendecker
'Edmond Proust'	hellrosa	- 25 °C		Rambler
'Elisa Robichon'	blassrosa	- 25 °C		Rambler
'Geschwinds Nordlandsrose'	blassrosa	- 25 °C	K	Rambler
'Geschwinds Orden'	kirschrot	- 25 °C	K	Rambler
Heidekönigin®	rosa	- 25 °C		Miniatur, kletternd/Bodendecker
'Heideröslein'	rosa	- 25 °C		Rambler/Strauch
Heideschnee®	weiß	- 25 °C		Bodendecker
'Horstmanns Rosenresli'	weiß	- 25 °C		Floribunda
'Indigo'	purpurn	- 25 °C		Damaszener-Portland
International Herald Tribune®	purpurrot	- 25 °C		Floribunda
'James Veitch'	purpurviolett	- 25 °C		Damaszener-Portland-Moosrose
'Laure Davoust'	hellrosa	- 25 °C		Rambler
'Le Rire Niais'	rosa	- 25 °C		Zentifolie
'Léon Lecomte'	rosa	- 25 °C		Damaszener
'Menja'	blass zartrosa	- 25 °C		Strauch
'Neige d'Avril'	weiß	- 25 °C		Rambler
Parure d'Or®	mattgelb, tiefrosa ger.	- 25 °C		Teehybride, kletternd
'Paul Noël'	kupferrosa	- 25 °C		Rambler
'Sourire d'Orchidée'	blass fleischrosa	- 25 °C		Strauch

Die ersten Stufen in der Evolution der Gartenrosen in Europa vor 1800

von Gordon D. Rowley (nach Hurst, 1941 und Mss.)

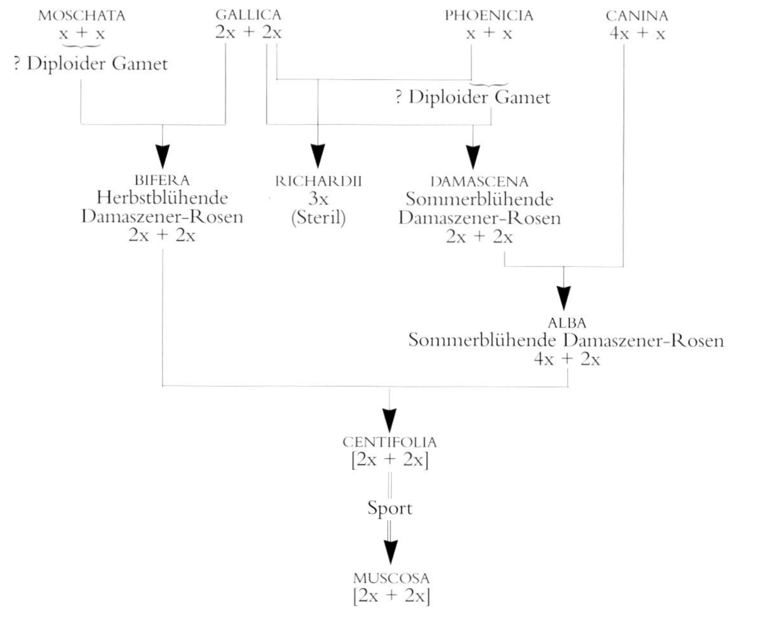

x = haploide Chromosomenzahl (n = 7)

Vereinfachte Darstellung der Genealogie der Hauptgruppen von Gartenrosen

von Gordon D. Rowley (nach Hurst, 1941)

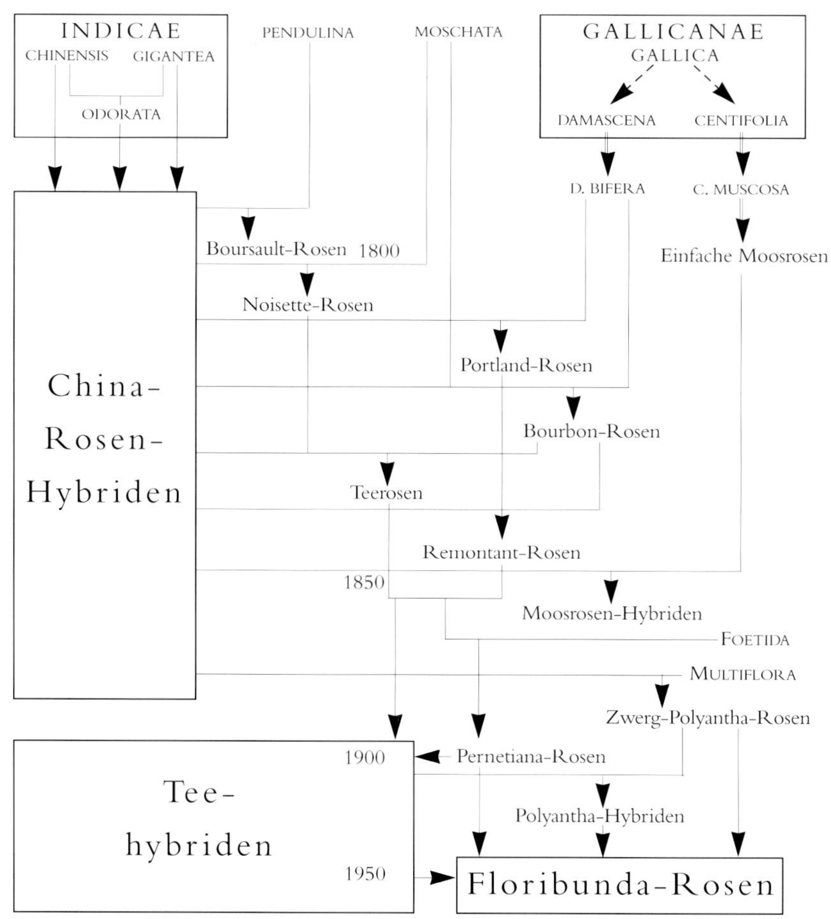

Einfache Linien bedeuten Hybridisierung
Doppellinien bedeuten Mutation (Sporting)
Gestrichelte Linien zeigen mögliche Verwandtschaftsbeziehungen an

Bibliographie

Die folgenden Quellenangaben sind nicht vollständig, sondern führen einen Teil der Werke auf, die mir bei der Vorbereitung dieses Buches von Nutzen waren. Bei den zitierten Ausgaben handelt es sich weder um von mir besonders bevorzugte, noch sind es unbedingt die jeweils neuesten – es sind einfach diejenigen, die ich besitze. In den meisten Fällen wurden jedoch auch die ersten Ausgaben geprüft, um festzustellen, wie sich die Ansichten der Rosenexperten über die Jahre verändert haben.
Nützliche Informationen zur Rosenkultur in Großbritannien bietet die vierteljährlich erscheinende Zeitschrift der Royal National Rose Society, *The Rose*; das Magazin der Historic Roses Group erscheint halbjährlich. Auch die Kataloge örtlicher Rosenschulen liefern nützliche Hinweise darauf, welche Rosen in bestimmten Gegenden am besten gedeihen.
In Deutschland erscheint der *Rosenbogen*, die Zeitschrift des Vereins Deutscher Rosenfreunde, ebenfalls vierteljährlich; zusätzlich gibt der Verein ein *Rosenjahrbuch* heraus (s. S. 184, »Weitere Literaturempfehlungen«).

American Rose Annual. (ab 1917). American Rose Society.

Austin, D. (1988). *The Heritage of the Rose.* Antique Collector's Club, Woodbridge, Suffolk.

Austin, D. (2. Aufl. 1996). *English Roses.* Conran Octopus, London. Dt. (1994). *Englische Rosen. Tradition und Schönheit.* DuMont, Köln.

Balmori, D., McGuire, D. K. & McPeck, E. M. (1985). *Beatrix Farrand's American Landscapes.* Sagapress, Sagaponack, New York.

Bates, H. E. (1971). *A Love of Flowers.* Michael Joseph, London.

Beales, P. (1992). *Roses.* Harvill, London.

Beales, P. (1996). *Visions of Roses.* Little, Brown & Co., London. Dt. (1998). *Rosengärten. 33 Privatgärten in Europa und Amerika.* Christian Verlag, München.

Beales, P., Cairns, T., Duncan, W. et. al. (1998). *Botanica's Roses* (with CD-ROM). Grange Books, Rochester, Kent.

Bean, W. J. (8. Aufl. 1980 & Ergänzungsbd. 1988). *Trees and Shrubs Hardy in the British Isles.* John Murray, London.

Bowles, E. A. (1914, Reprint 1972). *My Garden in Summer.* David & Charles, Newton Abbot, Devon.

Brickell, C. D. (Hrsg.). (1996). RHS *A-Z Encyclopedia of Garden Plants.* Dorling Kindersley, London.

Buist, R. (1844). *The Rose Manual.* Philadelphia.

Bunyard, E. A. (1937). *Old Garden Roses.* Country Life, London.

Cairns, T. (Hrsg.) (1993). *Modern Roses 10: The Comprehensive List of Roses of Historical and Botanical Importance Including All Modern Rose Registrations.* American Rose Society, Shreveport, Louisiana.

Cochet-Cochet, P. & Mottet, S. (5. Aufl. 1925). *Les Rosiers.* Librairie Octave Doin, Paris.

Collins, D. & Sharp, M. L. (2. Aufl. 1957). *Roses Illustrated and How to Grow Them.* Portland Rose Society, Oregon.

Dickerson, B. C. (1992). *The Old Rose Advisor.* Timber Press, Portland, Oregon.

Dobson, B. R. & Schneider, P. (erscheint jährlich). *The Combined Rose List.* P. Schneider, Mantua, Ohio.

Don, G. (Bd. 2 1832). *A General History of the Dichlamydeous Plants.* Gilbert & Rivington, London.

Eagle, B. & D. (1996). *Growing Miniature and Patio Roses.* Cassell, London.

Edland, H. (1963). *The Pocket Encyclopaedia of Roses.* Blandford Press, London.

Elliott, B. (1986). *Victorian Gardens.* Batsford, London.

Farrer, R. (1909). *In a Yorkshire Garden.* Edward Arnold, London.

Fearnley-Whittingstall, J. (1980). *Rose Gardens.* Chatto & Windus, London.

Foster-Melliar, A. (1910). *The Book of the Rose.* Macmillan, London.

Gault, S. M. & Synge, P. M. (1971). *The Dictionary of Roses in Colour.* Ebury Press & Michael Joseph, London.

Girouard, M. (1983). *Robert Smythson and The Elizabethan Country House.* Yale University Press, London.

Gore, C. F. (1838). *The Book of Roses or the Rose Fancier's Manual.* Henry Colburn, London.

Greuter, W. et al. (Hrsg.). (1994). *International Code of Botanical Nomenclature* (Tokyo Code). Koeltz Scientific Books, Königstein, Germany.

Griffiths, T. (1990). *A Celebration of Old Roses.* Michael Joseph, London.

Groen, J. van der (1670). *Den Nederlandtsen Hovenier.* Amsterdam.

Groeningen, I. van (1996). *The Development of Herbaceous Planting in Britain and Germany from the Nineteenth to Early Twentieth Century.* University of York.

Harkness, J. (1985). *The Makers of Heavenly Roses.* Souvenir Press, London.

Harvey-Cant, F. S. (1951). *Rose Selection and Cultivation.* Macgibbon & Kee, London.

Haw, S. G. (1996). *The New Plantsman,* 3(3): 143-46. Royal Horticultural Society, London.

Hayden, R. (1980). *Mrs Delany: her life and her flowers.* Colonnade Books, London.

Henslow, T. G. W. (1922). *The Rose Encyclopaedia.* Vickery, Kirle & Co., London.

Hessayon, D. G. (1996). *The New Rose Expert.* Expert Books, London.

Hibberd, S. (2. Aufl. 1895). *Rustic Adornments for Homes of Taste.* Collingridge, London.

Hillier *Manual of Trees and Shrubs.* (1991). 6. Aufl. David & Charles, Newton Abbot, Devon. Dt. (1997). *The Hillier. Bäume und Sträucher.* Thalacker Medien, Braunschweig.

Hobhouse, P. & Wood, C. (1988). *Painted Gardens: English Watercolours 1850–1914.* Pavilion Books, London.

Hole, S. R. (1892). *A Book about The Garden.* Edward Arnold, London.

Hole, S. R. (1904). *A Book about Roses.* Edward Arnold, London.

Huxley, A. (Hrsg.). (1992). *The New Royal Horticultural Society Dictionary of Gardening.* Macmillan, London.

Index Kewensis on CD-ROM. (Version 2 1997). Oxford University Press.

Jekyll, G. (1896). *Wood and Garden.* Longmans, Green & Co., London.

Jekyll, G. (6. Aufl. 1925). *Colour Schemes for the Flower Garden.* Country Life, London. (revidierte Aufl. 1988). Frances Lincoln, London. Dt. (1988). *Pflanzenbilder aus meinen Gärten.* Ulmer, Stuttgart.

Jekyll, G. & Mawley, E. (1902). *Roses for English Gardens.* Country Life, London.

Jekyll, G. & Weaver, L. (1912). *Gardens for Small Country Houses.* Country Life, London.

Johnson, A. T. (1938). *The Garden To-day.* My Garden, London.
Johnson, A. T. (1949). *The Mill Garden.* Collingridge, London.
Keays, E. E. (1935). *Old Roses.* Macmillan, New York.
Krüssmann, G. (1981). *The Complete Book of Roses.* Timber Press, Portland, Oregon. Dt. (1974). *Rosen, Rosen, Rosen.* Paul Parey, Berlin u Hamburg.
Krüssmann, G. (1986). *Manual of Cultivated Broad-leaved Trees and Shrubs.* Batsford, London. Dt. (1976–1978). Handbuch der Laubgehölze. Paul Parey, Berlin u. Hamburg.
Lièvre, A. le. (1980). *Miss Willmott of Warley Place.* Faber & Faber, London.
Lindley, J. (1820). *Rosarum Monographia: or a Botanical History of Roses.* James Ridgway, London.
Lloyd, C. (1957). *The Mixed Border.* Collingridge, London.
Lloyd, C. (1983). *The Adventurous Gardener.* Allen Lane, London.
Lord, W. A. (1994). *Best Borders.* Frances Lincoln, London. Dt. (1995). *Borders.* BLV, München.
Lord, W. A. (1995). *Gardening at Sissinghurst.* Frances Lincoln, London.
Lord, W. A. (ed.). (1998, erscheint jährlich). *The RHS Plant Finder.* Dorling Kindersley, London.
Loudon, J. C. (1822). *An Encyclopaedia of Gardening.* London.
Ottewill, D. (1989). *The Edwardian Garden.* Yale University Press, London.
McCann, S. (1985). *Miniature Roses.* David & Charles, Newton Abbot, Devon.
McFarland, J. H. (1937). *Roses of the World in Colour.* Cassell, London.
Miller, P. (Bd. 1, 4. Aufl. 1743). *The Gardeners Dictionary.* London.
Miller, P. (Bd. 2, 2. Aufl. 1740). *The Gardeners Dictionary.* London.
Moody, M. (Hrsg.). (1993). *The Illustrated Encyclopedia of Roses.* Headline Book Publishing, London.
Paterson, A. (1983). *The History of the Rose.* Collins, London.
Paul, W. (1848). *The Rose Garden.* Sherwood, Gilbert & Piper, London.
Paul, W. (1892). *Contributions to Horticultural Literature* (1843–1892). London.
Pawsey, A. (1998, erscheint jährlich). *Find That Rose!* British Rose Growers' Association, Colchester, Essex.
Phillips, R. & Rix, M. (1988). *Roses.* Macmillan, London.
Phillips, R. & Rix, M. (1993). *The Quest for the Rose.* BBC Books, London.
Prince, W. R. (1846). *Prince's Manual of Roses.* Prince, New York.
Pronville, A. de (1818). *Nomenclature Raisonnée des Espèces, Variétés et Sous-variétés du Genre Rosier.* Huzard, Paris.
Redouté's Roses. (1990). Wordsworth Editions, Ware, Hertfordshire.
Robinson, W. (4. Aufl. 1894). *The Wild Garden.* Oxford.
Robinson, W. (6. Aufl. 1898). *The English Flower Garden.* John Murray, London.
Rohde, E. S. (1934). *Gardens of Delight.* Medici Society, London.
Russell, V. (1995). *Monet's Garden.* Frances Lincoln, London.
Sackville-West, V. (1951). *In Your Garden.* Michael Joseph, London.
Sackville-West, V. (1953). *In Your Garden Again.* Michael Joseph, London.
Sackville-West, V. (1955). *More For Your Garden.* Michael Joseph, London.
Sackville-West, V. (1958). *Even More For Your Garden.* Michael Joseph, London.
Scaniello, S. (1995). *Easy-care Roses.* Brooklyn Botanic Garden, New York.
Scarman, J. (1996). *Gardening with Old Roses.* HarperCollins, London. Dt. (1997). *Gärtnern mit Alten Rosen.* Christian Verlag, München.
Sinclair, A. & Thodey, R. (1993). *Gardening with Old Roses.* Cassell, London.
Shepherd, R. E. (1954). *History of the Rose.* Macmillan, New York.
Steen, N. (1967). *The Charm of Old Roses.* Herbert Jenkins, London.
The Rose Annual. (1907–1984). National (später Royal National) Rose Society.
Thomas, G. S. (1987). *A Garden of Roses.* Pavilion Books, London.
Thomas, G. S. (1995). *The Graham Stuart Thomas Rose Book.* John Murray, London.
Thomas, G. S. (1997). *Cuttings from My Garden Notebooks.* John Murray, London.
Thomas, H. H. (2. Aufl. 1920). *The Rose Book.* Cassell, London.
Trehane, R. P. (1995). *International Code of Nomenclature for Cultivated Plants – 1995.* Quarterjack Publishing, Wimborne, Dorset.
Tutin, T. G. et al. (1968). *Flora Europaea* (Bd. 2 – Rosaceae to Umbelliferae). Cambridge University Press.
Verrier, S. (1996). *Rosa gallica.* Florilegium, Balmain, NSW, Australia.
Warner, C. (1987). *Climbing Roses.* Century Hutchinson, London.
Weston, R. (1775). *The English Flora: or a Catalogue of Trees, Shrubs, Plants and Fruits.* London.
Willson, E. J. (1982). *West London Nursery Gardens.* Fulham and Hammersmith Historical Society, London.

WEITERE LITERATUREMPFEHLUNGEN:

Austin, D. (1993). *Alte Rosen und Englische Rosen.* DuMont, Köln.
Austin, D. (1995). *Strauchrosen und Kletterrosen.* DuMont, Köln.
Beales, P. (1996). *Moderne Rosen.* DuMont, Köln.
Grey-Wilson, C. & Matthews, V. (1998). *Gärtnern mit Kletterpflanzen.* Christian Verlag, München.
Jacob, A., Grimm, H., Grimm, W. & Müller, B. (1992). *Alte Rosen und Wildrosen.* Ulmer, Stuttgart.
Rosenjahrbuch. (ab 1990). Verein Deutscher Rosenfreunde.
Stuart, D. (1999). *Ideale Pflanzpartner.* Christian Verlag, München.
Verey, R. (1996). *Mein Traumgarten entsteht.* Christian Verlag, München.

Anmerkungen

[1] Für den Begriff »RAMBLER« existiert im Deutschen keine genaue Entsprechung, deshalb bleibt er im Verlauf dieses Buches unübersetzt. Als Rambler werden – meist einmal blühende – Kletterrosen mit sehr langen, biegsamen Trieben bezeichnet, die sich sehr gut dazu eignen, um in Bäume zu klettern oder am Boden entlang zu wachsen. Im Gegensatz zu Climbern (s. u.) müssen sie nicht an einer Kletterhilfe hochgebunden werden, sondern können selbstständig in Bäume wachsen.

[2] »TEXTUR« beschreibt die Ausprägung des Laubkleides der Pflanzen, im Unterschied zur Struktur, die den Verzweigungscharakter der Pflanze wiedergibt und im Zusammenhang mit der Wuchsform steht. Zur Textur tragen viele Faktoren wie beispielsweise Blattgröße, Oberflächenbeschaffenheit, Behaarung, Fiederung oder Schlitzung bei. Blatt-Texturen werden in fünf Kategorien eingeteilt, von sehr fein (z. B. Fenchel) bis zu sehr grob (z. B. Blauglockenbaum).

[3] Tony Lord verwendet im englischen Originaltext den Begriff »CLIMBING ROSES« im Gegensatz zu »CLIMBING ROSES«. Da eine solche Unterscheidung anhand des großen Anfangsbuchstabens im Deutschen nicht möglich ist, wurde stattdessen der Ausdruck »CLIMBER« gewählt, der auch im deutschen Sprachraum häufig verwendet wird, um großblumige, meist öfter blühende Kletterrosen mit festeren, steiferen Trieben von den Ramblern zu differenzieren. Nach dieser Definition ist der Begriff allerdings weiter gefasst als Tony Lords »CLIMBING ROSES«, zu denen z. B. kletternde Teehybriden nicht zählen.

[4] Der Begriff »FLORISTEN« ist hier nicht in seiner heutigen Bedeutung – nämlich Blumenhändler – zu verstehen. Im England des 18./19. Jahrhunderts bezeichnete er vielmehr Gärtner, die sich der Kultur und Züchtung einer bestimmten Pflanzengruppe (Nelken oder Tulpen waren beispielsweise sehr beliebt) leidenschaftlich verschrieben hatten.

[5] Das *Mixed Border*, ein breites Beet mit Sträuchern, Stauden, Sommerblumen, Zwiebel- und Knollenpflanzen, ist in der britischen Gartenkunst weit verbreitet. Die häufig anzutreffende Übersetzung »GEMISCHTE RABATTE« beschreibt diese Gestaltungsvariante nur unzureichend, deshalb wird der englische Begriff beibehalten.

Bezugsquellen

Deutschland

Rosengärtnerei Kalbus, 90518 Altdorf/Hagenhausen
Tel. 0 91 87-57 29, Fax 0 91 87-57 22

W. Kordes' Söhne Rosenschulen GmbH & Co KG, Rosenstr. 54, 25365 Klein Offenseth-Sparrieshoop, Tel. 0 41 21-4 87 00, Fax 0 41 21-8 47 45, e-mail: Kordes-Rosen@t-online.de

Landhaus Ettenbühl, Hof Ettenbühl, 79415 Bad Bellingen-Hertingen
Tel. 0 76 35-82 23 57, Fax 0 76 35-82 23 59, e-mail: Landhaus.Ettenbuehl@t-online.de

Karl Otto Schütt, 25554 Vorder-Neuendorf/bei Wilster
Tel. 0 48 23-91 95, Fax 0 48 23-91 96

Rosenhof Schultheis, Bad Nauheimer Str. 3-7, 61231 Bad Nauheim-Steinfurth, Tel. 0 60 32-8 10 13, Fax 0 60 32-8 58 90, e-mail: @Rosenhof-Schultheis.de

Rosen Tantau, Tornescher Weg 13, 25436 Uetersen
Tel. 0 41 22-70 84, Fax 0 41 22-70 87

Rosenschule Martin Weingart, Hirtengasse 16, 99947 Bad Langensalza/Ufhoven, Tel. 0 36 03-81 39 26, Fax 0 36 03-81 39 24

Frankreich

SA Meilland Richardier, 50, rue Professeur Depéret, 69160 Tassin-la-demi-Lune, Tel. (33) 04 78 34 00 34, Fax (33) 04 72 38 09 97, Export: Ja

Roseraie de Berty, 07110 Largentière, Tel. (33) 04 75 88 30 56, Fax (33) 04 75 88 36 93, Export: Ja

Roseraie Guillot, Domaine de la Plaine, Chamagnieu, 38460 Crémieu
Tel. (33) 04 74 90 27 55, Fax (33) 04 74 90 27 17, Export: Ja

Les Roses Anciennes de André Eve, B.P. 206, 28, Morailles, Pithiviers-le-Viel, 45300 Pithiviers, Tel. (33) 16 38 30 01 30, Fax (33) 16 38 30 71 65, Export: Ja

Rosiers Anciens Bernard Boureau, 28 bis, rue du Maréchal Galliéni, 77166 Grisy Suisnes, Tel. (33) 64 05 91 83, Fax (33) 64 05 97 66, Export: Nein

Großbritannien

David Austin Roses, Bowling Green Lane, Albrighton, Wolverhampton, WV7 3HB, Tel. (44) 01902 373931, Fax (44) 01902 372142, Export: Ja

Peter Beales Roses, London Road, Attleborough, Norfolk, NR17 1AX
Tel. (44) 01953 454707, Fax (44) 01953 456845, Export: Ja, e-mail: sales@classicroses.co.uk

James Cocker & Sons, Whitemyres, Lang Stracht, Aberdeen AB9 2XH, Scotland, Tel. (44) 01224 313261 ,Fax (44) 01224 312531, Export: Ja

R. Harkness & Co. Ltd, the Rose gardens, Hitchin, Herts. SG4 0JT
Tel. (44) 0462 420402, Fax (44) 0462 422170, Export: Ja

Mattock's Roses, The Rose Nurseries, Nuneham Courtenay, Oxford OX44 9PY, Tel. (44) 01865 343265, Fax (44) 01865 343267, Export: Ja

Einige für Rosenfreunde interessante Internet-Seiten

http://www.rosenfreunde.de
Netzseite des Vereins Deutscher Rosenfreunde.

http://www.roses.co.uk/harkness/rns/rnrs.htm
Seite der englischen Royal National Rose Society (beim Rosenzüchter Harkness, in Engl.).

http://www.ars.org/
Homepage der American Rose Society (in Engl.).

http://www.kordes-rosen.com/
Internet-Seite der Züchterfirma Kordes.

http://www.rosen-tantau.com/
Seite der Züchterfirma Tantau.

http://www.rosenhof-schultheis.de/
Homepage der Firma Schultheis, der ältesten Rosenschule Deutschlands.

http://www.meilland.com
Internet-Seite der französischen Züchterfirma Meilland (in Franz., Engl. u. Span.).

http://www.datacomm.ch/milian/rosenaus.htm
Nichtkommerzielle Internet-Seite des Schweizers Milian Hunkeler.

Register

Halbfett gesetzte Seitenzahlen verweisen auf ausführliche Beschreibungen. *Kursive* Ziffern beziehen sich auf Abbildungsunterschriften.

A

B

C

D

E

F

S

T

U

V

W

Y

Z

Danksagung des Autors

Mein Dank gilt allen, die bei Frances Lincoln zum Gelingen dieses Buches beigetragen haben, insbesondere Jo Christian, Penelope Miller, Trish Going, Sarah Mitchell, Serena Dilnot, Ginny Surtees, Jo Grey, Sarah Pickering, Simon Towler und Erica Hunningher. John Elsleys Kenntnisse über Rosen in Nordamerika kamen mir ebenso zugute wie Brent Elliotts und Jan Woudstras fundiertes Wissen über die Geschichte des Gartens. Danken möchte ich aber auch den Besitzern, Verwaltern und Gärtnern aller Gärten, die ich fotografiert habe, für ihre außergewöhnliche Hilfsbereitschaft und für die Erlaubnis, auch außerhalb der offiziellen Besuchszeiten kommen zu dürfen. Mein ganz besonderer Dank gilt den Verantwortlichen in Bagatelle, Elsing Hall, Giverny, Helmingham Hall, Mottisfont Abbey, der Roseraie Départementale du Val-de-Marne und Sudeley Castle für ihre freundliche Unterstützung.

T. L.

Danksagung des Verlags

Project Editor	Jo Christian
Editor	Penelope Miller
Editorial Assistance	Tom Armstrong & Tom Windross
Art Editor	Trish Going
Picture Research	Sue Gladstone
Production	Steven Stuart
Art Director	Caroline Hillier
Head of Pictures	Anne Fraser

Bildquellen

Copyright © Tony Lord für alle Fotos bis auf die folgenden:
British Architectural Library, RIBA, London 100
Jonathan Buckley 68 (Helen Yemm's Garten, London), 126 (Chenies Manor, Buckinghamshire), 160 (Hollington Nurseries, Buckinghamshire)
John Fielding 131
Jerry Harpur 31 (Cellars Hotel, Constantia, Cape, South Africa), 64–65 (Stellenberg, Cape Town, South Africa), 85 (Stellenberg, Cape Town, South Africa), 104 (Cottage Garden Roses, Stretton, Staffordshire)
Andrew Lawson 1, 23, 44, 77, 80 (RHS Chelsea Flower Show, 1994), 91 (Briar Rose Cottage, Orinoco, New Zealand), 111, 122 (Kiftsgate Court, Chipping Campden, Gloucestershire)
Georges Lévêque 109 (Barnsley House, Gloucestershire), 123 (Mrs Louise Warne, Frith Hill, Near Petworth, West Sussex)
S & O Mathews 62
The National Gallery, London 19 (*Flowers in a Terracotta Vase* 1736, Jan van Huysum)
Clive Nichols/Meadow Plants, Berkshire 112–113
Clay Perry 4–5, 38–39 (David Austin Roses, Albrighton, Shropshire), 52–53 (Lord & Lady Ashcombe, Sudeley Castle Gardens, Gloucestershire)
Stephen Robson 2–3 (Trostrey Lodge), 56–57 (Trostrey Lodge), 86–87 (Heale House, Wiltshire), 92–93 (Hailsham Grange), 94–95 (Trostrey Lodge), 143 (Trostrey Lodge)
Royal Horticultural Society, Lindley Library 20
Vivian Russell 132, 147, 149 (Mirabel Osler), 166–167 (Mirabel Osler)
Juliette Wade 74–75 (Mr & Mrs Owen, The Old Chapel, Chalford, Gloucestershire), 82 (Gwen Bishop, Combe, Oxfordshire)
Steve Wooster © FLL 133 (Beth Chatto)